Ruth Abbey
ルース・アビィ 著
Umekawa Yoshiko
梅川佳子 訳

CHARLES TAYLOR

チャールズ・テイラーの思想

名古屋大学出版会

CHARLES TAYLOR
by Ruth Abbey

チャールズ・テイラーの思想　目次

第五章　結び——世俗性の源泉……257

凡　例

一、本書は Ruth Abbey, *Charles Taylor*, Acumen, 2000 の全訳である。
一、引用文中の［　］は著者（アビィ）による補足を示す。
一、〔　〕は訳者による補足を示す。
一、原著の強調には傍点を付す。
一、引用文の翻訳は、既存の邦訳を参考にしつつ、本書の文脈に即して訳し直した。

序章

研究課題の範囲が非常に広いことが……「アングロ・サクソン」の哲学者に、まず衝撃を与えるだろう。……統合への渇望と多様性の承認とが結びつくことで、［彼の］分析の多くは、鋭く、かつ（必然的に）結論に達しないものとなっている。その著作を読む人は、次のことを強く意識するだろう。哲学とは終わりのない討論であるとともに、明確化と理解をもたらす源泉なのだと。(Taylor 1968a : 402)[1]

カナダ人の哲学者チャールズ・テイラーは、今日の英語圏で最も影響力があり、最も豊かな業績を生み出している哲学者の一人である。彼は、フランス語やドイツ語で書くこともあり、彼のいくつかの著作は、スウェーデン語、日本語、スペイン語、ギリシャ語、ポルトガル語、イタリア語、ポーランド語、中国語、オランダ語、ノルウェー語、トルコ語に翻訳されている。このことは、彼の影響が英語圏の読者の範囲をこえて広がっていることを意味している。テイラーの著作全体が示す最も顕著な特徴は、その広大さである（Miller 1995 : 26）。彼の研究は、人工知能についての考察から現代の多文化社会の分析にまで及んでいる。さらに重要なことは、哲学的な諸問題に取り組むときのアプローチの視野［の広さ］である。哲学的問題を考察する際にテイラーは、古代ギリシャやキリスト教、ルネサンス、近代思想についての知識のみならず、芸術作品についての鑑賞眼をも用いている。

本書は、テイラーの思想を紹介するとともに彼の思想の概要を示す。ただし、紙幅はかぎられているのでテイラーの思想の広大さと深さを完全な姿で伝えることはできない。そこで本書は焦点をしぼって、西洋哲学において今も続いている議論のいくつかに対してテイラーがどのように貢献しているのかという点にかぎって論じる。本書がとりあげるテイラーの思想の領域は、道徳論、自己論、政治理論、認識論であり、この四つの領域が、本書の章立てと重なっている。しかしながら、一つの章から次の章に移るとき、本書の章立てはやや恣意的な印象を与えるかもしれない。それは、一つの研究領域に対するテイラーの貢献が、他の領域に対する彼の貢献に派生していく関連性を常に持っているからである。これらのうち一つの領域に関してテイラーの思想のアウトラインをつかみたいと望んでいる読者のために、各章は比較的独立したものとなっている。他方、テイラーの様々な見解のあいだの関連について関心を持っている人のために、各章のあいだの関係を示すよう心がけている。

第一章では、テイラーによる道徳の探究について論じる。特にテイラーの多元主義の特徴について語り、道徳への主要なアプローチに対する彼の批判について述べる。また、強評価、道徳的フレームワーク、物語、高位善、構成善といった彼の諸概念について説明する。さらに、テイラーに特有の道徳的実在論——これを私は反証可能な実在論と呼ぶ——についても、この章で検討する。本章の結びでは、道徳哲学における明確化の役割に関するテイラーの見解について説明する。このような議論の中で、道徳理論とは何か、それは何をするのかという問題を考察していく。

第二章では、自己のあり方に関するテイラーのアプローチの二面性をとりあげ、彼の分析には存在論的な面と歴史主義的な面があることを示す。この章は、自己の存在論的な特徴を概観することから始める。それらはいわば、変わることのない特徴である。そこに含まれるものは、自己の道徳的な方向づけ、自己解釈の中心的な重要性、人間は言語を使う動物であるという事実、および自己の対話的性格、身体性の意味などである。この章で次にとりあげるのは、近代的自己に関するテイラーの歴史主義的な理解であり、プラトンからポストモダニズムまでの何世紀ものあいだに登場してきた諸概念の変遷である。この章で扱う、自己に関するテイラーの歴史主義的アプローチのほとんどは、彼のこれまでで最も大きな著作である『自我〔＝自己〕の源泉』*Sources of the Self*からとられている。

政治理論が第三章のテーマである。この章では初めに、テイラーの思想におけるコミュニタリアン的な要素について概観する。その際、テイラー自身の示唆にしたがって、それらの要素を存在論と主義主張論の二つのレベルに分ける。コミュニタリアン的な要素に関する議論の中では、消極的自由論と原子論に対するテイラーの長年にわたる批判について示す。さらに、政治において共有される善の役割について説明したうえで、西洋の政治における共和主義的な伝統を復活させようとするテイラーの努力について論じる。この章の後半では、リベラリズムに対するテイラーの複雑な関係を検討する。特に、テイラーによる個人の権利の擁護、彼が市民社会に認める価値、国家の中立性の考え方に対する彼の批判を扱う。また、彼が「承認の政治」論を通じて、リベラリズムの伝統的な諸概念に対して提起した挑戦についても考察する。

認識論を扱う第四章では、最初に、テイラーが繰り返し強調している自然科学と人文科学の違いについて論じる。彼はこの文脈の中で、地平の融合についてのガダマーの概念を称賛し応用している。この章の議論は次に、テイラーの実践理性の概念に移るが、この概念もまた解釈学的な伝統から説明される。彼がこのような議論の必要性を認める理由は、一七世紀の科学革命と、その革命が残した永続的な遺産についての彼の解釈を踏まえることによって明らかになる。この遺産は、特に認識論をこえて哲学一般に広がり、近代西洋の文化全体に影響を与えている、とテイラーは考えている。さらに、この章では、この認識論的な遺産を乗りこえる方法に関する議論を扱う。彼の、参与的で身体化された主体をめぐる理論、およびこれに関連した、日常生活における暗黙の背景あるいは前理解に対する彼の強調について説明する。この章の結びでは、ここまでの章で扱われていない言語に関する彼の見解のいくつかの要素にふれる。

本書は、テイラーの言語哲学についての章を含んでいない。この点は、人間の生活における言語の重要性を彼が強く認識していることを考慮すれば、おかしなことに思われるかもしれない。しかし、言語の問題は重要であるため、四つの各章において論じている。たとえばテイラーは、人間は言語的動物であり表出主義こそが近代西洋のアイデンティティを形成してきたと考えているので、彼の言語理論を、人間についての説明から分離するのは困難である。またテイラーの道徳理論においては、言語による明確化こそが一つの重要な役割を果たしており、彼の政治理論では言語こそが公共空間を開く能力をもつとされる。それゆえ、テイラーの思想の各領域から言語論を分離するのは不自然なのである。

しかし、テイラーの思想の様々な部門を、あえて分離することを完全に避けることはできない。第一章の最初で述べるように、道徳的生活についてのテイラーの分析を、自己のあり方に関する彼の説明から分離しようとするのは困難な作業であった。これは、繰り返し起きるディレンマの一例にすぎない。特定のテーマに関するテイラーの思想が、すぐに他のテーマに転化することは珍しいことではない。しかし、多くの話題の敷居をこえた彼の諸主張をつなぐ多数の関連性や一貫性があるにもかかわらず、テイラーはシステム〔＝体系〕を構築するわけではない。むしろその逆である。いくつかの問題を単純化してまとめようとするよりも複雑化しようとする傾向を持っているのが彼の特徴である。たとえば、彼は繰り返し、多元性に注意するよう私たちに促している。彼が注意を喚起するのは、ほとんどの個人の生にあらわれる善の多元性に対してであり、近代のアイデンティティをつくりだした複数の潮流や、民主主義的な政治を形成する多様な伝統に対してである。彼は、複合性を一つの原理に還元しようとする誘惑を拒否し、実践的な諸問題に対する包括的な理論的解決策を提示することも拒む。なぜなら、それらの問題は、それに関わる人たち自身が解決しなければならないからである。

テイラーは、善や世界観の多様性、そして知識へのアプローチの多様性を承認しようと努めるものの、彼にとって、多様性は分裂を引き起こすものではないし、同一基準で考えることを不可能にするものでもない。大きく異なる生の様式や諸価値の表現は互いに重なり合うことが可能であり、何らかの統合も可能だという希望をテイラーは持っている。このように、統一性と多様性のあいだを調停しようとする努力は、テイラーの思想の中心的な特徴、すなわち互いに孤立しているものたちを和解させようとする企図をきわだたせる。(2) 彼は、大陸哲学の諸テーマや方法と、アングロ・サクソンの分析的な思想的伝統とを統合しようとする思想家として描かれることが多い（Ignatieff 1985：63；Scialabba 1990：534；Dauenhauer 1992：211）。しかし、これは、表面的には対立している信念や見解、あるいは思想的傾向が集約する点を探し出そうとする彼の多くの探究の一つにすぎない。たとえば、自己についての彼のアプローチは、自己解釈の変化や、文化が自己解釈に与える影響を重視しているが、彼は、自己のあり方が「すべて」解釈であるとは考えていない。むしろ彼は、自己の永続的で普遍的な特徴があると考え、そうした特徴が、異なる時代において、また異なる集団や文化において、別様に解釈されることも認めている。同様に彼は政治理論家として、リベラリズムとコミュニタリアニズムのあいだに対立があると想定するのではなく、社会生活と政治に対する両方のアプローチの最良の特徴を保持しようと努めている。さらに第四章で示すように、認識論についてのテイラーの議論は、基礎づけ主義に対する批判と、自然科学に対する実在論のアプローチとを結合しようとするものである。(3)

テイラーは、非常に多くの哲学的概念を構成している二元的構造を、所与の前提として受け入れようとはしないが、この特徴は、彼の思想のもう一つの性格とも密接に関係している。つまり、これまで排斥されてきた二つの極端のあいだの中間的な立場を復活させようとする性格である。彼が「スキュラとカリュブディス」のあいだ〔＝航海の難所〕を通過しようとしていることは、その道徳理論を見ると明らかである。テイラーの実在論者としての立場は、プラトン的な立場と投影主義の立場のあいだにある。つまり、善は人間からは独立して存在すると考えるプラトン主義と、世界に道徳的な意味を与えるのは人間であると考える投影主義とのあいだに位置する。さらに、彼の道徳理論も、一方の還元不可能な多元主義と、他方の還元主義とのあいだを進む。また、近代性についての彼の分析は、近代の擁護者と批判者に対して、両者が想定するよりもいっそう緻密で複雑な近代像を示すことによって、両者ともに誤っている点があることを確信させようとするものである。

テイラーが、自己に対して対話的なアプローチをとるように、彼自身の立場も、西洋哲学史上の主要な思想家の幾人かとの対話や議論を通してつくられている。私は、西洋思想の歴史にテイラーが深く入りこんでいることを伝えるために、その思想に主要な影響を与えた思想家に関する彼の解釈について、必要に応じて簡単にふれる。これらの思想家には、アリストテレス、ヘーゲル、ルソー、ヘルダー、ハイデガー、ヴィトゲンシュタインなどが含まれる。たとえばテイラーは、矛盾していると思われる命題の調停が可能だと考えるが、この期待には、彼の思考に対するヘーゲルの影響が現れている。

テイラーの著作は一部の人たちからの批判をまねくことになった。特に、彼が他の思想家を解釈するときの方法について批判され、さらに、彼の主張の内容についても批判された。本書の主要な目的は、テイラーの思想の豊かさと深さを損なうことなく、その概要を、明確で、まとまりのある、理解しやすい姿で示すことにあるため、テイラーに対する批判については、なるべく註で扱うことにした。しかし、他の研究者の見解が私の理解と大きく異なる際には、本文中で、こうした見解についてふれることにする。もし読者が、テイラーに関する私の主張を他の研究者の読み方と比べて、議論の余地があると思うときには、テイラーの著作にもどったうえで、自ら、彼の思想についての「最良の説明」を発見してほしい。これを可能にするために、私の議論の資料と根拠を、できるかぎり明示するように努めている。ある考え方がテイラーの複数の著作に登場するときは、その点も示すことにする。そうすることで、様々な領域を専門とする読者や、テイラーの各領域の思想を理解している読者は、すでに親しんでいる事柄との関連性を見いだすことができるだろう。

テイラーの知識や関心の広さと深さは、日常的な例を用いた、わかりやすい、会話のような彼の書き方と結びついている。アイザイア・バーリンが述べているように、テイラーの作品は、「確実性と具体性、そして現実的な感覚」を持っている（Tully & Weinstock 1994：1）。テイラーの哲学者としての親しみやすさは、一方では、教員としての仕事と密接に関連していると思われる。彼は長年にわたって、マギル大学で政治理論の入門科目を教えていた。他方で、彼の親しみやすさは、ケベックとカナダでの政治家としての役割、および公的な知識人としての役割にも関係している。テイラーは、カナダの新民主党の副総裁を務め、そのケベック支部長でもあった。一九六二年から六八年にかけて、連邦議会議員選挙で新民主党の候補として立候補もした。当選はしなかったが立候補は四回におよんでいる。選挙では、カナダの首相になったピエール・トルドーと戦ったこともある。テイラーは、政治家としてのキャリアから学んだことをかえりみながら、政策についての自らの思考を形づくった現実的な感覚と責任感について言及している。さらに彼は、政治活動で出会った人びとの多様性を重視した。この経験が、何が人びとを「動かす」のかという点についての、さらに政治そのものについての、彼の理解を幅広いものにしている(4)。実際に、政治における理論と実践のあいだの隔りこそ、テイラーが架橋しようとしたもう一つの亀裂である。回想の中で彼は、政治理論の研究者として次のように述べている。

私たちは、偉大な思想家や原理について学んできた。しかし私たちは、官僚制化された主要な社会における民主主義の腐敗のような現代の諸問題について、つまり、私がトクヴィルを参照しながらのちに述べるようなテーマについて、論じてこなかった。私は、両者を一つにまとめ、知的な伝統を現代の諸問題に関連づけたいと思う。

(1998b : 104)

今でもなお彼は、政治に対する次のようなアプローチを批判している。つまり、政治の実態を知ることなく「自己完結的な理論によって説明される独立した世界」を想定している理論や、「社会・歴史的な世界を単純にひとくくりにして提示できる」かのように考える理論を批判している (1995c : 103-4)。

テイラーは、議会議員になることはなかったが、政治的な活動は続けた。彼は、繰り返し、ケベックを一つの明確な社会として認める必要性を訴え続けたが、ケベックがカナダから独立することに対しては反対していた。また彼は、ケベックとカナダにおける雑誌や理論誌への中心的な寄稿者であり続けている。彼は、地方政府の「フランス語委員会」の委員を務め、また、ケベックの将来に関するベランジェール・カンプー委員会の諮問を受ける専門家の一人でもある。(5) さらに彼の政治理論は、彼の政治経験と弁証法的に関係している。たとえば、ケベックの情勢が彼の政治思想に影響を与えるとともに、彼の政治哲学もまた、ケベックに関する彼の解釈に影響を与えている。(6) このような関係は、承認の政治についての彼の理論において特に顕著であり、この点については本書の第三章で説明する。テイラーは、自らの思想と政治的実践のあいだの相互的な関係を説明しながら次のように述べている。「哲学は、承認の重要性を忘れさせないための戦いにおいて、重要になる。もし単に再分配や制度的平等の観点からのみ議論されるならば、承認の問題は歪められたかたちで再燃することになるだろう」(1998b : 108)。

また、ケベックでの生活は、政治に関するテイラーの思想にとどまらず、さらに広く「他の領域に関する彼の思想にも」影響を及ぼした。彼は、ヘルダーに由来する、言語と自己に関する表出主義の理論に傾倒している。テイラーは、カナダでの生活経験が、この理論を支持するようになった一つの要因であることを認め、次のように語っている。

私がヘルダーに魅力を感じるようになった契機は、ずっと前から私がケベックで置かれてきた状況と関係している。ここでは、二つの言語のみならず、言語に関する二つの哲学が対峙している。英語を話す人たちは、言語を道具とみなしており、なぜ最も広く使われている道具を使うことを拒否する人がいるのかを理解できない。……ところがフランス語を話す人たちにとって、言語は世界における存在のあり方を構成するものである。何世代にもわたってこの二つの面をあわせもつ家系に属してきた私は、言語が道具以上のものであることは明らかだと、いつも思っていた。たとえば、それぞれの言語には、独自のユーモアのセンスや、世界についての概念などがある。そこで私は言語に興味をそそられ、ホッブズやロック、コンディヤックらの道具主義の哲学を批判するロマン主義的言語哲学に関心を抱いたのである。(7)

(1998b : 109 ; cf. 1998d : 253)

テイラーのこれまでの経歴は、表面的には対立しているように見える立場を調停しようという意欲を駆り立てる要因にもなっている。彼は自分自身について、「お互いを理解しようとしない［ケベックとカナダの］二つの世界の両方をまたいで生きてきた」と語っている（1998b : 107）(8)。

本書は、結びにおいて、テイラーの研究の将来的な方向性をいくつか指摘する。特に、世俗の時代に生きることの意味に関する、彼の最近の考察の概要を示す。その議論の輪郭は、ギフォード講義の一部で示されており、そこでは、彼の以前の研究との連続性も述べられている。世俗性に関する著作は、『自我の源泉』と同じくらい大きなものになると思われ、現在進行中である〔二〇〇七年に *A Secular Age* として刊行された。現時点では本書がテイラーの最大の著作〕。今なお活躍中で、しかもエネルギーに満ちあふれた思想家について論じる場合、彼の研究の方向性を示して本書による概説の「結び」とするのが適切だろう。なお、この最終章では、本書で繰り返し取り上げるテーマの一つにもふれる。つまり、テイラーの最も理論的な著作でさえも、西洋哲学の根源にまで達する実践的な目的を持っているという点について述べる。彼が望んでいることは、近代西洋文化についての彼の壮大な分析が、その構成員たちの自己認識に役立ち、人々が自己と他者について考える方法に貢献することである。

第一章　道徳を説明する

はじめに

本章と次章は、テイラーの道徳理論と、自己のあり方 selfhood に関する彼の理論を、あえて分けて論じる。二つの章が示すように、もともと、自己に関するテイラーの見解は、道徳的生活 moral life についての分析と深く関連しているし、その逆もしかりである。両者の密接な関連は、『自我の源泉』において、非常に早くから想定されていた。そのはじめの段落で最後に述べられているように、「自己のあり方と善、……言い換えれば、自己のあり方と道徳は、実は相互に分かちがたく結びついたテーマだということが判明する」(Taylor 1989a : 3 ; cf. x, 33, 41, 105)。それゆえ私は、本書の最初の二つの章で、分割に抗う二つのテーマの相互のもつれを解いていく。

本章でテイラーの道徳理論をとりあげるにあたっては、特に、道徳的生活の普遍的かつ永続的な特徴として彼が考えるものは何かという点に焦点をしぼる。第二章では主に、自己のあり方に関するテイラーの見解について説明する。テイラーは、古代から近代西洋にかけて、自己の概念が変化してきたと考えているが、〔第二章では〕その変化を追う。アイデンティティと道徳的生活についてのテイラーの考えによれば、変わるものと変わらないものがあるが、両者の区別は、『自我の源泉』の構成と、おおむね一致している。『自我の源泉』の第一部では、道徳的生活における不変の構造とみなされるものが特定される。第二部から第五部においては、プラトンから始まってポストモダニズムに至る歴史の中で、自己の概念がどのように変化してきたのかという点について述べられている[1]。

自己の概念の歴史的変化は、諸個人や諸社会によって尊重される善に対して、強い影響を与えてきた。この歴史的変化に対してテイラーは繊細な理解を示しながらも、倫理が「端から端まで」歴史的であるとは考えていない。彼は、メタ倫理的な観点から、全ての人間の道徳的生活に共通する一定の構造的な特徴を認めている。本章では、このような道徳的生活の持続的特徴に焦点をしぼる。ここで論じるのは、テイラー独自の多元主義であり、道徳についての、相対主義や、主観主義や、投影主義のような別のアプローチに対するテイラーの批判であり、強評価や、道徳的フレームワークや、物語や、高位善や、構成善についての、彼の考え方である。また、テイラー独特の道徳的実在論――これを私は反証可能な実在論と呼ぶ――についても論じる。本章の結びでは、道徳哲学における明確化に彼が与えた位置づけについて説明する。こうして、道徳的な理論とは何であり、何をするのかという問題を扱う。

道徳の領域

テイラーの道徳理論の各構成要素を詳しく検討する前に、そもそもこれが何についての理論なのかを問う必要がある。特に、彼が道徳の領域をどのように理解していたのかについて問う必要がある。道徳と自己のあり方のあいだに緊密な関係があるという彼の信念が示すように、テイラーは、道徳の領域を広く解釈する。道徳の領域は、道徳と通常関連している論点、たとえば個人と他者の関係についての諸問題などを含んでいる。この種の探究では、他者と関わる状況で何をするのが正しいのかという点をめぐって論争が起き、権利や義務、責任や正義といった諸概念に議論が集中する。しかしテイラーが道徳について論じるとき、この問題は、人が他者とどのような関係を結ぶのが正しいのかという問題のみならず、善とは何かという問題をも包摂している。この第二の問題は、尊厳や自尊心についての人の意識、およびこうした概念の起源なども含む。尊厳や尊敬という問題は、さらに、生における意味の充足についての諸個人の意識という、よりはっきりしない領域を指し示すことになる。もちろん、後者の諸問題についての関心は、それぞれの文化または、その内部の集団、あるいは個人に特有なものであることが多いため、道徳についてのテイラーのアプローチは、普遍的なものに焦点をあてる近代の道徳哲学の大部分とは違うものになる。

テイラーにおける道徳概念の幅広さは、一面では、近代道徳哲学の大部分に対して彼が感じる限界への反発に起因している。彼によれば、近代道徳哲学の欠点は二つある。第一に、多くの道徳哲学は、他者への義務、すなわち他者に関わる行為を行う際に何をするのが正しいのかという点に関心を持っている。道徳を、もっぱら、何をするのが正しいのかという問題に限定して考える偏狭なアプローチに対して、テイラーは批判的である。彼は、近代道徳哲学の大部分について、次のように批判している。

> その焦点は、行為を導く原理や命令や基準にしぼられており、善についての見解はほとんど無視されている。道徳は、私たちが何をするべきかという点にのみ関係するとみなされ、それ自体で価値のあるものは何か、また私たちが称賛し愛すべきものは何か、といった点には関与していない。
>
> (1995b : 145, 強調はテイラー : cf. 135, 152 ; 1996d : 3)

第二に、他者に対して、あるいは他者のために、何をするのが正しいのかという問題に対して、近代道徳哲学は、一般的に普遍主義的な応答をしている。この普遍主義的な応答は、人間の平等という理想を前提としている。しかしながらテイラーが考えるように、このアプローチが見落としがちなのは、より個人的な個別の反応に影響を受ける、善とは何かという問題である。道徳をより広く解釈することによって、テイラーが私たちに喚起しようとするのは、「普遍的な連帯よりも小規模なものや個人的な卓越性といった、普遍主義と調和させることが容易ではなく、普遍主義と衝突することさえある、別の道徳的な理想や目的もある」ということである（1985b : 233）。

思想家の中には、道徳と倫理という用語を、それぞれ、何が正しい行いかという問題と、何が善かという問題に分けて使う人もいる。彼らは、道徳を、他者に関わる行為を支配するべき、普遍化できる行為ルールと行為規範であると理解する。他方で倫理は、生における自己、および生における意味の充足に関する問題であるとする。[2] テイラーは、こうした見解に共感を示すこともあるが（Taylor 1996d : 4, 10, 12）、このような区別を体系的に採用するわけではない。彼は、道徳という言葉を両方の領域に及ぶものとして使う。このように道徳の概念をより広く使う主な理由は、正しい行為と、生における意味の充足に関する問題が、いずれも強評価（1989a : 3–4, 14, 15）を含むという彼の信念にある。この重要な用語については本章でのちに述べる。[3]

多元主義

テイラーの道徳思想の鍵となる特徴は、その広い視野にくわえて、その多元主義にも見いだすことができる。前述のとおり、彼は、道徳の領域が非常に多様な善を含んでいると考える。その中には普遍的なものもあるが、ネイションのようなより限定的な集団の内部においてのみ通用しているものもあるし、各文化または各集団に特有で個別的なものもある（1985b : 244 ; 1997a）。このように彼は、誰の生においても善の複数性があると考えている。人びとは、この善を認め、それにもとづいて行為し、それを追求する。これらの善は、数として複数であるばかりでなく、存在論的な意味でも複数である。善は、一つ一つ質的に違った形をしているため、善を調和的に結合することも、序列づけることも、より究極的で、より根源的な単一の善に還元することも、かならずしもできない。アリストテレスは、テイラーの存在論的多元論を生み出した重要な一つの源泉である。つまりテイラーが強調するのは、ベンサムの功利主義とは逆に、質的差異を伴う価値のあるものが存在し、それらは善なる人間の生に、または豊かな人間の生に、組み込まれるべきだということである。(4)

テイラーは、質的に異なる善が競合する可能性を理解しているが、この理解は、アリストテレスの見解とは異なっている。アリストテレスは、人間にとって有効な、しかも質的に異なる善があることを認めながらも、これらの善は、少なくとも一定の人たちの生においては結合できると考えている（Taylor 1988e : 813）。アリストテレスにとっては、善き生を送ることは、すべての善を、それらの善の適切な比率と秩序の中で実現することを含んでいる。すなわち善き生は、哲学、政治参加、うるわしき友情、家族愛などを追い求めることを含む。これらはすべて異なる善であり、しかも人間の異なる能力を実現するが、これらの善のあいだには、かならずしも対立があるわけではない（1989a : 25）。テイラーによれば、近代の諸個人にとっての一つの問題は、私たちが一連の多様な善に直面していることである。たしかに、『自我の源泉』の後半部分を書いたときの彼の目的の一つは、表出主義 expressivism や日常生活の肯定のような新しい善が、どのように発展してきたかを示すことであった。しかし、近代の諸個人は、より多くの善に直面しているばかりではない。その肯定すべき価値を持ついくつかの事柄が、他のものと和解できないという事実にも直面している。たしかにテイラーが述べるように、「普遍的に有効ないくつかの善が、完全に結合可能であるという保証はないし、もちろん、あらゆる状況において〔可能だと〕は、なおさら言えない」(*ibid*.: 61)。これは次のことを意味する。すなわち、諸個人は、競合する多くの善の中で、自らが選択しないものにも肯定されるべき価値があることを知りながらも、自らが尊重し守ろうとするものを選択する必要がある。この多元主義的な観点からすれば、道徳的選択は困難なものであり、必ず犠牲と喪失をともなう。テイラーは、近代の人間を次のように捉えている。

〔近代の人間が〕置かれている状況においては常に、いくつかの道徳的な要請が競合している。これは、彼らにとって避けられないことであり、同時に、結合不可能なものであるとも思われている。私たちが、もしこの競合を感じないなら、それは、私たちの共感の範囲あるいは視野が、狭すぎるからである。あるいは、私たちが、偽りの解決にあまりにも安易に満足してきたからである。(1994d: 213)

多元主義は、世俗主義と結びつけられることが多い[5]が、テイラーの示唆によれば、ユダヤ教とキリスト教およびイスラーム教の一神教こそ、おそらく逆説的にではあるが、存在論的な道徳的多元主義のもう一つの源泉を提供している。自らの天地創造を善なるものとみなす全能の超越者によって世界が創造されたとする信念が意味するのは、この世界には肯定すべき多くの事柄があるということだ。このことはさらに、これらの事柄の一部をあきらめるにともなって、信仰者は、真の善きことの喪失に直面することを意味する。テイラーは、このような考え方を、ストア派の見解と比較する。ストア派は、もはや維持する価値のないものとみなされて実現されない善について、再評価し考え直そうとする。テイラーは、キリストの死とソクラテスの死を比べて、一神教的な見解とストア派の見解との違いについて、わかりやすく説明している。キリストによるゲッセマネの祈りが伝えようとしたことは、彼の差し迫る死が、苦難をもたらすだけでなく、価値のある重要なものの喪失、すなわち彼の限りある生の喪失をもたらすということである。逆に、牢獄で合理主義者ソクラテスが伝えたことは、死は救済であり解放であること、さらに限りある生の喪失を悲しむ価値はないということである。より一般的なレベルでは、テイラーは、この違いについて次のように述べている。

ストア派での喪失とキリスト教での喪失には大きな違いがある。ストア派にとって、しかるべく喪失されるならば、事実上、失われるのは善の一部ではない。キリスト教にとって失われるものは、喪失によってはじめて善として認められる。たとえ失われる事柄それ自体が重要なものではなくとも、その事柄にはらまれる意味の喪失として。また、失われたもの——健康、自由、生命——の善性を正しく認める神の意志の喪失として。逆説的ではあるが、キリスト教での喪失は、失われるものの善性を肯定することになる。それに対してストア派では、健康や自由や生命を失うことは、善の統合性に影響しない。それどころか、喪失も全体の一部をなしている。全体は、統合的な善をなしており、統合が失われないかぎり、変わることはない。（1989a : 219）

テイラーの道徳的多元主義——その由来がどうであれ——を強調することは、彼の思想を、諸個人が直面している善が無数にあることを重視するモダンとポストモダンの思想に接続することになる。しかし、テイラーの思想においては、この多元主義は、他の学派の思想においてしばしば生じるような結果をもたらさない。たとえば彼は、相対主義を提唱するわけではない。相対主義においては、すべての善は理論的に平等な価値を持ち、ある価値が他の価値に対してすぐれていると合理的に考えることはできない。相対主義者の考えによれば、道徳の世界で個人が直面するのは、等しく魅力的で等しく恣意的な一連の善である。この考えは道徳的生活の説明としてはまったく説得的ではない、とテイラーは理解する。彼は次のように述べる。

私たちが、すべての見解は等しく恣意的であると主張するときの観点、特に、すべての道徳的見解が等しく恣意的であると主張するときの観点は、私たち人間にとっては有効ではない。私たちは自分が正しいと考える道徳的方向性をもとにして意見を述べているわけではないと考えるのは、一種の自己欺瞞にすぎない。自分の道徳的方向性は、自己が生きるための一つの条件であり、これは、私たちが取り外しできるような形而上学的な見解ではない。

(*ibid.* : 99 ; cf. 100)

この一節は、道徳的相対主義に対するテイラーの批判を示すとともに、個人のアイデンティティと、個人の道徳的信条とのあいだに、密接な関係があるとする彼の信念について述べている。さらに、テイラーの信念においては、ある道徳哲学を信頼できるものにするためには、人びとが道徳的生活を実際にどのように経験しているのかという点も考察しなければならない。

しかし、諸個人が道徳的生活を経験する方法について、相対主義による説明を拒否することは、文化相対主義に対する批判と同じではない。文化相対主義においては、異なる文化には、おそらく全く異なる世界観と道徳的見解が存在しており、それらのあいだを調和させる公正で合理的な方法を見いだすことはできないとされる。一つの文化の中で、諸個人が何らかの諸価値に、常に、すでに方向づけられていると言うことはできるだろう。しかし、諸文化のあいだにおいては、どの道徳的見解がよりすぐれており、より説得的であるかを決定する公平な方法はないとも言えるだろう。相対主義の見解は、個人レベルでは不適切かもしれないが、諸文化を比較するときには必要になる。テイラーは、異なる見解に敏感であり、各文化に特有の善に敏感であるが、究極的な文化相対主義者ではない。彼の見解によれば、異なる文化の諸伝統の価値について、和解させること、あるいは少なくとも合理的に論じることは可能である (*ibid.* : 61)[9]。

道徳的生活に関する多元主義は、相対主義との関係を問われることが多いが、他方で主観主義との関係も問われることになる。主観主義の信念では、善のあいだの選択は、個人の選好または傾向によってのみ正当化される。この考え方は、一七世紀のトマス・ホッブズや一九世紀のフリードリヒ・ニーチェのような思想家によって明確にされてきた。ホッブズは次のように述べている。

ある人の欲望や望みの対象が何であれ、その人はそれを、自らのために善と呼び、自身が憎んだり嫌悪したりする対象を、悪と呼ぶ。……というのは、このような善や悪および軽蔑のような言葉はつねに、この言葉を使う人の立場から使われるからである。したがって単純に、そして絶対的に善や悪といったものが存在するわけではない。つまり善や悪についての、それらの対象それ自体の性質から引きだされる共通のルールがあるわけではなく、それはその人個人から引きだされる。(Hobbes 1974 [1651] : 90)

ニーチェによれば、世界はもともと意味のないものであるため、人間はその生に意味を与えなければならない。個人の価値が重要なのは、それがもともと称賛に値するからではなく、人がそれを肯定することを選んだからである(Taylor 1976a : 289 ; 1985a : 29)。このニーチェ的な見解は、二〇世紀の実存主義とポストモダニズムのそれぞれの運動に重要な影響を与えている。のちに論じるように、テイラーは、彼の道徳的実在論のあり方を述べるとき、主観主義を拒否している。主観主義は、人間が道徳的善をどのように経験するかという点に関して、欠陥のある説明だからである。

テイラーは多くの近代の哲学者を信奉するわけではない。また、競合する一連の善に直面するとき、それらをどのように秩序づけるかを私たちに教える単一の原理や手続きに依拠することができ、それによって多元主義の厄介な帰結を避けることができるとする考え方に、テイラーは自分の思想を基礎づけるわけでもない。彼は、このようなアプローチを形式主義と呼び（1985b：231）、この形式主義の中に、倫理に関するいくつかのアプローチを含めている。たとえば、道徳的ディレンマに直面したとき、カント主義者は、普遍的に認められうる善を選ぶことによって、定言命法に一致するような選択をするべきだと言うだろう。ベンサム主義者なら、自己の快楽を最大化し苦痛を最小化するような善を選ぶべきであるとして、どの善がこの結果を最もよくもたらすかを決定するための幸福計算を推奨するだろう。多くの自由主義者は、どの善であれ、その善の追求が他者に害を及ぼさない限り、自分の好きな善を選ぶべきだと言うだろう。これらの原理は、それぞれ非常に異なってはいるが、基本的な考え方は同じである。つまり、道徳的選択をするとき、諸個人は何らかの一般的な理論か手続きに依拠することができる。そして、それによって諸個人は、確信がなくとも自分の道を進むことができるというのである。テイラーは次のように考える。

> 近代の道徳哲学には、目を見はるような体系化への傾向がある。功利主義とカント主義は、一つの基礎的な原理を中心としてすべてを体系化した。このような場合にはしばしば、その原理はそれらの理論の支持者のあいだでのみ認められるようになり、その結果、道徳的推論の本質についても、単一の基準を中心として道徳的諸見解を統合できると考えねばならなくなる。（1995b：149；cf. 1989a：76, 79, 89）

テイラーは、近代の道徳理論の形式主義を批判する中で、ヘーゲルのカント批判を用いつつ拡張している。ヘーゲルが指摘するように、カントが正しさを基準にして道徳的生活を体系化するために払った代償は、その空虚さであった。カントの一般的な原理は非常に抽象的になってしまったため、道徳的生活について語るとき、実質的なものは何も含まなくなった（Taylor 1975a：370；1979a：77–8）。したがってテイラーによれば、近代の道徳理論の形式主義は、存在論的多元性を犠牲にして達成されたのである。形式主義の見解では、全ての善について、同じように推論することができ、計算することができる。この方法は、さまざまな善のあいだの質的区別を、事実上否定することになる。また、このアプローチは、このような均一的な方法で考えることができる善のみが道徳に含まれることを前提として、道徳の領域を拙速に狭めてしまう。テイラーが述べるように、全ての善について同じように推論することができるという形式主義の基本的な前提には、欠陥がある。同じ方法で考えることができる善のみが道徳として認められると想定することによって、歪みと還元主義がもたらされ、善とみなされうるものの範囲を、ことさら制限することになる（1994f : 39 ; 1996d : 17 ; 1997a : 172, 175）。テイラーは、道徳的生活の多元性について、右に述べたアプローチとは大きく異なる方法で考え、むしろ善のあいだの質的区別を認める必要性を主張している（1985b : 230-47 ; 1994d : 250）。

さらに、道徳理論における形式主義は、近代西洋哲学における還元主義的傾向とテイラーがみなすものの一つの現れとされる。彼は、この全般的な流れが、自然科学を模倣しようとする精神と結びついていると考えており、人間の生を単一の説明原理で理解しようとする野心について、次のように論じている。

〔この野心は〕私たちの社会に特徴的な、深く根づいた知的な習慣や考え方である。……単一原理による説明は、人間の生についての複雑で多面的な理解に反している。しかしそのような説明は、複雑な現象を単一の原理や法則に還元するような……自然科学の説明が持つ絶大な威光と結びつくことによって恩恵を受けている。

（1994e : 177）

強評価

「強評価〔＝強い評価〕」strong evaluation の概念は、道徳的多元主義に対するテイラー独自の考え方を理解するうえで鍵となる。テイラーは、強評価という概念をハリー・フランクファートの「二次的な欲望」についての議論から引きだしている。二次的な欲望とは、私たちが自分自身の欲望に対して持つ欲望である。私たちは多くの欲望を感じているが、これらの欲望について平等に考えているわけではない。他の欲望よりも、より高次の、あるいは、より称賛すべきだと思う欲望もある。このように、フランクファートは、欲望を区別して評価する能力こそが、人間の特質を形成し、人間を動物から区別するとしている（Frankfurt 1971）。フランクファートは、強評価という用語を用いているわけではないが、個人には自らの特定の欲望を他のものから質的に区別する能力があるという彼の議論は、テイラーの強評価の概念を形作った（Taylor 1985a : 15–16, 102）。

強評価という考え方は、人間が多くの欲望を持つ生き物だという理解から生じている。「強評価」という用語は、次のようなテイラーの信念を示している。すなわち、個人は、自分の特定の欲望、あるいは自分が望む特定の善を、他よりも質的に高次のもの、あるいはより価値のあるものとして序列づけているという信念である。それゆえこの用語は、個人が自らの欲望、または欲望の対象に関して持っている価値の区別を示している。強評価が意味していることの一つは、一人の個人の生においては、注意を惹く複数の善が常にあるにもかかわらず、それらの善は全て同じように現れるわけではないということである。ある善は他のものより、もともとより価値のあるものとして、より貴重なものとして、より意味のあるものとして、より迫ってくるものとして、認められている（*ibid.* : 3, 16, 19 ; 1989a : 4, 20, 47）。このように、強評価というテイラーの概念は、その中に差異を含み、階層をもっている。それは、縦軸上に並べることができる感情や欲望や判断などを含んでいる。人間とは強評価をする存在であり、何が高次か低次か、高貴か卑しいか、良いか悪いか、価値があるかないか、勇気があるか臆病か、などについての感覚によって動かされるのである（1976a : 283）。テイラーは、強評価には階層的な判断が含まれていると述べる。彼によれば、「評価が私の言う意味で『強い』かどうかを知るためには、その評価が称賛や軽蔑の基礎になるかどうかを見ればよい」（1989a : 523 n. 2 ; cf. 1985b : 239–40）。

テイラーは、強評価は道徳的生活における一つの事実であると考えている。

さまざまな行為、あるいは多様な感情、個々の生活様式のあいだで私たちが行う質的区別は、何らかのかたちで、道徳的により高次か低次か、高貴が卑しいか、称賛すべきか軽蔑すべきかといった観点から判断される。……これは、私たちの道徳的な思考にとって中心的なものであり、私たちはこのような判断から逃れることはできない。（1985b : 234 ; cf. 1989a : 42）

このように彼は、欲望を評価し判断する能力こそが、人間に特有のものであり、人間が普遍的に持つものであると述べている。彼によれば、「この能力は人間に普遍的であり、誰もが持っているものであるように思われる。ただし、ひどく傷つけられた人間として私たちが明白に判断する人たちを除いて」（1994d : 249 ; cf. 1985a : 16, 28, 33）。このような言い方は、テイラーが強評価の概念を、人間のあり方を記述するためにもっぱら採用していることを示しているようにも思われるが、この点について考察する際に、テイラーの道徳理論においてはこの概念に二重の機能があるとするオーウェン・フラナガンの理解が参考になる。つまり強評価は、記述的側面と規範的側面の両面を持っているのである。テイラーの見解によれば、それは、人びとがどのように存在しているかを記述するのみならず、十分に人間らしくあるためには何が必要かという点についても示唆している（Flanagan 1996 : 147）。

強評価は人間の道徳的アイデンティティにとって必要なものである、とテイラーが述べるとき、彼の意図を正しく理解するためには、四つの側面について明らかにしなければならない。第一に、そして最も明白なことであるが、テイラーは、一人の個人が行うそれぞれの選択が全て強評価の対象であると述べているわけではない。選択のなかには、価値が高次か低次かということを意味しない、あるいはそうした意味を呼びおこさないものもある。強評価を採用する決断は、質的なものであり、質的ではない選択とは対照をなすのである（Taylor 1976a : 282-5）。ある人の決断を記述する際に、単に選択肢の重さをはかっているとイメージする方が適切な場合もある。たとえば、私が街に行くとき電車を使うかバスを使うかということに関する選択は、私の他の計画や義務に照らして、どの交通手段がより便利かということに依拠するだろう。私が昼食に何を食べるかということについての選択は、私がどのくらい空腹か、お金をいくら持っているか、自分で昼食を作るのに十分なくらい早く起きたかどうか、などに依拠するだろう。豪華なレストランで食事をしたいと思っても、そのためのお金がなければ、公園のベンチでサンドイッチを食べることになるかもしれない。このような選択は、アイデンティティを形成する際に、強評価が担うような重要な役割を果たすわけではない。

しかし、このような日常にありふれた決断も、強評価の課題に決してならないというわけではない。たとえば、もし私が倫理的理由でベジタリアンになったのであれば、昼食のメニューの選択は、私が強く価値判断する善の観点から考えられる事柄になりうる。もし私が環境主義者であり、電車の方が大気汚染をもたらす程度が低いと信じているとき、あるいは社会的により責任ある、または集団的に合理的な交通手段だと信じているとき、交通手段に関する私の選択は、自分の道徳的アイデンティティの一部になりうる。したがってテイラーは、強評価が、一人の個人が行う全ての選択において必ず働いていると述べるわけではないが、彼がこの概念を用いるとき、高次か低次か、高貴か卑しいかといった区別を含むと思われる判断から、特定のものごとが排除されると想定しているわけでもない。

第二に、テイラーは、評価という用語を使い、ある善を他のものよりも質的により高次のものとして認める個人がいることを前提としているが、だからといって私たちは、諸個人が、このように階層的に自己の欲望を序列づけ評価しているという事実について、彼らが常に十分に自覚していると考えてはならない。この文脈における評価とは、理性的で反省的な思考の結果というより、直観的な判断や反応に近い。のちに述べるように、テイラーは、強評価の基礎となるものをある程度明らかにすることができると考えているが、それは強評価にとって必要条件でもないし十分条件でもない。彼によれば、諸個人は常にそうしていると自覚していなくとも、このような質的な判断をしている。また、彼らが価値を区別する際の背景となる道徳的な全体像に気づかなくとも、質的な判断をしているのである。

多くの研究者は、テイラーの強評価の概念を、人の倫理的な義務に対する思慮深い立場を要請するものだと解釈している。強評価が道徳的に優先するべきものについての反省と明確化を要請しているという印象を、初期の強評価概念の定式化がどのようにして作りだしたかは容易に理解できる。ある論文で彼は述べている。「私たちが言う強評価は、対照による明確化と呼ぶこともできる。……それは、もともと不完全な、または混乱した、あるいは誤って整理されたものを〔再〕定式化しようとする試みである」(1976a : 295)。テイラーの解釈者たちは、得てしてこの点を批判し、テイラー〔の思想〕には過度の合理主義的傾向があると述べる。また、彼らの指摘によれば、強評価についての新ソクラテス的なアプローチは、人びとが実際に自らの道徳的生活をどのように送っているかを説明しようとするテイラーの野心とは対立する。なぜなら、自分の価値観を実際に自覚したり、反省したり、分析したりすることが、人間の生活における一般的な特徴だと主張するのは困難だからだ(7)。

しかし、テイラーにおける初期の強評価概念にみられる新ソクラテス的な傾向は、より最近の著作では消えている。『自我の源泉』の中でテイラーが強評価について述べる際には、自らの道徳的な質的区別を反省する必要性や、それを明らかにする必要性についてはふれられていない。彼は同書の中で、「私が質的区別の『感覚』と言うときに記述しようとするのは、私たちがしばしば持つ、このレベルの不明確さである」と言う（1989a : 21 ; cf. 307）。彼はこの点について、他の著作で、より明確に述べている。

> 人が自分のフレームワークについて明らかにし、批判的に反省しているということが、強評価によって行為するための条件であるとは思わない。……私が述べようとしていることを端的に言えば、人は、何らかの欲望や目的や願望が他のものよりも質的により高次であるという感覚を持ちながら生きているということである。
>
> （1994d : 249 ; cf. 1995b : 140）

しかしながら、強評価が、より高次・低次の善に対する自分の判断についての反省や自覚とどのように関連するかということは、テイラーの初期の作品には出てくるが後期にはなくなっていく、と推論することは誤解を招くだろう。むしろ、この関連性について向けられたいくつかの批判に対する応答を通して、彼の後期の作品では、強評価と反省の関連について、より曖昧ではなくなったと言うべきだろう。後期の立場は、初期の立場の改訂というより、初期の立場をより明確にしたものだと考えることができる。この点について説明するためには、強評価に関するテイラーの最も初期の、最も詳しい議論から引用した次の一節をみてもらう必要がある。

> 強評価をする人は、まさに、対比して性格づける言語を持っているので、優越性を明確化できる。したがって、同一の基準ではかることのできないもののあいだで反省し選択するという経験の中では、強評価が、明確化のための一つの条件となる。強評価をする一つの言語を獲得することによって、自分の選好を（より）明確にす

ることができる。(1976a : 288)

この段落の最初の文章は、新ソクラテス的な解釈を支持するようにも思える。それは、強評価が、高次か低次かに関する自らの判断を自覚することと関連していると示唆するからである。しかし、〔同段落の〕次の文章はこれを修正している。というのもテイラーは、強評価が、反省的に選択をするという状況の中でこそ行われると条件づけているからである。さらに彼によれば、強評価は、明確化のための一つの条件であり、明確化が強評価の一つの条件であるわけではない。さらに強評価自体は、強評価をはらんでいる言語からも区別されている。それゆえ私の考えでは、強評価に関するテイラーの概念に重要な変化があったというよりは、彼が、のちの定式化の中で、議論をより明確にしてきたと考えるほうが正確である。(8)

強評価に関する初期の議論の中で、テイラーは強評価を、自己に対して責任を持つという考え方と関連づけている。なぜなら、人間は、自分の欲望に単にとらわれているわけではなく、それらの欲望を、質的かつ階層的に区別することができるし、自分がどのような人なのかということについて何らかの意見を持つことができるからである(*ibid.* : 280–82 ; cf. 1985a : 28)。しかし、強評価と自己責任との結びつきは、強評価をする人たちが自らの価値と判断を認識しているというイメージに依拠しているように思われる。仮にある人が、正しいか間違っているかについて、あるいは高次か低次かについて、暗黙または直観的でしかない感覚によって動機づけられているとすれば、その人は、そのような感覚を基礎とした判断や行為について責任をとることができる人だと本当にいえるだろうか。自己責任をとるということ、および、ある人が何者なのかについてある程度の選択が可能になるのは、このような諸価値について合理的に考えられていたとき、または合理的に考えることが十分に期待されるときであると、私には思われる。テイラーは、一方では、諸個人が自分では十分には認識していない道徳的諸判断によって動機づけられているという議論を容認しているが、他方では、強評価をする能力を持つか否かという視点で人間を動物から区別する場合、人間だけが自分は何者なのかということについてある程度の責任をとることができるということも認識する必要があると述べている。この二つの議論のあいだには緊張があるように思われる。興味深いことに、強評価と自己責任との結びつきは、強評価に関するテイラーの後年の議論の中では、同様の関心を集めているわけではない。このことは、強評価を定式化する際の新ソクラテス的な傾向が弱まるにつれて、強評価と自己責任の結びつきも弱まったことを示唆している。

つまるところ、強評価に関するテイラーの立場によれば、諸個人は、自らの強評価を基礎づける道徳的諸判断について自覚することもできるが、かならずしもそうする必要はないということになる。強評価された善は、人の行為や道徳意識や目的意識に強い影響を与えるためには、明示的である必要もなければ、明瞭である必要もない。またこれらの判断が、道徳的生活について説明するときに役立っているのだと個人が自覚する必要もない。そのかわりに、強評価された善は、自らの理解の暗黙の背景の一部として存在しうるのである[9][10]。

テイラーが強評価によって意味することを理解するために注意しなければならないことの第三は、これらの評価について記述するとき「強い」という形容詞が使われるが、彼は、その強さや力を表現しようとしているというよりも、その質を表現しようとしているということである。たとえば私は、政治的に対立する相手に対して、公的に恥をかかせたいという強い欲望を持っているかもしれない。しかし、私は、公的生活における品位のある態度を称賛しており、矮小で悪質な人格攻撃的な政治は相手を傷つけるものであると信じているので、前述の強い欲望は卑しいものだと感じる。すると私は、そのような欲望は、私の品位をけがすものであり、そのような欲望に負けると、より低次の自分をさらけ出すことになると思うだろう。そのような強い欲望と戦うときの私の強評価の基準は、私に同意しない人に対して軽蔑を示すよりも、品位を示すことのほうがよいというものである。

最後に、テイラーの考えによれば、全ての個人は強評価者であるが、私たち全員が、同じものを強評価しているわけではない。強評価という事実は、全ての人間に共通して当てはまると言っても差しつかえないが、善は、文化によって、さらに個人によって異なったかたちで評価されるだろう。このようにテイラーは、個人のあいだで、および文化のあいだで、道徳的な価値が異なっているということに敏感であるものの、いくつかの善は、全ての道徳的な規範において重要な役割を果たし、全ての文化によって強く評価されるとも考えている。これらの善は、人間の生と、人の尊厳の価値についての理念を中心としている。そこに含まれるのは、人を殺したり傷つけたり冷酷に扱ったりすることを禁止する命令であり、さらに、他の人に必要とされているときは、その人を助けなければならないという命令である。彼は次のように述べる。

> いかなる道徳的体系にも、私たちが人間の尊厳と呼ぶものについての概念があり、……他者に対して尊敬心を持って接するように私たちを強制する品格の概念があり、……人間にとって尊敬するべきものは何かを定義する概念がある。
> (1986a : 53 ; cf. 1989a : 4, 11, 14 ; 1985b : 232 ; 1995a : 35, 53, 56)

もちろん、これらの命令の多くは、遵守されているときよりも違反されたときのほうがより重視される。しかし命令に違反する者ですら、何らかの意味で、それを尊重していると主張するだろうとテイラーは考える。たとえば死刑賛成論者は、罪のない命を尊重するからこそ、殺人の罪を犯した者を死刑にする必要性を主張する。歴史的に見れば、人びとの中で、特定の集団が、まともな人間に劣るところがあるという口実で、虐待され軽蔑されてきた。尊重に値するとみなされる人びとの範囲は近代になって拡大されてきており、尊重の意味するものや要求するものは変化してきているが、テイラーの見解によれば、人が尊重されるべきだという一般的で道徳的な理念は、普遍的に強評価されている。

諸個人は、ある善によって導かれることを、他のことよりも非常に高次のことであるといつも感じるという、強評価に関するこの主張は、道徳的な多元主義の問題についてのテイラー自身の解決法を示しているように思われる。複数の善に直面した場合には、自分が強評価する善に常に従って行動すべきだと、テイラーは述べているのではないだろうか。これは、様々な状況において何をするべきかを決定する原理または手続きを提供することにはならないだろうか。さらにこれは、テイラーが否定していると主張する一種の形式主義的な道徳的決定ではないだろうか。しかし残念ながら、状況はそれほど単純ではない。諸個人は必ず、ある種の善を、他の善よりも強評価するとテイラーは主張するが、どの人の道徳的な地平においても、強評価される善は、通常一つ以上ある。さらに、強評価されるこれらの善は、お互いに矛盾することがあるため、道徳的な多元主義の持つ問題は、強評価を認めたからといって消えるものではない（1985b : 236）。

これを理解するために、家庭生活に至上の価値をおく一人の人を想像してほしい。彼女は、自分のパートナーや子供と過ごす時間を愛している。彼女にとって満たされた家庭生活は、疑いなく強評価された善である。しかし、同じ人が、同時に知の探究にも献身していたとする。彼女は、職業的な科学者として、長時間にわたって顕微鏡を使った研究をすることもまた愛している。この探究は、彼女に喜びをもたらす。それだけではなく、自然界のたとえ小さな一部分であれ、それを十分に理解することは、人間が行うべきすばらしいことであると彼女は思っている。科学的な知識を発展させることが、彼女の強評価された善の一つであることは明らかである。しかし彼女は、科学に対して情熱と尊敬を持っているにもかかわらず、実験室と都会から完全に離れて、自然に帰るための時間を持つことも好んでいる。科学技術から一週間も離れて、誰と言葉を交わすこともなく自然の世界とかかわることは、無上の喜びである。電子レンジと携帯電話なしでは一日も生活できない友人たちを、彼女は軽蔑している。この人は明らかに強評価者であり、家族と共に過ごすこと、科学者としてのキャリアを追求すること、自然との孤独なかかわり、これらの全てを彼女は高く評価している。これらなしでの生活は、彼女にとって、ほとんど生きる価値のないものに思われるだろうし、これらのことをしない生活は想像することもできない。しかし、これらの善が矛盾すると考えることは簡単である。これらの全てを満たすための時間は、どの月〔＝七月や八月など〕においても、十分ではないだろう。自然とかかわりながら、子供と過ごす時間も持ち、研究の進展にも献身する、このような生活はいかにして可能だろうか。彼女は、代償を要求されるか、あるいは、彼女が強評価する善のどれかについての妥協を求められるだろう。テイラーの見解によれば、このような道徳的選択を迫られる状況に直面することは多いが、このとき諸個人に対して、このような複数の要求をどのようにして和解させるかを示すガイドラインはない。それぞれに必要な時間という観点だけでなく、それぞれの持つ善という観点においても、和解は困難だろう。このような選択を強制されるとき、諸個人は、それ自身の価値において重要な事柄を犠牲にしていることに気づく、とテイラーは考えるのである。(11)

しかし、強評価された善が実現されない理由を、このような葛藤にのみ求めることはできない。テイラーが認めているように、諸個人はかならずしも常に自らの強評価の目的にそって行動するわけではない（1989a：62）。しかしこの場合にも、個人は気落ちして、より高次な、あるいはより良い自分自身という理想を貫くことに失敗したと感じる、とテイラーは言う。彼によれば、個人は、自分の強評価された善にそって行動することに失敗すると、喪失感や脱力感や挫折感におそわれ、この失敗に無関心ではいられない。あるいは、一つの善から別の善に移行する途中にあると感じるかもしれない。これらが示すようにテイラーは、人びとの人生で強評価されている善があると考えているばかりでなく、これらの善が個人の成功と失敗、成長と堕落を判断する重要な基準を提供していると考えている。強評価された善の重要な部分は、それにそって、あるいはそれを促進しながら行動することによって、誇りや満足感や達成感をもたらす。しかしそれに反して、あるいはそれを無視して行動した場合、人は喪失感や憂鬱感に苛まれることになる（1995b : 142）。

したがって、テイラーの分析においては、たとえどれほど無意識的であったとしても、個人のアイデンティティが、自らの肯定する善と強く結びついていることは明白である。そのとき、これがどの程度自覚的であるかは問題ではない。テイラーによれば、「したがって、私たちのアイデンティティは、行為主体 agent としての私たちから分離することができない特定の諸評価によって定義される。これを剝ぎ取られると、もはや私たちは自分ではなくなってしまう」（1985a : 34 ; cf. 1989a : 30）。上述のように、自己と、強評価された善とのあいだの密接な関係は静的なものではない。個人は、自身が強評価する善に対して接近しつつあると感じたり、離れてしまいつつあると感じたりしながら、自分自身を理解していくのだとテイラーは考える（1989a : 42, 45, 47）。しかし、選択の必要性が示すように、二つのことを同時に経験することは可能であり、通常起こりうることである。人は、強評価された一つの善、あるいは一連の善を実現していると感じながら、他の善に関しては失敗していると感じることもある。自己と、その強評価された善とのあいだの緊密な関係についてのテイラーの見解は、諸個人が自らの強評価する善を変える可能性を禁じてはいないという点において、静的なものではない。強評価された善が、個人のアイデンティティを性格づけるとする彼の考え方は、古い善を捨て去り新たな善を獲得することを排除するわけではない。とはいえこの過程は、結果として、人のアイデンティティと自己解釈に重要な変化をもたらすだろう[12]。

強評価の中心的な重要性に関するテイラーの主張は、道徳理論における相対主義に打撃を与える。彼の議論では、諸個人は、全ての価値と欲望を、同等の価値を持つ可能性のあるものと理解しているわけではない。この概念は、特にベンサムの功利主義的な相対主義に対して批判的に使われる。功利主義は、欲望と善の中にある価値の違いをとりのぞき、それらを平準的な基礎のうえに置こうとする（1985a : 17, 21, 23 : cf. 1989a : 22–3, 383）[13]。またこの強評価の概念は、ジャン＝ポール・サルトルによって提出された諸価値のあいだのラディカルな選択の概念にも挑戦している。サルトルは、道徳的ディレンマを抱える個人は、決定を導く基準も優先順位もなく選択を強いられると論じたが、この議論に対してテイラーは反論した。テイラーは、これが、強評価された善が衝突するときに起きることについての劇的な描写であるかもしれないことは認めつつも、全ての道徳的な選択を説明できるものではないと考えた（1976a : 291 ; 1985a : 29–33）。さらに彼によれば、もしラディカルな選択の概念を厳密に考えるなら、道徳的ディレンマの議論は不可解なものになる。なぜなら、これまで選択されてきた善は〔道徳的ディレンマの中で〕単に「選択されないもの」にもなりうるので、衝突は解消されてしまうからだ。テイラーによれば、自分たちの選択が支えているからこそ物事には価値があるのだという諸個人の考え方とは対照的に、強評価は、私たちが自らの全ての選択を平等に経験することを妨げる。ほとんどの場合、私たちは、より大きな価値のある欲望や善が最も重要であると感じている。

テイラーは、道徳的生活において強評価が実際にあること、しかも中心にあることを主張する中で、非常に明白なことを語っていると考えている。この明白なことにこだわる必要があるのは、テイラーが近代哲学の大部分を狭隘なものと捉えているからである。近代哲学の多くは、他者への義務と、それに関する手続き的合理性に、焦点をしぼっているとされる。テイラーは、近代の道徳哲学が、道徳的生活における質的区別の位置づけについて語らないことを問題にしているのである（1989a : 84, 90, 1995b : 146）[14]。さらにテイラーは、これらの哲学が、道徳的生活における質的区別に支えられているにもかかわらず、その区別が持つ役割を隠していると述べる。近代の道徳哲学の大部分は、強評価を認めることに失敗したこと、あるいはそれを拒否したことが原因となって、強評価の可能性の条件について語らなくなり、強評価の元となる善についての見解も語らなくなった（1989a : 88, 93 ; 1995b, 150）。例をあげれば、ベンサムが、諸個人によって評価される善のあいだの質的区別を拒否していることはよく知られている。しかし、合理的であるという考え方は、ベンサムにとって、さらにその後のほとんどの功利主義者にとって、テイラーの用語を使えば、〔実はすでに〕強評価されたものであり、「一つの質的な差異」を表現し、「道徳的な称賛と軽蔑の基礎にもなるし、尊敬する価値のある対象にもなる」(1985b : 244 ; cf. 1976a : 285–6)。のちにみるように、テイラーは、これらの哲学の底にひそむ道徳的フレームワークを明確化することによって、隠されてきた動機を明るみに出すことができると主張している。

道徳的実在論

テイラーの強評価という概念は、主観主義に対する挑戦でもある。彼の見解によれば、諸個人が、ある善を、もともと他の善よりも価値のあるものとして考えるとき、その善は自らの選択からは独立して価値のあるものだと感じている。テイラーは述べる。

私は、次のような場合に強評価が行われていると言いたい。すなわち、一般的に善と想定されるものが、私たちがそれを望むから善であるとみなされるのではなく、むしろ願望の基準とみなされる場合である。つまり、それらは、たとえ私たちが望んでいなくとも、私たちが望むべき善であると思われている。私たちが、その善を望まないときですら、それを望まないことによって、私たちは劣った者、あるいは悪い者であるとみなされている。(1985b : 120)

テイラーによれば、強評価される善は、内在的な価値を持っているため、諸個人によって尊重されている。その善は、諸個人によって自由に、恣意的に選択されるものというよりも、諸個人に対して呼びかける、あるいは要求するものとして感じ取られている（1989a: 4, 20; 1991a: 36–7）。諸個人が善を強評価するとき、彼らはその善にもともと肯定するべき価値があると思うから評価するのであり、彼らがそれを肯定したから善になるのではない。このようなテイラーの主張は、私たちを、彼の道徳的実在論のテーマへといざなう。

最も一般的なレベルで言えば、実在論者であれば、世界は人間の解釈や理解からは独立して存在すると主張する。だから人間の知識の正しさは、この独立した世界を正確に説明できる能力の程度にしたがって、おおよそ測定されることになる。それに対してニーチェは、典型的な反実在論を宣言し、「存在するのは、事実ではなく解釈のみである」と述べている（Neitzsche 1968: 481）。このような反実在論者とは対照的に、実在論者は事実も解釈も存在すると主張し、事実の説明により近い解釈が、他の解釈よりも良いものであり真実味を帯びていると考える。

テイラーの道徳的実在論は、道徳的生活に関する実在論者のアプローチとの連続性を持っている。彼の実在論については三通りの解釈がある。第一は弱い実在論である。それから最も遠いのが第三の解釈、すなわち強い実在論である。第二は、強い実在論に近いが同じではない。テイラーについての私の理解は第二の立場である。これについて説明するために、表面上は矛盾しているように聞こえるが、反証可能な実在論の概念を導入しなければならない。より弱い実在論者としてのアプローチのほうが、より多くのテイラーの読者に簡単に受け入れられると思われるが、[15]弱い方法を推し進めると最終的には反証可能な〔実在論の〕アプローチとなり、テイラーはこれを擁護しようとしている。しかし、テイラーの読者の中には、彼の反証可能な道徳的実在論を強い道徳的実在論と誤解している人がいる。つまり、道徳的な価値が人間から独立して存在していると彼が主張している、と誤った解釈をしている。[16]

道徳的実在論についての弱い概念は、次のようなテイラーの主張と関連する。すなわち、彼が、道徳的生活についての現象学を提供しようとし、個人が自らの生においてどのように善を感じているのかについて説明しようとしているという主張である。テイラーによれば、「私たちが説明しなければならないのは、自分たちの人生を生きている人びとについてである」（1989a : 58 ; cf. 32, 74 ; 1995a : 39）。テイラーの実在論は、諸個人が強評価する善は彼らから独立して存在するという、諸個人の理解の仕方を単純に描いているといえるし、諸個人がその善を認めるとき、善の中で内在的価値をもつものを、彼らが感じ取っているという考え方について描いているともいえる。これらの善はその価値を、単に諸個人に評価されるというところから引きだすだけでなく、むしろ善に価値があるからこそ評価されると諸個人は信じるかもしれない。この事実からすれば、テイラーは、これらの善が実際に存在すると主張しているわけでもないし、善はそれ自体に価値があると主張しているわけでもない。テイラーの道徳的実在論を弱いものと考えれば、彼は、諸個人が自らの道徳的生活について経験する仕方を単に描いていると考えることもできるのである。この解釈は、彼のいくつかの明確な記述を基礎としている。諸個人が称賛し追求する善についての彼らの感じ方を強調する、次の文章を見てほしい。

私たちが、ある高次の善によって動かされるという経験をするとき、私たちは、自分が反応しているから価値があると感じるよりもむしろ、その善なるものによって動かされていると感じる。その善の意義を無限に価値あるものとして理解したうえで、私たちはそれによって動かされるのである。私たちは、その善への愛を、十分に根拠づけられた愛として経験する。

（1989a : 74 ; cf. 341）

テイラーの道徳的実在論についての強い解釈は、弱いアプローチの現象学的な特徴を共有しつつも、善は人間から独立して実際に存在するとテイラーが述べていると理解する。つまり、人びとが特定の善を称賛し、それを追求しているとき、彼らが、彼らの外部にあり彼らから独立しているものに反応していると感じるのは正しいとテイラーが述べていると理解する。このような解釈にもとづけば、これらの善が彼らから独立して存在すると人間が感じることは、道徳的生活の特徴であるばかりでなく、道徳的世界の正しい描写でもある。しかし、テイラーがこの強い実在論者の立場を擁護している面があるとしても、彼が実際に追求しているのは、反証可能な実在論である。彼は〔日常的経験の中で私たちを拘束する〕必要性についての議論を進める。テイラーによれば、私たちが道徳的生活を説明しようとするなら、人間が道徳的世界を、自分たちが経験するとおりに経験するという事実を、真剣に受けとめる必要がある。道徳についての最良の説明は次のようなものである。すなわち、諸個人が自らの選択によらない理由で、善を、称賛し尊敬する価値のあるものとして感じているという事実を、織りこむ説明でなければならない（1989a : 58）[17]。このような実在論者の用語で道徳を説明する必要性から、私たちはこれらの善の実在性を推論することができる、とテイラーは考えている。彼は修辞的に問いかける。「事物についての最良の説明がいかなる性質や存在や特徴を引き出しているかを見るよりほかに、いったいいかなる方法によって、何が実在的かとか、客観的かとか、何が構造の一部であるかを決定することができるだろうか」（1989a : 68）。彼はこの問題についてさらに言いかえながら、繰り返し論じている。

実在性を測定しようとするとき、批判的な内省と間違いの訂正を経たうえで、私たちの生を最もよく理解できるこれらの言葉以上に最適なものはあるだろうか。この「最もよく理解できる」には、善について最良の最も実在的な方向づけを示すということだけでなく、私たちや他人の行動や感情を最もよく理解できるようになることも含まれる。（*ibid.* : 57 ; cf. 1995a : 39）

これは、私たちに馴染みのある自然科学の実在論者の主張ではない。自然科学の実在論者に特徴的な考え方においては、自然の世界は、たとえ人間がそれを知らなくても人間の目前で内在的な諸力を持ち続ける。たとえば重力は、人間がそれを知っているという事実から、あるいは何らかの方法でそれを理解しているという事実から、その特徴を引きだすわけではない。逆に、人が重力について適切に理解するためには、その理解の試みに主観が介入することを最小にしなければならない。これは一七世紀の科学革命のときに、自然界にアプローチするための方法として採用されたものである。これは科学的知識を発達させ、技術を進歩させるために大きく貢献した（第四章参照）。

テイラーは自然科学に関しては実在論者であるが、彼の道徳的実在論は、別の方法で擁護される。この違いは驚くべきことではない。なぜなら、自然科学で使われている用語と方法で人間についても理解できるという信念は、テイラーによって、繰り返し批判されているからである（1989a : 80 ; 第四章参照）。彼は道徳について説明するとき、人間のいない道徳的世界を想定することに対して批判的であり、主体に依存する性質と、客観的あるいは実在的な性質とを分離するような考え方に反対する（1989a : 56, 257）。そうではなく、道徳的実在論についての彼の擁護は、人間と、道徳についての人間の経験とともに始まる。道徳的生活についての説明を、その中心的な要となる人間から分離して行うことは、彼にとって意味のないことである（*ibid.* : 59, 68 ; cf. 1991d : 245, 247–8）。彼によれば、道徳についての最も説得力のある説明は、人間とともに始まり、人間が道徳を経験する方法とともに始まるものであり、〔善を人間から切り離して抽象的に議論するのではなく〕善の独立性についての人間の受けとめ方をも真剣に考慮すべきものである。それゆえテイラーは、彼の道徳理論が、いかなる投影主義よりも優れていると考える。投影主義は、道徳を、道徳的に中立である世界に人間が与えた意味として簡単に片づけてしまう（1989a : 53–62）。

> 私たちが、自分と他人の行為について、考え、記述し、判断し、説明する中で、私たちが道徳的な用語を実際にどのように使用しているかに関して、私たちが与えうる最良の説明はすべて、これらの善を、投影に依存しないものとして扱うだろう。
>
> （1994c : 207 ; cf. 1989a : 257）

テイラーは次のように結論づける。人が善に対して、それがあたかも独立した存在であるかのように感じる理由は実在性とは無関係であるという道徳理論が登場しないかぎり――あるいは登場するまで――、実在論は、道徳的生活についての最も説得的なアプローチである。したがって私は、テイラーの議論を、強い実在論というより、反証可能な実在論と定義するのであり、テイラー自身も、彼の説明が間違っていることを示す道徳的生活に関する理論が登場しうることを認めている。このことは『自我の源泉』における重要な文章で明確に示されている。そこで彼は、道徳的生活についての最良の説明は、超越的な道徳的源泉についての参照を含むと想定している。しかしながら、この源泉が必然的に非人間中心主義的なものであるのかどうかについては必ずしも明らかではない。テイラーの直観では、「しかし、すべて徹底的に議論されるべき課題として残っている」(1989a : 342)。

これまで述べてきた三種類の実在論のあいだの違いについて記述する一つの方法は、道徳的生活の経験に対してそれぞれの実在論が認める重要性の度合いについて考えることである。たとえば、弱い実在論は、人びとが、自分たちの評価する善に対して、あたかもそれらが独立した存在であるかのように感じるというテイラーの議論を受容することはできるが、これは神話であるとする。弱い実在論は、人びとが自分たちの道徳的生活を経験するときの経験の仕方を記述するものとして実在論を捉える。しかし、この記述が、道徳的世界の真実の記述であるとは思わない。道徳的経験のこのような特徴は、実在性についての解釈に何ら影響を与えるものではない。強い実在論者の視点からみた場合も、道徳的生活の解釈は、誤解を招くものである。たとえ人びとが、自分たちの道徳的生活をこのように経験しないとしても、あるいは、すべての人が投影主義に固執したとしても、道徳的な善は客観的であり実在するのだから、彼らは間違っていることになる。反証可能な実在論は、強い実在論のほうに近いが、両者の中間にある。なぜなら、反証可能な実在論は、この人間の道徳的な経験に関する事実を重く受けとめて、それに存在論的な重要性を帰するからである。反証可能な実在論は、日常の道徳的な経験の特徴とされるものから出発する。それゆえ、もし人びとが、自分の道徳的生活をそのように経験しないとなると、議論を進めることはできない。議論を進めることができるのは、扱われている経験それ自体に欠陥があるという説得的な理由が示されるまでにすぎない。したがって反証可能な実在論は、弱い実在論者よりも、また強い実在論者よりも、日常的な道徳的生活の経験をより重視する。この観点からすれば、道徳的生活に関する人びとの理解を、幻想として簡単に排除することはできない。

一部の研究者は、テイラーの道徳的実在論を、私のいう強い実在論と誤解している。つまり、より高次のものとして諸個人が認識する善は、実際には、彼らから独立して存在するとみなしている。彼らは、このような立場に、一種の新プラトン主義を見いだす。プラトンは、善は人間から独立して存在すると信じていた。その実在性は、善についての人間の解釈に依拠しているわけではない。むしろ、哲学の目的の一つは、哲学者にこの善について気づかせることであった（Taylor 1989a：122）。テイラーが近代の道徳理論を批判する際に、善き生に対する古代のアプローチへと立ち戻り、近代の考え方によって隠され否定されてきたものを高く評価するという方法を用いている点を考慮すれば、善に対するプラトン的なアプローチを復活させることに彼が関心を持っていたとしても理解できるように思われる。しかしテイラーは、彼の実在論をプラトンのそれと類似するものと考えることを拒否している。なぜなら、プラトン主義は、一つの道徳的源泉としてはもはや有効ではないとテイラーが認めているからである。プラトンの倫理学と形而上学は分かちがたく結びついており、善性についてのプラトンの理解は、彼のイデア論と不可分である。近代科学が、プラトンのイデア論の信頼性を否定したとき、善性についての説得力も失われたのである（*ibid.*：56, 73）。しかし、テイラーが新プラトン主義者であるという批判に反論する理由としては、これでは不十分だろう。というのは、テイラーが他の道徳理論を批判するときに示すように、理論レベルで何かを批判しても、それがより深く暗々裏に、人の思考に影響を与えていないという保証はないからである。

テイラーが自らの道徳的実在論とプラトンの理論との類似性を拒否する際の、より実質的な理由は、このアプローチの極端な二極化にある。その背景にある考え方は、プラトン的な道徳的実在論者か、あるいは投影主義者かというものである。テイラーは、独自の方法で、この両極端によって排除された中間地帯を占めようとしている。プラトンと違ってテイラーは、道徳的な善が、それを知る人間の存在なくして存在すると考えることに意味があるとは思わない。また投影主義者とも異なり、これらの善が、人間の作為によってのみ存在すると解釈することも誤りだと考える。これまで検討してきたように、彼は、人間が、人間中心的ではない方法で、人間の尊敬を集める善を経験をすると考える。人間は、その善を、人間の意思や選択のみから引きだすわけでもなく、またその善の価値を個人的に肯定するという事実にのみ依拠しているわけでもないとされる（*ibid.*：342；1994c：208–11）。

宗　教

テイラーに対する他の批判者たちは、彼の道徳的実在論の中に、有神論の影響を見いだす。テイラーはエキュメニカルな［＝教派にとらわれない］カトリックである。彼は、自らが「一人のキリスト教徒だが、イスラーム教やユダヤ教や仏教にも偉大な面があると思っている」という（1991d：241；cf. 1994d：226, 229；Morgan 1994：65）[18]。テイラーは、キリスト教徒として、神は善性の源泉であると信じている。彼は自分の有神論を隠すことなく、むしろ、それこそが、人間中心主義を問題にする際の彼の原動力であると述べる。その他の原動力としては、ディープ・エコロジーが挙げられる（Taylor 1989a：102, 342；1994c：213）。「ディープ・エコロジー」の用語によってテイラーが意味するのは、自然の世界には、それ自体として価値があること、さらにその価値を維持するために、人間に対応を要求することである。この考え方は、近代西洋文化を支配してきた見解とは対立している。近代西洋の見解においては、自然の世界は、道具的な価値のみを持ち、人間の必要を満たすために存在し、そのために必要であればいかなる方法でも使用されうると思われてきた（1995a : 100）。（テイラーの思想のこの側面は、自然を「在庫」とみなす考えを批判したハイデガーの強い影響を受けている。）この点が示唆するように、テイラーは、主観主義を主張する道徳観には批判的である。この道徳観は、善性の非人間的あるいは超人間的な源泉という概念を全て排除するからである（1989a : 506）。しかし彼は、自分の個人的な宗教的信念を、彼の道徳理論の基礎にしようとはしていない。むしろ、宗教によって説得されない人のみならず、異なる宗教的見解を持つ人にも受け入れられる説明を作り上げようとしてきたのである。しかしながら、テイラーに対する批判者の中には、テイラーがこの作業に失敗していると言う人もいる。彼らによれば、テイラーの道徳的実在論は、彼のカトリック信仰を参照してはじめて説明可能になり、神への信念が彼の道徳理論の隠れた基礎になっている。人は非主観主義的な様式で道徳的生活を経験するというテイラーの理解は、善性には何らかの超越的源泉が必要であるという議論を不可欠の要素としている。しかも、最も有望な超越的源泉たるや、少なくとも西洋文化ではキリスト教の神である。このような批判によれば、テイラーの有神論を共有しない人は、彼の道徳理論によって説得されることもないだろうということになる。[19]

だが、宗教と道徳の関係についてのテイラーの主張をめぐっては混乱がある。スキナー（1991 : 147）と、スキナーの論文を引用するレイン（1992 : 48, 55）は、有神論だけが適切な道徳的源泉として経験されるという信念をテイラーがもっているとみなす。テイラーは、これに応えて、それは自分の見解ではないと否定している。スキナーとレインが引用した『自我の源泉』の文章は、明らかにやや違ったことを述べている。テイラーの叙述によれば、「[有神論] を抱く人は、その中に適切な道徳的源泉を発見することを誰も疑わない」（1989a : 317）。彼らが混乱した理由として考えられるのは、テイラーが、ここで二つの点を一緒に述べていることである。第一は、有神論者が、自らの宗教的な信念を、道徳的源泉として、すなわち十分に適切なものとして経験する方法についてである。第二は、この経験が、非有神論者からは、どのように見られるのかという点である。第一の点から述べよう。有神論者たちが、その中に十分に適切な道徳的源泉を発見するだろうということは、正しいかもしれないし、正しくないかもしれない。テイラーの研究者の中には、聖アウグスティヌスの時代からキリスト教徒を悩ませてきた悪の問題こそが、この主張に挑戦していると指摘する者もいる（Larmore 1991 : 161 ; Schneewind 1991 : 426）[20]。テイラーの第二の主張、すなわち、これが有神論者の〔宗教的信念に関する〕経験の仕方であることを誰も疑わないだろうという考え方には、おおいに議論の余地がある。なぜなら、信仰心を持たない多くの人たちからすれば、宗教は、多くの理由から道徳の源泉としては不適切なものだからである[21]。テイラーは、自分が第一の点だけを述べていることを明確にしている。彼によれば、「それぞれの見解が、その主唱者たちによって、どのように理解されているのかという点について述べたのであり、全ての人によって認められなければならない何か単一の見解の価値について述べたのではない」（1991d : 241 ; cf. 1994a : 25）。とはいえ、明らかにテイラーはここで、有神論が唯一の適切な道徳的源泉であると述べているわけではない。私の理解では、彼は、のちに述べる構成善についての主張の中で、この点について述べるようになっていく。

道徳と宗教の関係についてのテイラーの見解は、有神論者からの批判も招いている。たとえば、ファーガス・カーは、キリスト教を決定論だとみなしたアイザイア・バーリンの見解に挑戦しなかったことを批判し、さらに歴史の展開における人間の自律に何の役割も与えなかったことを批判している（Kerr 1997 : 154-5）。またジョージ・マーズデンは、テイラーが『自我の源泉』で、彼のカトリック信仰を隠しすぎていると批判する。マーズデンによれば、テイラーの研究が「キリスト教的な問いによって形成された問題に、明らかに規定されている」という事実と、テイラーの主張が、近代の問題を非宗教的な方法で探究することに関心を持つ別の読者にアピールしようとする方法とのあいだには、緊張がある（Marsden 1999 : 87）[22]。テイラーは『カトリック的近代？』*A Catholic Modernity?* 以外の著作では、自分の宗教的な特性を強調しているわけではない。その理由について彼は二つの説明をしている。第一に、哲学の実践に関係する問題である。テイラーによれば、「哲学の議論は、……ありとあらゆる形而上学的な、あるいは神学的な考察をする誠実な人を、説得しようとしなければならないという性質を持つ」（1999a：13）。第二に、彼は、西洋の学問的な文化が、非常に世俗的であり、有神論的な前提にもとづく主張を歓迎しないと述べている（*ibid.*：118–19）。

不可避のフレームワーク

テイラーの見解によれば、道徳的生活のもう一つの持続的な特徴は、彼が道徳的フレームワーク、あるいは道徳的地平と呼ぶものの存在である（彼はこれらの用語を互換的なものとして使う）。道徳的フレームワークは、個人の価値観と道徳的見解を形成し方向づける一連の信念を意味する。私たちは、宗教に関しては、この種の概念に親しみがある。同じ教派に属する人のあいだでも、彼らの信仰が奨励する行為あるいは禁じる行為は何かという点について非常に真剣な議論があるにもかかわらず、キリスト教やイスラーム教が、その信者に道徳的フレームワークを提供していると考えることはできる。また、ある世俗的な運動が道徳的フレームワークを提供していると考えることもできる。マルクス主義はその一つであり、第二にフェミニズムを、第三に環境主義を挙げることができる。さらに、このような思想に対する信念が道徳的に何を必要としているのかという点に関しては議論の余地があるものの、そのような信念がメンバーに一つの道徳的フレームワークを提供していると考えることはできるだろう。したがって、もし誰かが自分はフェミニストであると主張しておきながら、外国人の乳母を雇って平然としているなら、私たちは彼らの道徳的フレームワークと彼らの行為のあいだに矛盾を見いだす。また環境主義者が排気ガスを出す車に乗っているとき、あるいは、家庭ごみをリサイクルすることを拒否するとき、同じことが言えるだろう。このような行為は、彼らの道徳的フレームワークに対して究極的には矛盾するわけではないかもしれないが、この偽善的と思われる行為を弁明する責任は彼らにあるだろう。

近代の世俗性と多元主義および個人主義は、道徳的フレームワークという概念とは折り合いが悪いが、テイラーの見解によれば、全ての個人は、自覚の有無にかかわらず、道徳的フレームワークを持っている。このようなフレームワークは、個人の生を形成し意味づける。さらに、自らの生の目的や形や方向性に関して全ての個人が直面する実存的な問いに対する答えを、暗黙のうちにせよ提供する。ある人のフレームワークが、道徳的な諸問題に対する答えに方向性を与えるというのは、広い意味においてである。つまり、他者に対して行うべき正しいことは何か、善とは何か、個人にとって意味があり価値があることは何かという問題についてである。テイラーは次のように述べている。

> 私たちがフレームワークなしに行動することはまったく不可能であるとする強いテーゼを私は擁護したい。換言すれば、私たちがその内部で自らの生を生きる地平、さらに生に意味を与える地平は、この強い質的区別を含んでいることを指摘したい。さらにいえば、このことは、人間にとってたまたま正しい心理的な事実を意味しているわけではない。……むしろ、このように強い質的区別を伴う地平の中で生きることが、人間的主体 human agency を形成すると主張しているのである。しかもこのような地平の外に出てしまえば、私たちがまとまりのある人格、すなわち傷ついていない人格と見なす境界をこえてしまうことになる。
>
> （1989a : 27 ; cf. 31, 78）

テイラーはフレームワークや地平といったメタファーを用いるが、このようなメタファーの是非は別として、彼が述べようとするのは、道徳的フレームワークが不可欠だということである。なぜなら、これこそが、道徳的な領域で人を導くからである。テイラーは、この点が、道徳的生活における、もう一つの不可欠な特徴だと考えている。諸個人は、自らが道徳的な諸問題の空間の中にいると感じる。その問題とは、正しい行いとは何か、追求するべき善は何か、人生の正しい方向はどちらかといったものである。彼らがこれらの問題に答えるために、道徳的フレームワークは役に立っているのである。諸個人は、物理的空間で自分自身を方向づけて行動し、もしこの方向づけがなければ活動することは困難だと考えている。同じように、私たちは道徳空間でも自分自身を方向づけている。私たちは通常、様々な道徳的問題に関する自分の立ち位置を自覚している。自らの人生における善をめざしているのか、めざしていないのかということを感じている（*ibid.*: 29–31, 33 42）。テイラーの見解によれば、人間は道徳空間で方向づけられていると感じることが必要である。しかしだからといってテイラーは、諸個人の中に次のような人がいることを、否定するわけではない。つまり、このような参照点を持たないと感じる人、あるいは道徳的な事柄について完全に混乱していると感じる人、さらに道徳的方向感覚を持たないと感じる人がいることを、否定するわけではない。だがテイラーにとって重要なことは、このような状況が、例外的であり、問題であり、克服されるべき段階だということである。彼によれば、「人がその方向性を失い始めるということは、危機に陥ることである。人が方向性を完全に失ってしまうことは、崩壊することであり、極端な病理学の領域に入ることである」（1994c: 209: cf. 1989a: 27–8, 30–31）。[23] 道徳に関して不安に感じること、さらに失敗していると感じることは、道徳的危機とアイデンティティの危機の典型的な状況である。これが再び意味することは、テイラーにとって、自己と道徳がいかに緊密に結合しているかということである。

テイラーによれば、強評価と道徳的フレームワークは、ともに人生を構築するにあたって必要な要素であるのみならず、相互に影響しあうものである。彼は、道徳的フレームワークと強評価を同義語とみなすこともあるが(1989a : 26)、人の道徳的フレームワークが、どの善がより高次の重要性を持っているかという点についての一連の強評価や判断を構成していると考えた方が適切だろう。彼は次のように述べることもある。「アイデンティティは、ある本質的な評価によって定義される。その本質的な評価は、その人が他の評価をする際の地平または基準を提供する」(1985a : 39)。とはいえ道徳的フレームワークは、新たに強評価された善に適応するために調整されることもある。そして強評価と道徳的フレームワークの両方が、諸個人の道徳的生活を方向づける役割を持っていることを、諸個人は自覚していないこともある。テイラーが言うように、「私たちは善に対して正しい関係を持たなければならない。このような考え方は、もし私たちの人生でものごとがうまくいき、自分のあり方について概して満足していれば、私たちの人生にとってそれほど押しつけがましいものにはならないだろう」(1989a : 44)。

高位善

道徳的フレームワークは、テイラーが「高位善」hypergood と呼ぶものを含むことがある。高位善は、強評価された善の中で最上位のものである。さらにそれは、個人の道徳的フレームワークの中で、高位善よりも下位の善を序列づける方法を与えてくれる。このことが示唆するように、高位善は、強評価を受ける善よりもさらに敬意と称賛を持たれ、それゆえ個人の人生で支配的な地位を獲得している。個人の道徳的フレームワークに高位善が存在することを示す例を見てみよう。自然の保護に献身的に努めているある女性が、アメリカ杉の伐採に反対して、その森の中にきわめて長い期間にわたって棲みついていた。彼女は高い木の上で暮らし、食糧などの生活用品はロープでつりあげ、バケツを風呂としている。このような献身的態度を示しているからといって、彼女が他の強評価される善を拒否しているわけではない。彼女も、教育や、世界平和や、個人の自由や社会経済的な正義を、強評価するかもしれない。しかし、彼女にとって圧倒的に強い善は森林保護なのである。これが彼女の高位善である。これは、他の全ての善を否定するわけではないが、強評価された他の善に低い優先順位しか与えていないのである。人の人生を形成する高位善の他の例として、たとえば、若い西洋人の人権活動家をとりあげてみよう。この人は、ある抑圧的な非西洋国で何度も投獄されてきた。彼は、過去に違法行為の疑いで追放されてきたが、その国で自由と人権のために戦っている人たちを支援するために〔その国に〕また戻ると宣言した。このとき彼は一七年の禁固刑になる。自由という善に対する献身が、彼の人生を支配している。これは彼に、途方もない苦難と災いをもたらす。もちろん彼の家族にもたらした被害は言うにおよばない[24]。こうした例が示すように、高位善は、何らかの方法で多元主義を弱める。なぜなら高位善は、個人に対して自らの善を序列づける方法を与えるからである。さらに、アイデンティティと善のあいだに密接な関係があるとするテイラーの見解を前提とすれば、高位善が個人のアイデンティティの中心的な特徴であるとする彼の主張は、驚くにはあたらない。この至高な善こそが、個人に対して、自分の人生の方向を見定めるための中心点を与えるのである (*ibid.*: 63)。

とはいえ高位善は、全ての道徳的フレームワークにおける特徴なのか、あるいはいくつかのフレームワークにだけある特徴なのかという点について、テイラーの意見は揺れ動いているように思われる。彼が高位善の概念を導入する際に示唆しているのは、それが道徳的フレームワークに必要不可欠な特徴ではないということである。彼は、「そのように〔強評価される〕善のあいだで、上位におかれる善に従って〔生活して〕いる一部の人」と書いているし、「彼らの人生をこのように理解する人たち」について言及している (*ibid.*: 62-3；強調はアビィ。以下同様)。そしてそのすぐあとで、高位善が道徳的生活において果たす役割についての想定を述べて、次のように忠告する。「もし

〔道徳的生活〕についての私たちの最良の説明から高位善をとりのぞくことが本当にできないということになるならば」、私たちは、高位善から逃れるべきではない (*ibid.*: 69)。しかし、高位善についての彼の説明が展開されるにつれて、高位善は、暗黙のうちに、道徳的生活に必要不可欠な要素となってくる。彼が道徳的実在論に対する必要な擁護を、高位善に適用する方法を見てみよう。

おそらく私たちは、高位善のような何らかの視点がなければ、自分たちの道徳的生活を理解することはできないと気づくだろう。この視点は、私たちがそこへと成長することができ、それによって他者を違った仕方で見ることができるような善についての何らかの観念である。(*ibid.*: 71)

同じような変化が、主観主義に対するテイラーの批判においても生じている。彼は、人が、強評価された善を自分たちから独立しているものと理解するという主張を変化させ、このように人びとを動かしながら非常に価値のあるものと思われるような善は、高位善であると示唆するようになる (*ibid.*: 74)。再び『自我の源泉』から引くと、その第一部の結論で彼は書いている。「高位善に対しての私たちの最も強い熱望が、自己を傷つけるという犠牲をもたらさないような方法を、私たちは探す必要がある」(*ibid.*: 106-7)。このような主張の変化によって、高位善は、すべての人びとの道徳的生活の特徴になったと思われる。

高位善は、自己を傷つける危険性をもたらす。その理由は二つある。まず、非常に強い誠実さがその人に要請されることである。次に、このような要請に応えられないのではないかという恐怖がつきまとうことである。このような危険を考えると、なぜ一部の道徳理論家がそれを完全に拒絶したかがわかるし、なぜ彼らがこの拒絶を、解放のための行動だと述べたかがわかる。テイラーが持ちだす説明の一つは、キリスト教である。一部の人には、キリスト教がその信者に圧倒的な重荷を課していると思われた (*ibid.*: 81; 1995b: 142)。しかし高位善にともなう〔こうした」危険を理解しながらも、テイラーはなお、道徳的生活における高位善の重要性を認めようとする。高位善はその力によって人びとを動かし、愛と尊敬をもたらすからである（1989a : 73）。

しかし彼の分析においては、高位善を含むのは、道徳的フレームワークの一部だけなのか、あるいは全てなのか、という点については、まだ明らかになっていない。テイラーを論じる研究者の多くは、テイラーが、高位善を道徳的生活の普遍的特徴だと考える後者の立場をとっているとしている。[25] しかし私は、高位善を含むのは一部の人びとの道徳的フレームワークだという解釈をしている。もし高位善が全ての人に経験されているなら、多元主義の難問をテイラーがそれほどしばしば問題にすることはないだろう。ここではまた、彼が道徳的生活の現象学を生みだそうとした努力も重要である。なぜなら、多くの人びとは、そのような支配的な善の意識を持つことなく生活しているからである。これらの理由から、高位善は道徳的フレームワークの本質的な要素であると考えるよりも、偶発的な要素であると考える方が、妥当だということになる。

物語

テイラーによれば、道徳空間における自己は、強評価された善への愛と称賛、そして、それらに近づきたいという願望によって動かされている。このようなイメージは、彼が道徳的生活において物語 narrative に与える役割と強く結びついている。彼の見解によれば、諸個人は自らの生を必然的に物語の言葉で解釈している。彼らは自らの生の意味を、物語の進行として理解する。その物語の進行が、彼らの過去と、彼らの将来の方向に意味を与える（1989a : 47, 50–52）。テイラーによれば、私たちが特定の瞬間や経験に意味を与えるのは、それを、私たちの生の長い文脈の中に位置づけることによってである。何かに意味を与えるには、それを、過去の出来事や将来の希望や恐怖との関係の中に位置づけなければならないだろう。このようなテイラーの主張は、人間を時間の中の存在と理解するハイデガー主義に対する共感に支えられている（1998d : 255）。テイラーにとって、自己についてのこの存在論的な特徴は必然的に、私たちが自己解釈を作りあげる基礎になると思われる。

道徳とアイデンティティが密接に結びついているというテイラーの見解を考慮すれば、道徳的な善に自らが接近していくという個人の意識が、こうした物語を構成する重要な方法を提供していると彼が考えたとしても、それほど不思議ではない。したがって、道徳的な善は、諸個人が、自らの生について構成し、再構成する物語において中心的な役割を果たす。このような物語の中で、新しい善の発見があり、古い善の復活があり、進行している善についての突然の、あるいは最初の理解があり、また善のあいだで選択する必要性が生じ、当惑するときもあれば、方向性を失うときもある（1989a : 288–9）[26]。

個人が、自らの生について物語的な言葉で解釈するという考えは、決してテイラーがはじめて述べたわけではない。彼が引用する思想家には、アラスデア・マッキンタイア、ポール・リクール、ジェローム・ブルーナー、ハイデガーらがいる。彼らが、この問題に関してテイラーの思想に影響を与えている（*ibid.* : 527 n. 24）[27]。しかし、道徳的生活に必要な構造についてのテイラーの主張は、強評価される善への方向づけと、その実現への願望を含み、善との関係における自己の位置づけについての真剣な関心を含んでいる。この彼の主張は、道徳理論における物語の役割に、さらに確固とした基礎を与えている（*ibid.* : 47–51, 105）。もちろん物語は、さらに広い文化的なレベルでも存在しており、集団の歴史と現在と未来に意味を与える。例えば、各ネイションは自分たちについての物語を語るが、その支配的な物語はしばしばネイションの境界内部で他の諸集団によって挑戦される。民族集団もまた、自分たちについての物語をつくることができる。宗教的な伝統もまた、その始まりと、そこからの歩みについての物語を発展させることができる。こうして物語は、異なるレベルで形成され、個人の生における意味の層を提供する。(28) 以上の点が再び示すことは、テイラーが存在論的な多元主義の立場をとり、人びとの生に存在する質的に異なる種類の善を承認しているということである。

道徳的生活における物語の役割についてのテイラーの主張に密接に関係しているのが、「人生を導く」ということが何を意味しているのかという点に関する彼の議論である。彼によれば、人びとが自分たちの生活で、異なる善のバランスをどのようにとるかを考えるとき、彼らは、多様性の意識を統合の意識と結びつけている。多くの善が人に対して誠実さを要請するのは、人の単一の生という文脈の中においてである。一人の人生を全体として見ると、表面上は異なっており比較することさえできないように見える善が、実践の中で結びつくこともあると考えられるようになる。さらにテイラーによれば、人びとは、自分自身が生を導いているという意識を持っている。この常識的な考え方が示しているのは、運動という概念が、その運動を導く、または制御する試みと結びついているということである（1997a : 179–80）。たしかに、ある人の生は、異なる時間に、異なる速度で動いているかもしれないが、それにもかかわらず、その人の生は過程や経過や流れの中にあるという意識がある。諸個人の中には、ある出来事が自分たちを襲ったとか、自分たちの生を制御できていない、などとまれに感じる人がいるにもかかわらず、この運動は、方向性を持たないものでもないし、制御できないものでもない。

さらに、どの人の生においても、善の多様性は、共時的のみならず通時的にも把握される。単一の生という文脈の中で、諸個人は、異なる善のバランスをとるだけでなく、新しい善を取りこみ、他の善を捨て去る。しかしテイラーによれば、根本的な道徳的変化を経験する人でさえ、善の多様性を生の統一性と結びつけるような自分自身についての物語を作りだすことができる。なぜなら、本人の物語だけが、その人自身の急激な変化について語ることができるし、その意味を明らかにすることができるからである。したがって個人の物語は、完全に直線的なものである必要はない。それは、変化したり、ねじれたり、逆転したりする話でもよい。テイラーによれば、「新しい自分」とか「違う人になる」といった、個人の根本的な変化を描くときにしばしば使われる言説上の劇的な転換にもかかわらず、これらの変化を経験する人びとも、自分を同一の人間であると見ている。こうしたバランスの中での統一性は、その人によって営まれる単一の生によって、さらに個人としての継続する意識によって、もたらされる。

テイラーはまた次のように結論づけている。私たちは、人びとが自らの生をどのように営んでいるのかを検討することによって、道徳の実践的推論に関してある程度の洞察を得ることができる。道徳的推論は、「避けることのできない多様性と、統一のための絶えざる苦闘」を結合する（*ibid.*：171；cf. 175）。分裂の現実と統合への切望を結びつける道徳的生活についてのこのような洞察について、テイラーは、アリストテレスにさかのぼり、彼の影響があると述べている（*ibid.*：183）。

道徳理論についてのテイラーの思考においては、日常の道徳的生活の実践は、二つの役割を果たしている。それは、上述のように、道徳についての考え方の指針となる。このとき、善の多様性と、生の物語的統一のあいだのバランスを、どのようにとるかが示される。反対に、日常の道徳的生活は、道徳理論が説明しなければならないものである。非常に基礎的なレベルでは、道徳理論は、他のいかなるものに関する理論とも違いがあるわけではない。それは、その対象について説明しなければならず、道徳理論の場合に説明されるべきものは、人びとの道徳的生活である。しかし、テイラーが示唆するのは、人びとと自身にとって意味がわかる方法か、意味をもたらすことができる方法によって、人びとの態度や価値や行動を説明しなければならないということである。道徳理論は、人びとが実際に生活している仕方と結びつかなければならない。人びとは、自分たちの道徳的生活において、善を実際に経験し、善と関わっているのであり、そのあり方に関心を持たない道徳的生活についての説明は、善についての人びとの経験を組み込んだ説明よりも劣っている。つまり、人びとが自分たち自身を認識することのできる説明よりも劣っている。テイラーは次のように述べている。

> 私が、一人の観察者として、人びとの行動について、「尊厳」という言葉を使わないで説明できると信じているとしよう。もし、この用語なしで、何をするべきか、いかに行動するべきか、人びとをどう扱うべきかについて考えることができないなら、また、誰を称賛するべきか、誰に親近感を感じるべきかなどの問題について考えることができないなら、そのことは何を証明していることになるだろうか。(1989a : 57)

道徳についての理論は、人びとが彼らの道徳的生活を経験している仕方と何らかのかたちで接触しなければならないという信念は、テイラーの思想に対する、アリストテレスのもう一つの影響を示している。テイラーがアリストテレスから学んだことは、「倫理的な理論は、所与の実践を含んでいなければならないということであり、それからの単なる抽象ではありえないということである」(1994f : 31)。

このような道徳理論が必要である一つの理由は、人間科学と自然科学についてのテイラーの区別に由来している。[29] それはまた、自己についてのテイラーの見解にも関連している(この点は第二章で述べる)。ここでは、人間は自己解釈的な動物であると彼が考えていることを指摘しておくだけで十分だろう。自分自身についての私たちの理解は、私たちが誰であり、私たちは何をするのかを明らかにするうえで重要な役割を——たとえ全ての役割ではないとしても——果たすのである(1985a : 202 ; 1989a : 34)。この点は、自然科学の対象には当てはまらない。このことがテイラーにとって意味するのは、人間の行動に関するいかなる理論も、当の人間が自分自身を理解する方法を考慮に入れなければならないということである(1985a : 121, 177–8, 189)。道徳に関する有効な理論はすべて、結果として、諸個人が自らの道徳的生活を経験する仕方について説明しなければならない。

明確化

上述のように、テイラーによれば、人びとがその生活の基礎にしている強評価された諸価値の多くは、そして道徳的フレームワークでさえも、人びとに認識されないことが多く、自覚されない背景に存在している。人の道徳的な価値と実践を下支えしている仮定や前提について、人が明確に説明あるいは擁護するように強いられるのは、典型的には紛争や危機のときだけである（1989a : 9）[30]。ほとんどの場合、善とそれを支える信念や洞察は、個人自身によっては明確にされていないが、近代の道徳理論によっても同じく明確にされているわけではない。道徳的価値、実践、態度の基礎となる源泉について、これまで語られてこなかったからこそ、テイラーが道徳理論に与える一つの重要な役割は、語られはしないが前提とされているものを明確にし、意識の光の中に持ちだすことである。たしかに、彼が自分の仕事で行っていると考えていることの一つは、近代の諸個人がそれによって生を営んでいる最も重要な善と、この善の様々な源泉との、両方を明らかにすることである（*ibid.* : 3-4, 8, 10, 26）。これを行うためにテイラーが好んで用いる方法は、道徳的に機能しているものは何か、人びとを動かして特定の道徳的見解へと進ませているものは何か、この過程で人びとを動かしている善は何かについて語ることである（*ibid.* : 203）[31]。

一般的に言って、道徳的生活の暗黙の背景を明確にするためには、人びとを特定の道徳的見解に導き、彼らがそれにそって行動するよう促す理想を明らかにすることが必要である。とりわけ、テイラーの道徳哲学における明確化には、六つの独立しつつも関連した機能がある。最初の機能は、道徳的な価値と応答を支えているものを示すことによって、それらについての理解を深めることである。彼は次のように説明している。

フレームワークを明確にするということは、私たちの道徳的な応答に意味を与えているものを解明することである。すなわち、私たちが、生のある形態が真に価値あるものだと判断したり、ある功績や身分に尊厳を付与したり、私たちの道徳的義務を特定の様式で定義したりする際に前提としているものは何かを説明しようとするとき、とりわけ私たちは、「フレームワーク」と私が呼んできたものを明確化することになるのである。

(1989a : 26 ; cf. 80)

もちろん、道徳と自己のあいだに密接な関係があるとするテイラーの見解を前提にすれば、人が、自分の価値観と義務感の背景をより十全に理解するとき、それによって、より深い自己知識が獲得される。そのようなものとして、明確化の過程は、哲学の伝統的な目的、すなわち自己理解を促進するという目的に貢献する。テイラーが述べるように、「もし私たちが近代のアイデンティティを持ちながら生きていくなら、〔自分自身で〕よく考え抜いたアイデンティティを持って生きるほうがよいというソクラテス的な理由からして、抑圧されてきた善を復活させることには価値がある」(*ibid.* : 504 ; cf. 498)。

近代の道徳的な価値と応答の背景を明らかにすることは、近代の諸個人が支持してきた道徳的生活の複雑性と善の多様性に対する自覚を強めることになる。テイラーによれば、このような明確化の第二の機能は、近代の諸個人がそれによって生きてきた様々な善を明らかにし、その複数性と多様な源泉を示すことにある (*ibid.* : 105, 502)。彼が望むのは、この複数性を明確化することによって、結果的に、還元論的に単純化された規範理論の力を弱めることである。この単純化された規範理論こそ、異なる善を人為的に調和させようとし、競合する善の実在性を拒否してきたのである (*ibid.* : 107)。

明確化は道徳的価値についての知識を深めるので、テイラーは、近代の道徳的な世界における複数の善を明確化することが、第三の機能だと考える。すなわち、諸価値についての合理的な議論の機会を増やすのである。道徳的な応答を下支えするものについて、十分かつ明確に理解することは、その長所について議論することを容易にする。明確化の第三の機能、すなわち善の合理的な評価を促進することは、相対主義的な思想をさらに批判するための手段をテイラーに提供する。相対主義においては、諸個人が善を選択する基準は、選好か欲望か利害であり、しかもこれらの選択は、合理的に擁護もできないし批判もできない。しかし彼が言うように、「もしあなたが、ある善についての自分なりの議論で相手を説得できるなら、それは、明確化された善が相手を動かしたからだろう。つまり、相手が、その善を自分の倫理的な直観の表現として認めたからであろう」（1995b : 138, 強調はテイラー ; cf. 1991a : 31–2）。

この点が示すように、テイラー独自の多元主義は、還元主義による平準化というスキュラと、ラディカルで縮減不能な多元主義というカリュブディスとのあいだを航海するような困難なコースをめざしている。彼は、近代の道徳哲学の大部分から否定されてきた善の多元性と競合に注意を促している。しかしテイラーはまた、表面的に異なる善が和解不可能であるとアプリオリに想定するのは間違っていると論じている。彼によれば、「競合それ自体が、和解を否定するわけではない。競合は、それを調和させることができないとか、乗りこえることができないということを意味するわけではない」（1994c : 204 ; cf. 1989a : 61, 105, 107, 502, 1997a : 171）。特定の複数の善がどれくらい互いに両立可能かどうかということは、考察と討論と議論、そして起こりうる再文脈化の過程を通じてのみ決定される。彼は次のように述べている。

〔善のあいだの〕競合は解消できるだろう。しかしこのことは、すべての競合が解消されなければならないことを意味するだろうか。これは私にとって、どちらかに与することを意味しない。どちらかにアプリオリに定める答えは、適切ではないと思われる。この方針を私は擁護したい。私たちは、私たちに誠実さを要求する善の十分な拡大を認めなければならない。さらに、偽りの「論駁」を通じて、損失を人為的に削除するようなことはしてはいけない。こうして私たちは、解決可能性か解決不可能性かという、アプリオリな確かさを求めることなく、発生する衝突に直面しなければならない(32)。
(1994c : 205)

どの善が結合可能で、どの善が競合しているかを見わける方法は、道徳の源泉を明確化することを通じた理解によって、促進され強められる。

明確化の第四の機能は、道徳に関してテイラーとは対立するアプローチに対する彼の批判を強める。彼の見解によれば、明確化の過程は、近代哲学の大部分が抱える「〔自らに〕課された不明確さ」に対する矯正策を提供する。というのも、これらの近代哲学の理論は、テイラーが道徳的生活の本質として提起する質的区別という事実に関しては、沈黙しているからである(1995b : 153)。さらに、上述のように、彼の主張によれば、通常語られることのない道徳的価値の背景を明らかにすることは、これらの競合する理論の道徳的な動機の基礎にあるものに光をあてることを可能にする。そのような理論の動機は〔確実に〕存在する、とテイラーは考える。しかし、強評価の一つの形態を典型的に体現しているこれらの動機の存在は、理論自身によっては認められていないので、理論自身は、それに気づかないか、それを抑圧しているのである。たとえば、ベンサムの主張を考えてみよう。彼にとっては、人間の生において高次の善は存在しない。「画鋲もまた詩と同じように善である」。この立場によると、様々な快楽と苦痛あるいは効用のみが存在し、諸個人こそが自らの趣味や利害にそって快楽を最大化し苦痛を最小化するのである。ある快楽が本質的に、あるいは質的に、他のものより高次であると判断することはできない。比べることができるのは、諸個人が、自らの効用をうまく計算できるかどうかだけである。テイラーは強評価の支持者として、この相対主義が全く説得的ではないと考えている。しかし、ベンサム主義者は明らかに、テイラーの立場を同様に信じられないものだと思うだろう。

しかしテイラーは、強評価が道徳的生活にとって必要な特徴かどうかという点に関して単に議論するのではなく、道徳哲学の暗黙の基礎にある道徳的源泉を明確化する作業を通じて、議論のレベルを変え、次のように主張できるようになった。つまり、質的に高次の善に対するベンサムの拒否は、もはや主観的な快楽とは言うことのできない道徳的な信念によって動機づけられている、とテイラーは論じたのである。この信念に含まれているのは、合理性と平等性への傾倒であり、個性と自律性の尊重であり、パターナリズムへの敵意であり、より一般的には、日常生活の肯定である（1989a : 81, 332–3 ; 1995b : 142–4）[33]。このような強評価は、功利主義の理論において常に明白に主要な役割を果たしているわけではないかもしれないが、これなしでは功利主義は理解できないとテイラーは考える。逆説的であるが、ベンサムは、質的区別に基づいた道徳的な諸価値を収斂させることによって、道徳的生活における質的区別の存在を否定せざるをえなくなった[34]。もしテイラーの分析が正しいなら、古典的な功利主義は、一つの道徳的見解としての自らの可能性の条件である質的区別の存在を否定していることになる（1985b : 266 ; 1989a : 332–3, 337, 340）。このような議論が示しているように、テイラーによれば、道徳に対する自らのアプローチのほうが、対抗しているアプローチについて十分かつ明確に説明できるので、彼の理論はそれらよりも優れていることになる。強評価が道徳的生活にとって必要な特徴であることを功利主義者は否定する一方、テイラーはむしろその必要性を強調している。功利主義者が、自分では認めていない強評価によって突き動かされていることを示しているため、彼の道徳理論は、功利主義者より説得的で包括的な説明を提供していることになるのである。

明確化の第五の重要な役割は、単に道徳的生活を理解すること以上のもの、または、異なる道徳理論の説得力を検証すること以上のものである。テイラーの主張によれば、道徳的フレームワークや道徳的源泉を明確化することは、それらをめぐる人びとの強い感情を明らかにすることでもあるため、明確化はフレームワークに対する彼らの傾倒を強める。これこそ、明確化が力を与えると言うときに、テイラーが意味していることである。それを具体的に言えば、善に光をあてることであり、暗黙のうちにとどまっているものを意識させることであり、特定の善とその理想の信奉者がそれらにより接近できるようにすることである。こうして、善と理想に対する人びとの献身が促される。テイラーは次のように述べる。

哲学者は……道徳哲学に対して特別な貢献をする。道徳哲学は、私たちの誰もが、次のことを理解するのを助ける。すなわち、何かが、あるいは誰かが善いのはなぜかということを理解すると、人は、その善をより愛する力を得る、ということである。……道徳的源泉とは、それが方向づけられ明らかになるとき、人に対して、その十全な道徳的見解により規定された道にそって行為するための力を与えることができるものである。

(1994e : 184 ; cf. 1989a : 96-7, 504, 520 ; 1996d : 14)

逆に、この基底的な善を明確化することに失敗すると、あるいはそれを表現しようとする試みにさえ失敗すると、その善は摩耗していく。テイラーの主張によれば、「明確化がまったく行われなければ、私たちは、〔自分で〕いくら考えようとも、善との接触をすべて失ってしまう。私たちは、人間ではなくなるのだ」(1989a : 97)。このように明確化と誠実さが結びついているということは、近代の道徳理論の大部分が不明確さを自らに課していることに帰因する別の危険性を示している。こうした道徳的見解を育む強評価についての議論を拒否すること、さらに強評価の存在すら否定することは、これらの理論を狭量なものにし自己欺瞞に陥らせるばかりでなく、その根底にある本質的な善への誠実さを弱めることになる。(35)

しかしテイラーは、一つの道徳的な価値や見解の基底にある善を哲学的な用語で明らかにすることが、これらの善に力を与え、それらに対する動機を強める明確化の唯一の方法であるわけではないと認めている。実際に、明確化の第五の機能に関して言えば、哲学的分析は、明確化の最も弱い様式の一つにすぎない（1994c：1994d：212)。ほかにも、善が表現され伝達される方法がある。たとえば詩や文学、視覚芸術や演劇、音楽や祈りや儀式などもある。テイラーによれば、これら全ての伝達方式は、基盤にある善を意識させ、それに対する誠実さを深める力を持っている。この点について説明するために彼は次のように述べている。「バッハのカンタータは、ある種のキリスト教の敬虔さを明確化する。この方法は、神学の論文によって代替することはできない」(1997a：179；cf. 1995a：111)。ここで示唆されているように、私たちは、この明確化の機能を理解するために、その広い意味での機能と、狭い意味での機能を区別しなければならない(1991d：253)。狭い意味での明確化は、何かを哲学的な言語に置きかえることを意味する。他方、広い意味での明確化は、表現の全ての形態を含む。基底にある善を表現できる様々な伝達方法を特定する一方で、テイラーは、明確化の全ての方法が、全ての道徳的見解にとって、かならずしも適切であるわけではないということを認める。なかには、言語を通じた明確化に適しているものもある(1989a：21)。西洋哲学におけるソクラテス的な伝統を考えてみるとよい。それは、より高次の人間の生を強調しており、その生には、その人の道徳的価値を合理的に説明する能力が不可欠である。

とはいえ、道徳的見解の最初の源泉に戻ることが、それが生み出した実践と人生上の善への誠実さを、かならずしも強めるわけではない。また、源泉に戻ることは、特定の善または理想が近代の文化の中で発展してきた方法が、その唯一可能な形態ではなかったことを示す場合もある（*ibid.*：513；1991a：58)。一つの道徳的見解の最初のヴィジョンまたは源泉に戻ることで、その内在的な批判ができるようになる。なぜなら、この善が、その実践のなかで歪められたり制限されたりしてきた軌跡が明らかになるからである。さらに、その善を実現するための他の方法も見えてくる。その一例は、近代の生活における技術の位置づけについての議論である。テイラーは次のように述べている。

技術社会の発展について、その強い支配力という観点においてのみ考えることはできない。もっと豊かな道徳的源泉がそれを育ててきたのである。しかし……これらの道徳的源泉は見えにくくなってきた。それは、原子論と道具主義の諸価値が強まることによってである。こうした源泉を取り戻すことによって、私たちはバランスを回復することができる。そこでは技術は、私たちの生活において無分別で執拗で支配的な力を持つものとみなされるのではなく、別の場所を占めるだろう。（1991a : 96 ; cf. 72-3, 75, 79, 103）

この文章は、明確化の六番目で最後の機能、すなわち内在的批判の機能を示している。この観点からすれば、倫理的な議論とその変化は、個人主義や技術による自然支配のような近代的善のいくつかを単に批判するばかりでなく、それらを再定位することを含んでいる。最初にそれらの原動力となった善のヴィジョンと〔あらためて〕接触することによって、現在の実践や諸価値がいかにこのヴィジョンを歪めてきたかを知ることができる。または、このヴィジョンを促進させることのできた別の可能性を知ることができる。

テイラーが明確化をこれほど価値のあるものと考える理由の一つは、明確化には、道徳的見解についての十全で豊かな理解を提供する力があるからである。とはいえ彼は、流動的な倫理的見解の明確化が完了するとは思っていない。道徳的見解の全体像は、すぐに明らかにできるわけではない（1989a : 29, 34）[36]。その道徳的源泉を明確化するための探求は、今もなお進行中の過程であるに違いない。この過程はまた、論争や訂正や修正を伴う。なぜなら、一つの道徳的見解の基底にある源泉の形態は、論争の的になることが多いからである。テイラーは、人びとが自らの道徳的生活を経験する方法と結びつく自己解釈と道徳理論を、いつもと同じように強調するところから出発する。さらにテイラーは続けて論じている。ある道徳の実践者たち、あるいはある価値の支持者たちは、その根底にある源泉の明確化の精確さを判断するうえで、かならずしも最も良い資質を持っているわけではない。「主体である彼自身または彼女自身は、少なくとも最初は、かならずしも最良の解釈者ではない」（*ibid.*: 9）。これが意味するところは、明確化の過程では、道徳的源泉について、〔主体本人とは区別された〕解釈者の方が知的に優位な立場にあるということである。解釈者は、実際に何が起こっているかということについて、主体本人よりも良い説明をすることができる。とはいえ、おそらくテイラーがこのシナリオに組みこんでいることは、主体が、自分自身の理解よりも解釈者の理解のほうが優越していることを、最終的には認めざるをえなくなるはずだということである。だから彼は「少なくとも最初はそうではない」という但し書きをつけているのだろう。そう考えなければ、一方では、基底的な道徳的源泉に関する解釈者は道徳の主体が認めることのできない言葉を使って説明することができると主張しながら、他方では、他の道徳理論がこのような第三者的な立場をとることを批判するという、変則的な立場をテイラーがとっていることになる。彼が自己解釈の重要性を概説するときに述べているように、「ものごとが私にとって意味を持ち、私のアイデンティティが明らかにされるのは、これらの問題の有効な明確化として私が受け入れた解釈言語を通じてのみなのである」（*ibid.*: 34）。さらに言えば、明確化の機能の一つが、諸個人を動かす善を意識の前面に持ちだすことなら、この善によっておそらく動機づけられる諸個人が、明確化の中で、その善を認識できるようにならないというのは奇妙な帰結である。

構成善

善によって動機づけられているという個人像を理解すると、私たちは、道徳的生活の構造的特徴を重視するテイラーの思想に関する概説の中で、最後の主要な概念にたどりつく。〔それは構成善 constitutive good である。〕道徳的見解や世界観は二つのレベルで考えることができるが、最も理解しやすいのは、人生に生きる価値を与えると思われるもの、あるいは彼らが守るべき美徳である。テイラーはこれらを「人生善」life goods と呼ぶ。人生善のわかりやすい例は、自由、理性、敬神、本来性、勇気、博愛などである。だが人生善の基底にあるものは、より深くて不明確な――しかし根源的な――構成善なのである。彼によれば、一つの道徳的な構成善は、その〔道徳的〕見解にとって、一つの強い源泉であり、しかも力を与える源泉として働く。まちがいなくそれは、強評価の源泉を提供する。[37]〔だから〕道徳的源泉を明らかにするためには、その構成善を特定しなければならない。そして道徳的フレームワークにおいても、構成善は、中心的で基本的な役割を果たしながらも潜在的なものとしてとどまりうるが、この構成善もまた、その支持者の愛情を支配するものである。すなわち、構成善を知ることは、それを愛し、称賛し、あるいは尊敬することであると思われている。そのために、人はそれによって動かされ、さらにそれに接近しようとする。善を愛することと、それにそって行動しようと望むこととは、テイラーにとって密接に結びついている (*ibid.*: 533-4 n. 2)。知識と行為と感情についての諸概念は通常区別されるが、道徳的生活における構成善の役割と力を評価する際には、これらの概念を融合しなければならない。テイラーの道徳的実在論に直接結びついている構成善のもう一つの関連する特徴は、この善が、特定の個人によって肯定されることからは独立して価値を持っているという、支持者の意識にある。

おそらく構成善を説明する最良の方法は、テイラー自身があげる例を参照することだろう。有神論者の場合、神について理解することが構成善である。これは彼らの道徳的フレームワークの中心にあり、その中にある他の全ての人生善に意味を与えている。プラトンの道徳理論においては、善のイデアが構成的である。この形態が、他のあらゆるものの上位にある至高のものであり、他のものに価値を分け与えている。この究極的な善が、他の善に善性を提供している。それゆえ、これを構成的というのである。プラトンにとってこれは最も至高の善であり、この善を知ることは必然的に、それを愛することや、それに接近したいという切望も含む。テイラーによれば、構成善は、人間主義者の見解においてもまた、中枢的な役割を果たす。たとえばカントの倫理学においては、構成善は、自律した人間主体のイメージであり、その主体が道徳律を尊重して行動する能力そのものである。このように行動することによって与えられる尊厳が、美徳の循環をつくりあげる。すなわち諸個人は、道徳律に対する敬意によって動かされ、それに即して行動し、このような行動の帰結として、畏れを伴う尊厳の感覚が生じるのである。

これら全ての例が示しているのは、人間を超越する道徳的源泉の存在である。[38] とはいえ構成善は、一部の道徳的フレームワークにとっては必要な要素であるとしても、全ての道徳的フレームワークにとって必要であるわけではないだろう。このような反論に直面したときのテイラーの再反論によれば、全ての道徳的フレームワークあるいは道徳的見解は、一つの構成善を持っている（1996d : 13）。有神論やプラトン主義のような立場においては、この構成善の実在性と力は明白である。しかし他の立場においては、構成善はむしろ隠されているので、その存在と性質を明らかにする必要が出てくる（1994e : 184）。このようにテイラーは、世俗的な倫理ですら、一つの構成善に立脚していると考える。無神論者の中にも、特定の善を尊重し、それに接近したいと願う人もいる。たとえば、幻滅した世界の中で孤独な個人が、明晰さと勇気を持って、この無意味で馬鹿げた世界の混迷に対峙しているというイメージである。この人物は、自らの生に意味を与えることによって、そして、この形而上学的に不毛な世界で肯定し祝福するべきものを見いだすことによって、状況に抗っている。広い意味で機能する明確化についての前述の説明に加えて、この点について説明するために、テイラーは、アルベール・カミュの小説『ペスト』の医師リウーの人物像に注目している。この医師の構成善は、本人が感じている使命感である。この人は、周囲の死と苦悩に対して、勇気と悲しみを持って、しかし幻想を持たずに立ち向かっている。この人は、もともと意味のないこの世界においてもなお人間が実践することのできる善のイメージによって奮い立たされているのである。テイラーが言うように、このイメージによって動かされることとは、「カミュが提出している倫理の要諦を知ることである。それが必要としていることをよりよく知ることであり、それに基づいて行為するよう奨励されることである」(1994c : 212 ; cf. 1989a : 496)[39]。

世俗的見解の構成善を明確化する作業を始める中で、こうした試みが例外的で僭越な行為でさえあることに、誰よりも早くテイラー自身が気づいていた(1994e : 185)。これはまた、人間の行動を理解しようとするとき、自己解釈こそが重要であると彼が別のところで強調していることと調和しないように思われる。しかし(第四章でこの点について十分議論する際に示すように)自己解釈の重要性を認めることは、自己解釈を問題なきものとして、あるいは改善の必要がないものとして、人間行動の理解を自己解釈に委ねることではない。テイラーの理解によれば、近代の道徳的見解は、善の源泉や構成善について沈黙しているので、その見解それ自体をよく理解することができなくなっている。にもかかわらず、彼が望まざるをえないのは、このような世俗的倫理を尊重する人が、その倫理的な見解について自ら描いている一般的な形が、自分に役立つものであり意味のあるものだ——たとえ修正すべき点を持っているとしても——と理解するようになるということである。

テイラーの構成善についての議論がどれほど説得的であろうとも、彼の道徳理論においては愛が重視されていることを認識することが重要である。構成善の必要性と、明確化の力についての彼の主張は、愛を道徳理論の中心に引きもどす。道徳的生活について、プラトン主義とアウグスティヌス主義のアプローチを採用する研究者であれば、愛が、道徳的な動機を説明する際に非常に枢要で明白な力を持っていることを知っているだろう[40]。しかし、善性を愛するという概念は、おそらくその相対主義的で世俗的な性質ゆえに、近代道徳哲学の大部分から消えてしまった。前に引用した近代道徳哲学に対するテイラーの批判の一つが示しているように、これらの見解では、「道徳は、私たちが何をするべきかという点にのみ関係するとみなされ、それ自体で価値のあるものは何か、私たちが称賛し愛すべきものは何か、といった点には関与していない」(1995b : 145, 強調はテイラー ; cf. 1996d : 5, 15 ; 1999a : 11, 120)。テイラーが強調するのは、それ自体に愛し尊敬される価値があるからこそ人間に力を与える道徳的源泉、あるいは構成善を明確化する必要性である。彼は、この明確化によって、善性を愛するという古い理念を道徳哲学の中によみがえらせようとしている。彼にとっては、愛こそが、人びとを善の方向へと動かし、彼らの生におけるいくつかの善を強評価させるように導くのである。テイラーの反証可能な実在論の議論が示唆しているように、諸個人が、価値を認めるものに対して愛を感じるとき、彼らは、あたかも、愛するに値するものであるがゆえにそれを愛しているかのように感じる。このような文脈で、テイラーは次のように述べている。

> 私たちが、ある高次の善によって動かされるという経験をするとき、私たちは、自分が反応しているから価値があると感じるよりもむしろ、善なるものによって動かされていると感じる。……私たちは、その善への愛を、十分に根拠づけられた愛として経験する。(1989a : 74)

だが、同一の善や道徳的源泉が、大きく異なる倫理的な価値や、基準や、強評価や、人生善を生み出すこともある。たとえばテイラーは、近代西洋のいくつかの非常に異なる道徳的見解を、有神論の構成善にまでさかのぼって検討している。たとえば、距離を置いた理性 disengaged reason という理想は、彼の理解によれば、多くの道徳的見解に浸透しているものだが、もとをたどればキリスト教に由来している (*ibid.* : 245)。科学的な研究一般の価値に対する信念についても同じことがいえる (*ibid.* : 310, 320)。ロマン主義が自然と接触するときの精神も同じである。この点が意味しているのは、道徳的見解が、自ら認めることもなければ反論することさえない源泉に依拠しうるということである (*ibid.* : 339)。したがって、道徳的な諸価値と、その究極の道徳的源泉とのあいだには、ズレが生じる可能性も生まれる。たとえば、自由、個人主義、理性、平等、博愛などの諸価値は、近代西洋社会で広く受容されているだろうし、その重要性についてはコンセンサスがあるといえるかもしれないが、テイラーの理論では、それらは全て究極的には、その道徳的源泉と構成善をキリスト教に持っていることになる（*ibid.*：495-6, 498)。

テイラーは、現代の道徳的な条件を理解するために、これらの構成善に立ち戻る必要性を主張しながら、明らかに、キリスト教に大きな力を与えている。ここから、テイラーの有神論に対する批判者は、彼の宗教的信仰と道徳理論の必然的な関係を指摘できることになると思われる。近代の道徳的諸価値は、その歴史に照らしてのみ十分に理解されうると、いったん主張してしまうと、宗教を一つの構成善とみなして——唯一の構成善ではないとしても——、宗教に好意的な議論が生じてくる。マイケル・モーガンは次のように述べている。

もしテイラーが正しいなら、こうした複雑な物語は、共通の結論に集約されることになる。すなわち、近代のアイデンティティは……その宗教史を参照しなければ、適切に理解することはできないという結論になる。私たちは何者なのか、私たちにとって重要なことは何か、といった点を理解することは、必然的に私たちのアイデンティティの宗教的な諸要素を取り戻すことを含むことになる。

(Morgan 1994：49；cf. 54)

モーガンは、テイラーの思想のこの側面を歓迎しているが、この議論は、有神論者でない人に対しては、問題を提起せざるをえない。なぜならテイラーは、キリスト教が重要な一つの道徳的源泉であったと述べるだけでなく、そのような一つの構成善と接触することが、愛を生み出し、もたらし、強めるとも述べているからである。この点に関していえば、テイラーによる道徳の系譜学は、ニーチェのそれとは明白に異なる。ニーチェは、現代の道徳的な見解や基準の歴史をさかのぼり、その源泉に戻ることによって、それらが、その起源から、どれほど変化してきたかを明らかにすることができると主張した。しかしニーチェとは対照的に、テイラーの示唆によれば、そのような系譜学的な研究は、近代の道徳的な諸価値をその有神論の構成的源泉に結びつけることによって、〔有神論を〕活性化させる可能性を持っている。

テイラーが近代西洋の文化において宗教的信念をどれくらい重要視しているかという点については、『カトリック的近代？』の第四部で、最も明確に書かれている。そこでの彼の議論によれば、近代における普遍的な博愛の強調は、他者との連帯意識、あるいは他者のために正義に献身する気持ちを、強く要請している。こうした諸価値が、西洋文化の強評価の一部を形成しているのだ。〔そのため〕帰化した外国人などは、その価値に従って生活していないときには、同等の人間として扱われていないと感じることにもなる。さらにテイラーは、この壮大で果てしない博愛的な事業に対する情熱が、どのようにして再生され続けるのかという点について懸念を抱いている。これに関連して次のような恐れを彼は持っている。それは、このエートスが容易に逆転し、その結果、救済を求めることは強欲だとみなされるようになり、博愛の事業にはきりがないと思われるようになって、やがては他人を助けようとするのは意味のないことだという気持ちが強くなる恐れである。そこでテイラーは次のことを望んでいる。すなわち、神は、その似姿としてつくられた人間に対する神聖で無条件の愛を示しており、この愛を受けたという経験が、あるいは神の愛を模範としたいという願いが、普遍的な連帯と博愛に力を与え続けることである（1999a : 30–37 ; cf. 120 ; 1994e : 183–4)。この作品（『カトリック的近代？』）の中で、テイラーは『自我の源泉』の結論で示唆したいくつかの概念について、より直截で明確に説明している。後者の中で彼は、「高度な道徳的規範は、強い源泉を必要とする」という一般的な主張をしている。人間主義者が普遍的な博愛と正義を促進するために考えたことは、キリスト教のアガペーの概念ほど創造的なものではない、と彼は大胆にも述べている。アガペーは「人間に対して神が抱く愛であり、被造物としての人間の善性に結びつけられている」(1989a : 516)。アガペーに神聖な源泉が存在しなかったとしたら、近代人たちが「道徳を逸脱した生活をした」かどうかを、テイラーは問うている (*ibid.* : 517)。こうした懸念は、彼が『カトリック的近代？』の中で述べたことと非常に似ているが、主な違いは次の点である。

『自我の源泉』の中で、「ある有神論的な見解の潜在的な力は、あたかも自然主義者の源泉の力と同じ程度に強く見えるかもしれないが、実はそれとは比較にならないほど偉大である」(*ibid.* : 518 ; cf. 1998b : 112) と述べていたことが、より近年の著作では、確固たる宗教的信仰の表明としてあらわれたと思われる。したがって、『カトリック的近代?』は、『自我の源泉』に収められることのなかった最終章であるという示唆 (Marsden 1999 : 89) には、説得力がある。これがさらに示唆しているのは、テイラーの道徳理論においてはキリスト教が重要な位置をしめており、近代にとって、最初の、あるいは原初的な構成善となっているということである。

理論と歴史

本章で述べてきたように、テイラーは、自らの研究が善を明確化することであると考えている。つまり、近代の諸個人が生を営むときの様々な善の明確化であり、これらの人生善の背後にある構成善の明確化である。彼は、構成善を明確化することで、それに対するより大きな愛と誠実さを強化することができると考えているが、この主張は、ここでは再帰的に使われている。というのも、テイラーは、自分の仕事が、これまで覆い隠されてきた道徳的源泉を再びよみがえらせることを望んでいるからである (1989a : 520)。[41] 上述のように、彼にとって、そのような明確化にいたる過程は、必然的に歴史的なものである (*ibid.* : 104)。[42] この点こそが、『自我の源泉』の第一部と、それに続く四つの部をつないでいる。しかし興味深いことに、のちに続く四つの部では概して、第一部において理論的に説明された道徳的源泉や構成善の内容が述べられているわけではない。この点は、本書が第一章と第二章に分かれている、もう一つの理由を示しているものの、テイラーが提示する多くの形式的な要素と概念的な要素は、その歴史的な議論ではほとんど、あるいはまったく役割を果たさないので、道徳的生活に対するテイラーのアプローチが理論的な統合性を保っているのかということについて、いくつかの重要な問題が提起されるのである。

この分離については、テイラーがその序文で、自らの道徳哲学のこれら二つの側面のあいだの結びつきを指摘している点を考慮すると、いっそう不思議に思えてくる。

> 私の議論の全体的な進め方は、自己についての意味と道徳的な見解のあいだの、さらにアイデンティティと善のあいだの結びつきを示すものである。それゆえ、これらの諸関係ついての予備的考察なしに、この研究を始めることができるとは思わなかった。(1989a : x)

それにもかかわらず彼は、この文章のすぐ後で、これら二つの側面が分離可能であることを示唆している。というのも、近代道徳哲学についての議論に関心のない読者は第一部を無視し、思想の歴史に興味を持たない読者は第一部以外は読まなくてもよい、と彼自身が推奨しているからである。ここにはディレンマが存在する。もし道徳に対するテイラーのアプローチの二つの側面、すなわち理論的な面と歴史的な面が互いに引き離せないのなら、道徳空間における自己についての最初の分析は、私たちに誠実さを要求する善が変化してきたこと、さらに多様であることを示す歴史を描き出すことと調和しなくなる。さらにテイラーは、その分析が普遍的で必然的な地位を持つと主張するのだが、今述べたことは、この主張を掘りくずすだろう。また、道徳的生活について述べられた第一部で提出されている多くの主張の信頼性にとっても重大な結果をもたらすだろう。しかしもし、二つの部分が互いに引き離せないのなら、〔同時に〕テイラーが反対のことを示唆するのはなぜなのだろうか。さらに、もしそれらが分離できないなら、第二部から第五部までの議論で、第一部での分析用語がほとんど使われないのはなぜなのだろうか。これらのことについて語られていない点が、とりわけ私たちを困惑させる。この哲学者は、道徳的行動についての理論的説明が、何らかのレベルで、そこで説明されている諸個人の自己理解に結びついていなければならないと主張しているのだから。

第二章　自己を解釈する

はじめに

テイラーは『自我の源泉』の中で次のように述べている。人びとはいつも自分を、個別化された存在として、ある程度理解しているが、彼らの自己理解は、かならずしも常に自己の概念を中心にしているわけではない。たしかに、どのような社会でも、いつの時代でも、一人の個人は自分自身を固有の経験または感覚の源泉として体験することができる。その例として、テイラーは、〔原始時代において〕マンモスにおそわれたときの諸個人の恐怖をとりあげる。もしその人が助かれば、その恐怖は救済にかわる。しかしその人の友人が食べられれば後悔する。このとき生き残った人が自分自身について思うことは、自分が何らかの形で他の人たちとはつながっておらず分離されているということである（Taylor 1989a : 112–13, 118–19）。ところがテイラーによれば、人が自己を持っているという考え、そして、自己のあり方 selfhood について何か特別のことであるかのように語ることができるという考えは、近代になってから発展してきたものである（*ibid.* : 28 ; cf. 1988c : 298–9 ; 1991c : 304, 307）。同じことはアイデンティティの概念についても論じられている。「近代的な意味で『アイデンティティ』について語ることは、何世紀か前の人たちには理解できないだろう」。これらが示唆するように、彼は、人びとが自分たちを理解する仕方が、時代によって、文化によって変化すると考える。「人のあり方には違いがある。これは、人であるということが何を意味しているのかという点についての理解の仕方の違いと関連している」(1985c : 276)。それゆえこの章では主に、人であるということが何を意味しているのかという点についての理解の変化を描く。テイラーは、これこそが西洋思想の歴史と近代的アイデンティティの創造において中心的なものであると考えている。

しかし自己は、単に変化するだけではない。テイラーによれば、第一章で述べたように、自己はもともと道徳的な存在である。自己は、常に道徳空間におかれている。したがってテイラーは、自己が表現され理解される方法が変化するにもかかわらず、〔他方で〕自己が永続的にもつ特徴もあると論じる。彼は、このような自己についての二面的なアプローチが必要だと考えており、次のように書いている。

私の考えでは、私たちが人間的主体として何者なのかということは、解釈に非常に強く依存する。人間は、各文化ごとに根本的に異なる自己理解をもっており、非常に多様である。しかし、全ての文化が取り組まなければならない問題のかたちには一定のものがあると、私は思う。(1988c : 299 ; cf. 1998b : 111)

自己のあり方に関するテイラーのアプローチを理解する有効な方法は、この二つの異なる、しかし相関的な側面を区別することである。つまり、その歴史主義的な面と、その存在論的な面を区別することである。この章は、自己の存在論的な面、つまり変わることのないものについての概観から始める。ここで議論される自己の存在論的な特徴とは、存在の中心に自己解釈があるということ、人間は言語を持つ動物であるということ、および自己の対話的な性格である。この章は次に、近代的自己についてのテイラーの歴史主義的な解釈に関する説明に移り、この何世紀かのあいだに現れてきた西洋の自己概念の変化を描く。

しかしテイラーを論じる研究者の誰もが、二つの面を持つ自己についての二面的アプローチを歓迎しているわけではない。たとえばオウラフソンは、次のように述べている。

彼がこの自己概念をつくりあげるとき、どのくらい根本的に歴史主義的であるのかは、実際あまり明らかではない。……共通の普遍的な自己のあり方と、自己が含む歴史的に非常に異なる内容とのあいだに、どのようなバランスがあるとテイラーが考えているのかを理解するのは非常に難しい。（Olafson 1994 : 192-3）

ローザは、自己のあり方に関するこの二つの側面について、不明確さ以上の疑いを持っており、次のように書いている。「［実質的に］普遍的で、変わらない人間の特徴に依拠するテイラーの試みは、……人が根本的に開かれており、自己解釈的な動物であるという彼の見解と矛盾する」（Rosa 1995 : 25）。フラナガンによれば、「テイラーのような歴史主義的な人が、これほど完全に本質主義的な主張をするということは、非常に強い困惑を引き起こすものである」（Flanagan 1996 : 154）。しかし以下で述べるように、私は、自己の二つの側面に関するテイラーの議論に、不安定な要素があるとか、矛盾があるとか、困惑させるものがあるとは考えていない。

自己についてのテイラーの理論を示すにあたって、私は彼の議論にそいながら、自己や人間や主体という用語のみならず、自己のあり方や人間性やアイデンティティという用語も互換的に使う。このような用語を区別し、それぞれに正確な意味を与えようとすることに関心を持つ一部の哲学者たちの考え方は、テイラーのものとは異なる。彼にとって、これらの用語は全て、人間であるということは何を意味しているのかという、より広い問題と関連するものである。したがって、これらの用語は、人間本性の問題として提起されてきた論点や、現代の哲学的人間学の中で探究されている論点のいくつかに関わる。定義に関するこの問題についてのテイラーの寛大な態度は、アイデンティティに関する彼のアプローチによく現れている。彼にとって、アイデンティティを持つということは、アイデンティティが価値のある問題となったとき、あるいは重要な論点になったとき、「あなたがどこから来たのか」を知ることである。あなたのアイデンティティは、あなたがどこに立脚しているのかを知る際の背景を定義する。（1991c : 305–6）

テイラーは、誰かを一人の人間たらしめるものを、またはアイデンティティを形成するものを、熱心に明示しようとするが、これらの主張を厳密に一貫した用語法で行うことを重視しているわけではない[1]。このような議論における用語法は厳密ではないが、例外は「行為主体 agent」という用語である。この用語は、個人性 personhood や自己のあり方という用語と同じ意味を持っているわけではない。テイラーにとって、行為主体であることは、一つの必要不可欠なことであるが、人であるための十分条件ではない。その理由の一つは、行為主体となるのは人間にかぎらないということにある。動物もまた、彼らの欲望を実現したり目的を達成したりするために、方法を工夫するかぎりで、行為主体としての性格を行使するからである（1995c : 2000c）[2]。自己のあり方についてのテイラーの存在論的な説明は、このような主体についての最小主義的な理解をこえて、人間であるということが何を意味するのかということについて、もっと深く記述しようとしている。

自己の存在論的な面

自己解釈

人間は自己解釈する主体 subject である（1985a : 4）。この表現は、人をその人たらしめるものの一つは、自分についての理解であるというテイラーの見解を示している。彼にとって、自己解釈という事実とその重要性は、人間に普遍的であり、人間の種としての特徴の一つである。人間は自然の存在でもあるが、私たちはまた、自己を理解する存在でもある。さらに私たち自身について理解し説明するためには、この理解について考えなければならない。テイラーによれば、人間は一面では、私たちの自己理解によって作られている。人が自分をどのように考えるか、または解釈するかということは、人間を知るために必要な全てではないが、アイデンティティの決定的な内容であり、見逃されてはならないものである。この点は、今でこそ多くの人にとって議論の余地はないものと思えるが、これは初期のテイラーの著作では、人間の行為の説明としての行動主義を繰り返し批判する文脈の中から出てきている。行動主義は、自己理解のような主体に依存する性質を参照することなく、人間を説明しようと試みていた。行動主義は、外部の観察者が知ることのできるものに焦点をしぼることによって、人間と社会についての客観的で、科学的な説明を求めた。構造主義と、ある種のマルクス主義は、自然科学のモデルに従って社会について説明しようとするこのような試みの一種である。これらは、人間の主体に関する性質を全て捨象していた。合理的選択理論や社会生物学、より最近の進化心理学は、同じような目的を持つ新しい例となっている。テイラーは、W・V・クワインとドナルド・デイヴィドソンの研究が、このような傾向を言語哲学に適用しようとしていることを見いだしている（*ibid.*：281-2）。デレク・パーフィットによる人間性の理解においても、この傾向は明白である（1989）。[3]

テイラーは、自己理解のような主体に関わる性質を参照することなく行動や行為や主体性を説明しようとする野心に対して反発している。さらに彼は、このような反発と並行して、自己定義がアイデンティティにもたらす貢献に注目している。このような彼の反発と注目は、人間に関する科学を、自然科学から分離する必要性を強調することにつながる。人間の行動と社会は、自然科学から引きだされた説明モデルに完全に従うわけではないということを示す最も大切な理由の一つが、自己解釈の重要性である。自然科学の目的は自分自身を解釈することではないが、私たちの知るかぎり、人間に関する科学の目的は必然的に自己解釈となる。この点が意味しているのは、社会に対する科学的なアプローチが、社会の説明のために採用される場合、この点を考慮に入れて修正されなければならないということである (Taylor 1985a : 106)(4)。

人を理解するためには、私たちは、その人の人種や、階級や、職業や、年齢や、背景などに関する経験的な情報のみならず、その人が自分自身についてどのように考えているのかということについてある程度知ることが必要である。テイラーが述べるように、「ある人が何者なのかについて問いかけるとき、その人の自己解釈から離れて問いかけるなら、それは完全に見当違いの問いかけになる。この問いに対する解答は、原理的に不可能であろう」(1989a : 34 ; cf. 1985a : 189-91)。人間は自己解釈的な主体であるというテイラーの主張が何を意味しているのかを説明するためには、一連の但し書きが必要である。第一に、私の自己理解は、私自身が全てつくりあげるものではない。私が自分をどのように見ているのかは、私が他人によってどう見られているか、さらに他人とどのような関係を持っているのかによって形成される (これは後に十分に議論する)。第二に、自分について一つの特定の方法で考えたとしても、かならずしも、あるいは自動的に、私をそのようにつくりあげることではない。たとえば私は、自分の運動能力や知的洞察力について、思い違いをすることもあるだろうし、誇大に考えることもあるだろう。しかし、たとえ、ある人の自己解釈が間違っていても、その人が自分を理解する方法は、その人のアイデンティティを決定的に特徴づける。自己理解が重要になるためには、それがかならずしも有効なものである必要はない。さらに、テイラーは、人の自己理解に統一性がなければならないと考えているわけでもない。人は、自分自身に対して、複数の理解の仕方をすることもあるし、理解の仕方が競合することさえある。また、理解の仕方は、時とともに変わることもある。自己解釈が永久に固定されたものである必要はない。ある人の解釈されたアイデンティティの側面のいくつか、たとえば宗教的な関係や家族への帰属意識などは、何年も継続することがあるかもしれないが、他の側面は変化するかもしれない。多様な理由によって、また多様な方法によって、自己についての新しい理解が獲得され、古いものが消えたり周辺化されたりすることもあるだろう。

「私たちによる、私たち自身についての定式化は、定式化の対象を変えることもできる」(1985a : 101 ; cf. 35–8, 191 ; 1985b : 26–7)。この主張が示すように、テイラーにとって、人の自己解釈の変化は、同時に、その人の中の変化でもある。つまり、解釈する側と解釈される側の両方である自己の変化である。一人の人が、自分の経験や感情や熱望について話をするために様々な語彙を手に入れるように、自らの経験やその人自身についての自らの理解は変化する。それゆえ、自己を理解するときの語彙の変化は、自己自身を変える。なぜなら自己は、その語彙によって理解されるからである。同じことを少し違う言い方で述べると、テイラーの議論では「人は自己定義する動物である。その人の自己定義の変化とともに、その人が何者なのかということについての変化もおきる。その人は、異なる言葉で理解されなければならなくなるからである」(1985b : 55)。テイラーが、自己についてこのように考えるときの発想の多くは、聖書解釈学の伝統と、その解釈学が関わるテキストの意味と解釈に由来している(1985a : 3 ; 1985b : 15–57)。自己はテキストに似ている。テキストには意味があり、意味は理解される。したがって、理解されるとき、新しい解釈がそれ以前の古いものを乗りこえることができる。しかし自己のあり方の話に戻ると、自己はテキストとして解釈されるだけではなく、そのテキストの解釈者でもある。

社会的かつ理論的な運動としてのフェミニズムは、自己理解の変化が自己を変えるというテイラーの議論の多くの点を説明することができる。[5] フェミニズムは多くの女性に、自分の経験と感情を解釈するための新しい語彙を提供する。たとえば女性である私は、男性の上司が仕事中に私に向ける関心によって困惑したり恥ずかしい思いをしたりするかもしれない。彼が、私の髪形や衣服や容姿について非常に個人的なことを繰り返し言うとしよう。そのとき私は、彼が私にロマンティックな興味を持っていると推論する。しかし、私がセクシャル・ハラスメントの概念をよく知るようになると、私は彼の行動を解釈できるようになる。すると私の反応は変わってくる。両者の関係についての私の解釈の中で、ロマンスという用語が、権力と支配という用語に変わる。このように、状況の新しい理解が、私の自己についての意識を変える。彼に対する私の反応も変えるかもしれない。私は以前は恥ずかしいと思い、言葉がうまく話せなくなったが、今は彼の言うことを別様に受け取る。つまり、もはや私をロマンティックな興味の対象にしないでほしいと思う。このような例は、社会・政治・心理的な運動と理論に多くみられる。フェミニズムだけでなく、マルクス主義やクィア理論や精神分析などの伝統は、みな新しい語彙を提供してきた。この語彙を通じて、諸個人は自らを理解する。彼らが自分たちを理解する際に新たな方法を使うとき、彼らは人間としても変わることになる。

一つの特定の方法で何かを明確化するとき、この明確化は対象それ自体を変える、とテイラーは考えている。このような立場もまた言語哲学の一つの見解と結びついている。テイラーはその見解を、一八世紀のドイツの思想家であるフンボルトとヘルダーにさかのぼる。言語についての初期の理論が、ホッブズやロックおよびコンディヤックによって提出されたとき、語は内的なものを伝えたり組織したりするものだとみられていた。観念は言語表現からは独立して存在しているとされており、この観念を伝達する手段が言語であると考えられていた。しかしより新しいアプローチは、語を、思想と感情を構成するものとして提起した（Taylor 1985a : 10）。この「表出主義」expressivism こそ、テイラーがヘルダーの思想から引き継ぎ、発展させた洞察のいくつかを表すものである。(6) 彼は次のように述べている。

表出主義は革命的な思想を持っている。すなわち、新しい表現様式の発展によって、私たちは、新しい感情を持つことができる。この感情は、より力強く、より洗練されており、確実により豊かな自己認識を伴う。私た

ちが自らの感情を表現できるとき、私たちは表現に再帰的な意味を与え、これが感情を変化させる。(7)
(1985a : 233 ; cf. 1995a : 92, 97–8)

このように考えると、言語は、かつては道具と思われていたが、むしろ、より創造的な媒体だということになる。古い考えでは、語は、単純に物に対して付けられたラベルであった。このラベルは物に名前を与えたが、名前を与えられた物を何らかの重要な方法で変えるようなことはなかった。しかし、言語についての新しい見解は、次のような意義をもっていた。それは、何かと異なる方法で記述することによって、人はそれを受け入れるときの受け取り方を変えるということである。テイラーは表出主義の洞察を、言語だけではなく自己にも適用する。たとえば彼は次のように書いている。

良質で力強い小説を読むと、私は、以前は気づかなかった感じ方をするようになるだろう。しかし私たちは、自己認識の能力の成長と、これがもたらす感受性の変化とのあいだに、はっきりとした線を引くことはできない。
(1985b : 26 ; cf. 1985b : 191 ; 1995a : 101–5)

テイラーはさらに、個人が自己解釈の変化を経験しているとき、その過程は進歩として受け取られる、と考えている。一人の個人が、ある表現や出来事や感情についての新しい解釈を採用するとき、その人は、自分自身について、単に異なる解釈を選んでいると思うだけでなく、一つの、より良い、より真実に近い、またはより明瞭な解釈を選んでいると思う。したがって、個人の自己解釈は単に、意味の恣意的な押しつけや構成ではない。自分自身についてどのような解釈をしても良いわけではない。テイラーが述べているように、個人の道徳的生活は、典型的に物語の用語で解釈される。それゆえ、諸個人が採用する自己理解の継続は、彼ら自身によって自己知識が明らかになり高まっていくことについての物語の展開の一部とみなされる。したがって、彼が強評価について次のように述べていることは、自己解釈の問題に対しても、より広く適用される。

私たちの動機についての記述や、私たちが重要だと考えるものを定式化しようとする試みは、いずれも単純なものではない。そのとき、記述や定式化の対象はかならずしも十分に独立していない。しかも、記述や定式化は単に、……恣意的なものでも、何でも良いようなものでもない。多かれ少なかれ適切な、あるいは真実らしい解釈、さらに、より深い自己理解を伴う、または、より強い自己欺瞞を伴う解釈もある。（1976a : 295–6）

目的

個人は、自分を解釈する方法を変化させたり修正したりすることができる。しかしテイラーによれば、上述のように、これらの自己解釈は、かならずしも過度に恣意的なものでもないし、気まぐれでもない。それが恣意的になる可能性に対して彼が反対する際のもう一つの方法は、個人の自己理解は常に、その目的 purpose を参照しているという彼の主張に現れている（1985c : 259）。テイラーは、個人性と、自己意識および行為主体との伝統的な結びつきの議論を超えて、自己は、オリジナルで固有の目的を持つ存在だと言う。これが、彼の理解する自己のもう一つの要素である。個人は、個人にとって特別の重要性を持つ目的とともにあり、その目的は、その人が何者なのかということの関する意識において重要な部分をしめる。もちろん、目的は目標と深く関係している。目的を持つことは、人が特定の結果を望み、それを達成するために努力し行為することを意味する（1964a : 5, 27）。これらの目的は、他人から与えられたり、負わされたりしたものではない。個人が自分の目標だと主張できるものであり、その人の行為を導くものである（1985a : 98–9）。

テイラーの立場においては、目的を持つことが、自己の存在論的な特徴である。この立場から、彼は人工知能についての議論に参加することができる。一つの機械がいかに知的であるか、あるいは能力があるかは別として、機械を人から区別するもの——あるいは動物からさえも区別するもの——は、機械それ自体が、目的のオリジナルな源泉ではないということである。その目標は、常に人間によって割り当てられる。まさに人間は、自分たちの持っている目的を達成するために機械を作りだして使う。機械の存在意義《レゾンデートル》は、かならず派生的なものであり、それを作った人の、または使う人の意図に関連している（*ibid.*: 98–9, 194–8, 201）。しかし、だからといって、人間の目的は、様々な技術が様々なときに提供する可能性に影響されない純粋なものであるという概念を前提とする必要はない。テイラーは、その歴史主義的な感性によって、人間の目的は、彼らが用いることのできる技術によって形成されることもあるという主張を受け入れるだろう。しかし人間が機械から区別されるのは、人間は自身を形成する際に歴史的な影響をいくら受けたとしても、自分自身で自らの目的を生み出しているが、機械にはこれができないという点にある。

テイラーは、人間が、そして動物さえもが目的を持つ生き物であることを強調している。これは、彼の最初の本である『行動の説明』*Explanation of Behaviour* から継続している主張である。彼にとって、行為を導き形成する目的の存在こそが、一方における人間および動物と、他方におけるその他の自然および生命なきものとのあいだの質的区別を生み出している（1964a: 3, 8, 64, 67, 70, 268, 272）。このように、人間と動物が目的を持ち、ある程度それによって導かれているという事実は、次のことを意味している。すなわち、社会生活において秩序が観察されるかぎり、これは一面では、その社会をつくっている者たちの目的と目標を参照することによって説明されなければならないということである。行動の秩序またはパターンは、外的な力や非人間的な法則を参照することによって単純に説明されるものではない。それぞれの行為主体の目的が、その結果を説明するときに考慮されなければならない。目的と目標のあいだの関係について理解する際には、テイラーの次のような主張が参考になる。すなわち、人間と動物の行動を理解するときには、目的論的説明が必要である。彼がここで言おうとしているのは、「出来事が、あらかじめ目的としていた結果」を参照することである（*ibid.*: 9 cf. 6, 26, 37, 196, 220）。このような主張をしながら、テイラーは再び、社会科学一般に浸透していた行動主義アプローチ、その中でもとりわけ心理学を批判している。実際に『行動の説明』の全体は、行動主義批判を行うために書かれたものである。行動主義者のアプローチは、自然科学を模倣しようとするものであり、次のような見解を示す。一方での動物と人間の行動の説明と、他方での地震や氷山のような自然現象の説明とのあいだには、とりわけ重要な違いはない。それゆえ、人間と動物の行動を動機づけるうえで目的が果たす役割を軽視する。この立場から、目的論的なアプローチは、非科学的だとみなされていた。それは、非経験的で、形而上学的な性格さえも持つ思想を導入していると考えられていた（*ibid.*: 3, 6, 26, 112, 114, 270）。というのも、自然についての目的論的説明は、アリストテレス主義および中世の自然哲学と結びついていたからである。自然の目的因を仮定し、宇宙を意味のある秩序づけられた全体とみなす目的論的説明は、一七世紀の科学革命によって厳しく批判された。それ以来、目的論的説明は、非科学的であるとか、反科学的であるという汚名をきせられてきた(8)。

テイラーが行動主義的アプローチを批判する際の一つの方法は、人間の、自分自身や自分の行為についての日常的な理解に依拠することである。彼によれば、私たちは自分たちを目的と目標を持った動物であると思っている。私たちの行為は、この目的や目標によって導かれたり形成されたりしている。彼は、この思考方法がどれほど堅固であるかを示すために日常言語をあげ、行為や願望や意図や責任といった概念に関する共通理解について議論している。これらのことは全て、人間は目的的存在であるという彼の信念を前提としている。たとえば、私たちが、誰かがある方法で行為していると想像するとき、私たちは通常、行為によって何らかの結果をもたらそうとする意図を仮定する。もし、私が会議から逃げようと急いでいて、不注意にも誰かにぶつかったとする。このことは私が、迷惑な人に熟慮のうえでひじ鉄をくらわせたとき、あるいはケンカをやめさせようと割って入ったときのような出来事とは違うだろう。最初の場合、結果は、意図した結果としての状態の一部ではない、あるいは私が目的としていた結果ではない。たとえ私がぶつかったことで相手が被害を受けたとしても、私が謝罪し、これが思わぬ出来事であったことを説明すれば、相手は納得するだろう。しかしもし、私がケンカをやめさせようとしたとき、ケンカをしていた当の悪漢に対して同じように謝罪するなら、私は突然、臆病風にふかれたとみなされるだろう。このような主張から、テイラーは次のような結論を出す。「行為についての標準的な概念は、ある状態をもたらす行動の一部だけでなく、その状態を目的としてもたらすように方向づけられている行動の一部でもある」(*ibid.*: 32)。この点は、行為が責任と結びついているという彼の主張を説明する。もし私の目的または目標が、ある結果をもたらすことであるならば、さらに私がこれに成功するなら、私は通常、その結果に責任があるとみなされうる。もし逆に、私が私の望みの一部でもなく目的の一部でもない結果を生み出したとき、私の個人的な責任は減少する。前述の例に戻ると、私が思いがけずぶつかった相手は、今後もっと注意するように私に助言し、ある程度の責任を私に帰するだろうが、その重さは軽減されたものになる(*ibid.*: 26–37, 40, 54, 61, 220)。

もちろん科学者は、このような議論を批判するだろう。行為と行動について、日常的な概念に依拠することは意味のないことだと言うだろう。また、一般の人びとの知識を特別視するのはなぜかと問うだろう。自然科学の発見には、自然現象についての反直観的な説明がきわめて多くある。しかも多くの一般の人びとは、太陽は毎日、実際に昇っては沈むと思っているだろう。それゆえ、このような議論が日常の理解と一致するという事実は、その説明が信頼できるということを保証するものではない。それゆえ私たちは、「日常的な概念の有効性について」もっと慎重になるべきである。このような批判に対して、テイラーは反論している。その反論は、第一章で扱った道徳理論の役割についての彼の現象学的な議論に似ており、次のようなものである。すなわち、説明されなければならないのは、一般の人びとが生活をしているときの行動であり、彼らが何を重要だと考えているのかという点である。つまり、彼らの理解こそが、彼らの行動に影響するのだから、それを考察しなければならないのである。

もちろん、行動に関する目的論的な説明についてのこのような擁護は、人間にのみ適用することができる。テイラーのように、人間は動物の行動を解釈するために、行為や願望、目的といった概念を使うかもしれないが、私たちは、動物が何をしているのかということについて説明するためには、観察と仮説に依存しなければならない。たとえ動物が言語を持っていたとしても、私たちは、それに接近できない。だから、意図や目的といった概念で特徴づけられるような彼らの自己理解があるということにはならない（*ibid.*：26–7）。それゆえ、行動を形成し説明するうえでの目標と目的の不可欠な役割について議論し、この議論の多くが動物と人間の両方に適用されるとしても、テイラーは両者の区別を一切しないわけではない。人を理解するためには、その人の行為を導く目的を理解しなければならない。このような目的が、個人の自己解釈を特徴づけ、さらにおそらく自己解釈を形成することさえある。目的と自己解釈のあいだのこのような関係は、人間を動物から区別する。たとえ動物が主体性と目的性を持つ意識的な存在であるとしても（1985c：257）、目的についての意識が動物の自己理解の一部となることはないからである（*ibid.*：263）。このことはもちろん、動物が言語の使用者ではないという事実と直接結びついている。『行動の説明』の中でテイラーは、この人間と動物との違いを「自己言明」について述べることによって説明している。これは次のことを意味している。人間は、行為の前か、途中か、後に、あるいは定められた行為を実行することに失敗したときでさえも、自分の目的を明確にして、自分自身と他者に、その目的について宣言することができる。私たちの目的を、私たち自身に言語で提起し、それを考察の対象にする能力は、目的を持つ人間の生き方を動物の生き方とは違うものにしている。したがって、人間と動物はともに欲求や衝動や願望や感情を持つ自然の生き物であったとしても、人間が私たちのこのような側面を明確化するという事実が、動物の経験との質的区別を生み出している（1985a : 158）。（これは、何かを明らかにすることが、それを変化させることだという表出主義者のテーマについての、もう一つの変化形態を示している。これについては、第一章で、道徳理論における明確化の機能という文脈で述べた。また本章では先に、ある感情や経験を記述するための新しい語彙が、それらの意味を変えることを示した。）しかしテイラーの結論では、この質的区別は、より基本的な事実を否定するものではない。すなわち、人間も動物も目的を持ち、この目的は彼らの行動を形成しており、その行動を説明するときにはこれらの点が考慮されなければならない（1964a : 65, 67–70）。

このことは、自己についての、もう一つの存在論的な特徴を示唆している。それは、人間が言語の使い手であるという特徴である。「人は、なによりもまず、言語を使う動物である」（1985a : 216）。人間が自分自身を言語で解釈するという事実は、自己解釈についてのもう一つの顕著な特徴、すなわち強評価と関係している（強評価については第一章で考察した）。テイラーによれば、あらゆる人のアイデンティティ意識は、彼らの生における善によって構成される。その善は、彼らが他の善よりも高次であると思うものか、より価値があると思うものである（*ibid.* : 3 ; 1985c : 266, 278）。テイラーは、自己と道徳のあいだに強い関係があると考えており、強評価が道徳的生活の永続的特徴だと捉えているので、彼が強評価をアイデンティティに必要な特徴だと考えたとしても、驚くにはあたらない（1978a : 146）。さらにテイラーによれば、言語においてのみ、そして言語を通じてのみ、強評価に含まれている高次か低次かの区別、尊いか卑しいかの区別、本質的か些末かの区別が可能になる。これが意味しているのは、言語を持つ存在だけが、さらに、その言語を階層的に整理できる存在だけが、道徳的（あるいは非道徳的）とみなされるということである（1985a : 263 ; 1985c : 263, 271–2）。

一人の個人において、自分自身を理解する方法が時とともに変わるように、自己を解釈するために有効な文化的資源もまた歴史的に変化する。前に述べた自己解釈の言語としてのフェミニズムの説明が示しているように、新しい可能性が有効になると古いものは消えていく。したがって、自己解釈は永続的で存在論的な人間の特徴であるが、自己解釈の内容は、文化の違いと歴史的な時代の違いによって変化する（1985a：9）。一人の個人の自己解釈の全ての特徴が集約されると、これは唯一無二のものになるだろう。しかし、その解釈は常に、その人自身をこえるものであり、その人が属する、より広い社会と文化を志向しているのである。その理由は、自分を解釈するために必要となる言語的、知的、感情的、美学的な資源が、その人の文化から提供されるからである。この主張は、自己解釈が果たす構成的な役割についての、彼の初期の議論と結びついている。

> 個人は、より大きな［コミュニティ］生活に参加することによって、文化に属し、それゆえ自己のアイデンティティを持つ。……私たちの経験は、その解釈の仕方によって、部分的につくられ、成立するのである。このことは、私たちが自らの文化の中で使うことができる言葉と深く関係している。[9]
> （1978a：138）

自己解釈の形成における文化の役割、ひいてはその人が属している広い社会の役割についての一般的な指摘は、言語についての議論の中でなされている。テイラーが指摘しようとしていることは、私が自分を理解するための言語は、決して私自身がつくりだしたものではないということである。たしかに、私は、私自身を記述し理解するために、言語的リソースを自分に合うように加工するとしても、このような作業を行う言語自体は、私の社会または文化から提供されている。したがって、彼は次のように強調する。「私の話す言語は、……決して私の言語そのものにはなりえない。それは常に私たちの言語である」（1995a：99；cf. 1978a：138；1985c：276：強調はテイラー）[10]。しかし言語は、自己解釈に影響を与える広い社会的な力の一つにすぎない。テイラーによれば、自己解釈のリソースは、文化が持っている全ての象徴形式から派生するのである。その形式には、絵画、ダンス、音楽、文学、哲学、宗教、儀式などが含まれる（1985a : 216）。それゆえ、彼の主張によれば、「自分［個人］を定義するための自己解釈は、コミュニティが行う相互交流から引きだされる」（*ibid.* : 8 ; cf. 11, 209 ; 1989a : 38）[11]。

対話的自己

個人の自己解釈は、自らが属する広い文化によって形成されるというテイラーの主張は、自己についてのもう一つの存在論的な特徴である対話的な性質につながる。彼の見解によれば、アイデンティティのまさに中核にあるのは、他者とのあいだで行われる、実際の、あるいは想像上の交流である。

> 私が自分のアイデンティティを発見するとき、私は一人でそれを行うわけではない。それができるのは、他者との実際の、あるいは内的な対話を通じた交流の中においてである。……私自身のアイデンティティは、他者との対話的な関係に決定的に依存する。
> （1995a : 231 ; cf. 1985a : 209 ; 1989a : 36）

このような対話的自己というイメージは、二〇世紀のロシアの理論家であるミハイル・バフチンの仕事に由来する[12]。テイラーは、この概念を使って、個人［のアイデンティティ］が対話の中で絶えず形成されるという彼の見解を伝えようとしている。これは、単に子供が大人に成長するということだけを意味するのではなく、アイデンティティの不可避的な力を意味する（1989a : 38）。自己の対話的な側面について考えるとき、これが言語的なものに基礎づけられていると考えることは重要である。この言語的なものこそ、一方では、その個人の広い文化的背景の一部である。しかし、このような重要な他者との会話は、広い言語的・文化的な背景のもとで行われるので、その対話者は、かならずしも同じ文化に属している人とはかぎらないだろう。このような構成的な対話を、異文化の人びとと行うこともできる。しかし対話が行われるためには、「地平の融合 fusion of horizons」が生じなければならない。異なる文化の人びとが互いに理解しあい、さらに彼らの違いを認めあうために、人びとを結びつける接点が存在しなければならない（1985a：281）[13]。

このような対話的自己について語る際のテイラーの用語法を理解するためには、この対話が、文字通り実際に行われる対話のみを指しているというより、心の中での対話を含んでいるということが重要である。対話は、広く人間の交流や出会いや想像さえも含んでいると理解されなければならない。なぜなら、自己についての自らの対話的な視点は、交友している人との実際の対話のみならず、想像された、あるいは内面化された対話も含んでいるからである。たとえば、四〇歳に近くなった私が、友人の一人に言ってしまったことについてどう思うかと母に尋ねるかもしれない。あるいは、新しい知人に対するついさきほどの私の態度について、尋ねるかもしれない。このような想像上の対話は、すでに亡くなっている人とも行うことができる。あるいはまだ生まれていない人ともできるかもしれない。私は自分の孫に対して、私の子供のころについて話すことも想像できるかもしれない。同じように、哲学者や小説家や詩人が書いたものを読む人は、その本の著者が、一時的に、あるいは生涯にわたって、自分の想像上の対話者になることによって、その著者から影響を受けるだろう。たとえば、信心深い人にとっては神がそのような対話者になる、とも考えられる。対話的自己という概念が一般的に示すことは、自己と他者とのあいだの心理的な境界を緩和することである。人間は、身体的には個別化されているかもしれないが、本章冒頭の挿話が示すように、テイラーは、心理的には私たちは個別化されていないと主張する。私たちの内的な生は、他の人たちや、他の存在との対話によって構成される一連の多声音楽《ポリフォニー》（または不協和音）である。それゆえ、私は誰なのかという問題は、常に一人の個人としての私をこえて、重要な他者を志向する。他者こそが、対話の中で私のアイデンティティをつくることを手伝うパートナーである（1989a：36）。

自己の対話的な側面は、個人の自由や自律や自立を近代が強調するのにともなって、隠されるようになってきた。

このような近代の理想はそれぞれ、自分のために、自分によって、自己責任のある思考をし、他者への依存を克服する個人像に結合することが多かった。しかしテイラーにとっては、この自律的で自己責任を持つ個人というイメージは神話にすぎない。あるいは、ある程度達成されることができるものにすぎないのであって、決して絶対的なものではない。テイラーが自己を強調するとき、その自己は、他者との対話的関係によって形成され、その関係の中に常におかれている。このテイラーの思想は、存在論的個人主義とは逆の結論にたどりつく。「人は自分自身で一人の自己になることはできない。私は、特定の対話者との関係の中においてのみ、一人の自己である。……一人の自己は、私の言う『相互対話の網の目』の中でのみ存在する」(*ibid.*: 36; cf. 1985c: 276)。もちろん人は実際に、または感情的に、あるいは想像上で、自らが関わっている対話者との網の目を変えることができる。しかし、対話の網の目の中で存在すること、あるいは他の人とのある種の対話の中で存在することは避けられないことであり、自己の存在論的な特徴である、とテイラーは論じている(1991a: 33–5)[14]。しかしだからといって、彼が、伝統的な西洋の理想である自律や自己責任を完全に捨て去る、と言いたいわけではない。まさにその政治理論の中で、彼はリベラルな伝統の諸価値の一部とコミュニタリアンの存在論を総合しようとしている(第三章を参照)。これに並行して、ポスト自己内面化の概念が必要であることを示唆している。彼の思想は、自律や個人性および責任のような理想を保持するものであろう。しかし、それらのことが意味するものは何か、それらはどのようにして実現されるだろうかということを考えるときに、自己の対話的な性格を考慮に入れることが必要だとテイラーは主張するのである(1985c: 278)。

「人は、なによりもまず、言語を使う動物である」。この言い方こそ、自己に係る永続的な事柄〔言語〕についてテイラーが説明する際の包括的な特徴であると考えることができる。この事柄〔言語〕は、自己理解の変化を超えて永続する。人間は言語を伴う存在だからこそ、私は自己を解釈できる。この自己解釈が人のアイデンティティの一部をつくるため、自己解釈の変化は、解釈する者としての自己の変化であるとともに、解釈される者としての自己の変化でもある。人間は言語を伴う存在であるため、私たちはテイラーが強評価とみなすものを、さらに、道徳を成立させうるものを、明らかにすることができる。最後に、人間は言語を伴う存在だから、私たちは、対話的に理解されなければならない。言語はプライベートなものではない。言語はいつも自己をこえて、対話する別の相手を仮定している。もちろんこのようなことの全てが、言語についての前述の表出主義者の見解を前提にするわけではない。その見解によれば、言語は単に独立して存在する実在をあらわす手段であるばかりでなく、言語の領域に入ってくるものを形成し、おそらく変化させる力を持っていると考えられる。

したがってテイラーは、自己が意識と行為主体を含んでいるという伝統的な見解を共有している。彼からすれば、これは個人性の必要条件ではあるが十分条件ではない。人または自己であるためには、人はさらに、自己解釈の能力も持たなければならないし、さらに、その人の行為と自己解釈の両方を特徴づけるための原初的目的を持っていなければならない。彼の個人性についてのアプローチからすれば、生命倫理の分野で流行している、人間の概念と個人性の概念は重なっているのかどうかという点をめぐる論争に関して、彼が何と言うだろうかと考えるのは興味深い[15]。生まれつき、あるいは何らかの事故によって、テイラーが自己や個人に必要だとみなす特徴を欠いている人について、私たちはどう考えるべきだろうか。大きな障害を抱えた人、または生命維持装置をつけられている人は、自己解釈的存在ではないかもしれないし、原初的目的を持った人でもないかもしれない。テイラーは、この種の問題にふれたこともあるが、その際にはほんのわずかしか述べられておらず、彼の結論は非常に不十分であるように思われる。彼によれば、このようなケースでは、その人は、能力を著しく欠いてはいるものの、なお人間に属していると考えられる。人間は、諸々の能力を行使する可能性を持っているものと定義されているので、このような人たちもこの可能性を持つと考えられている（1985a : 103）。しかし、全ての人間が個人となる可能性を持っている種

〔人類〕に属すると述べることは、全ての人間が個人とみなされなければならないかどうかという論点を避けていることになる。この論文の最初の方でテイラーは述べている。「個人は、原理的に、これらを全て持つ存在である。たとえ実際に、どんなにその能力を欠いていたとしても」(*ibid.*：97)。個人は人類の中の一人のメンバーだから、その人は定義上、原理的に自己解釈と目的性と道徳の能力を持つと言われているのだが、これはきわめて抽象的な言い方だと思われる。もし能力が行使できないという特定の場合でも、原理的に何かが存在するということは、いったい何を意味しているのだろうか。たしかに、テイラーがある人たちを人間ではないと分類したくないのは容易に理解できる。しかし、彼が提起する個人性についての厚い定義は、事実上、一部の人たちを、個人の概念から排除するのではないだろうか。

しかし、このような議論に対して、テイラーの自己についての哲学がどのような貢献をしたのかについて考えるためには、まず個人を厳密に定義するという問題をこえる必要がある。この文脈でテイラーは、ニーチェ主義者の「生は主義主張ではない」という主張を支持するだろう(Nietzsche 1974：#121)。道徳的コミュニティのメンバーシップに関する問題、および人間の存在の重要性は、定義だけでは解決しない。他の考察、たとえば、人間は常に社会的に位置づけられているという事実が導入されなければならない。生命維持装置につながれている人は、個人性の哲学的基準を満たさないと思われるかもしれない。しかし、この人も社会の網の目の中にあり、兄弟、父、従妹、夫、友人、隣人がいるかもしれない。一人の個人は、常にその人自身をこえて志向していることが存在論的な事実であるとテイラーは考えている。このテイラーの考えをふまえると、生と死の問題を議論する中で社会関係が考察されるべきだということになる。こうしたアイデンティティと自己についての間主観的なアプローチにも、もう一つの面がある。というのも、他人の生と死について決定をしなければならない人は、他人をこのような状態におくとき、このことが、この人の個人性に何をもたらすのかを考えなければならない。人が、他人の運命を判断する資格があると思うとき、この人は自分がどのような立場に置かれていると考えるべきなのか。次に、物語として解釈された生についてのテイラーの主張がここで重要になる。たしかに、アルツハイマー病を患っている人は、個人性の哲学的基準を満たさないと思われるかもしれない。しかし、この人とその生を理解するためには、全体を見ることが必要である。その生のわずかな一部だけに立脚して、その人の生について安易な結論を出してはいけない。生命倫理についてのテイラー主義者の視座を提示するためには、このように広く考えなければならない。

自己の存在論的な特徴を概観するとき、理念、価値、信念、自己理解というような、重要ではあるが複雑にからみあった側面に焦点があてられてきた。だからといって、テイラーが個人性の物質的な側面を無視してきたと考えてはならない。彼はむしろ、身体性 embodiment こそが、自己のもう一つの存在論的な特徴だと仮定している。もちろん、人が自分の身体性について解釈する方法は、文化や時代や階級やジェンダーなどによって変わるだろう。しかし、再びこの点が示していることは、自己に対するテイラーの二面的なアプローチである。彼は、全ての人間に共通する特徴を認めている。そのうえで、この同じ人間としての特徴が経験される方法が非常に異なることも認めている。主体性 subjectivity にとって身体性が重要であることは第四章で詳しく論じるので、ここではアイデンティティの要素としての、さらにその表現としての「身体的スタイル」に言及するだけで十分だろう。

私たちは、ある人の習慣的な行動が、クールだとか、熱心だとか、慎重だとか、よそよそしいとか、威厳を持っているとか、ジェイムズ・ボンドのようだとか、言うことがある。このときの言い方を「身体的スタイル」と私は呼んでいる。スタイルは、人の話し方、歩き方、タバコの吸い方、コーヒーの注文の仕方、知らない人への話しかけ方、女性または男性への話しかけ方など、これらの仕草の中に存在する。これは、私たちが自分自身をどのように作りあげるかという問題であり、私たちはみなこれを実践している。もっとも、なかには他

の人よりも押しつけがましいスタイルをとる人もいるかもしれないが。（1979b : 80）

自己の歴史主義的な面

アイデンティティについてのテイラーの歴史主義的な議論を説明するにあたって、私は主に『自我の源泉』に依拠する。その理由は、この本が彼の単著としては最大のものであるばかりでなく、その標題が示すように、この分野における彼の代表作だからである。[16] この大著について、彼は『哲学論集（第一巻）』（1985a : 7-8）の序文で予告していた。なお、その第二巻に収められている論文「正統性の危機？」には、『自我の源泉』の歴史主義的な主張を要約したものが含まれている。しかし、アイデンティティについての議論に移るまえに、テイラーが『自我の源泉』で何をしようとしたのか、それをどのように行ったのかについて考察するのが適切だろう。

私の考えでは、この本を書いたときのテイラーの目的は四つあった。第一に、彼の明白な目的は、系譜学的なものである。つまり、「近代のアイデンティティの歴史を明確にして、それを記述すること」（1989a : ix）であった。人びとは、もともと自己解釈的な存在であるが、私たちが自分を解釈するときの材料や資源は変化する。その変化と発展のいくつかは、『自我の源泉』の中で整理され、まとめられている。テイラーは次のように説明している。

この本は系譜学的である。私は、現在の状況から、構成的概念から、そして私たちの自己理解の対立する形態から始める。私は、これらを生み出している、ある初期の形態を発掘したい。……これは完全な歴史的再構築ではなく、一定の資源を再発見するために、選択的に過去にさかのぼることである。（1998b : 110）

第二に、彼が近代的自己の歴史を記す目的は、自己認識に貢献したいという実践的なものである。テイラーによれば、近代的自己の歴史について語ることは、「私たちが現在の生のなかで保持している近代的自己」を明らかにすることである（1989a : 319）。近代的自己の歴史を精査し再構成することによって、存在論的というよりも歴史的な自己の側面を照らし出しながら、自己認識に貢献することができる。というのも、これは、私たち自身のうち、しばしば当たり前であり、自然であると思われてきた部分が、時代とともに、どのように登場してきたのかを示すからである（1985b : 257）。この点で、『自我の源泉』はテイラーの次の主張を示す。「歴史的理解なしの自己理解はない、という命題は変換可能である——すなわち、自己理解なしの歴史理解もない、と主張することができる」（1978b : 24 ; cf. 25）。

第三に、アイデンティティについてのこのような歴史的な再構築の背景には、解放への意思があることも確認できる。テイラーが望むのは、近代的自己とその様々な傾向が持っている複雑性を明らかにすることによって、善の多元性を否定したり抑圧したりする傾向から人びとを解放することである。近代的自己は、善の多元性を常に自覚しなくとも、事実上認めていた（1989a : 112, 503, 511, 514, 520）。だからこそ彼は、この著作が、人びとの自己解釈に影響を与えることを期待しているのである。テイラーが期待するもう一つの有益な効果は、近代西洋のアイデンティティを、長い時間を経て形成されたものとして理解することで、その支持者たちが彼らの文化を多数の文化の中の一つとして考えるようになることにある。さらにテイラーが望むのは、西洋人が、自らの文化をより良く理解することによって、他の文化を理解するためにより有効な位置におかれることである（1995a : xii ; 1999b : 143–4）。これに関して彼は次のように示唆する。西洋人は、西洋文化の歴史と特殊性をより良く理解することによって、彼らの文化的信念に編みこまれてきたスピリチュアルで道徳的な側面を自覚できるようになる。彼の望みは、これによって西洋人が他の文化的価値に対してもっと開かれることである。そうすれば、非西洋の人たちに編みこまれた道徳的でスピリチュアルな諸価値が、たとえ西洋の文化と違っていても、これは奇妙な逸脱ではなく、人間の文化にそなわる一つの側面であるという事実を受け入れやすくなるだろう。それゆえ、『自我の源泉』の第四の目的は、西洋の読者の文化的自己認識を発展させることであるように思われる。これによって、非西洋の文化の解釈を進歩させ、諸文化のあいだのコミュニケーションを発展させようとするのである。

方法論

『自我の源泉』が示しているのは、それが持つ大きな志と、潜在する巨大な課題である。しかし、近代的自己の歴史に対するテイラー特有のアプローチには、ある境界も設定されている。つまり、近代的自己の歴史を再構成する際、彼は基本的に文化の領域にのみ焦点をしぼっている。生産様式や、科学と技術や、政府と法の諸制度などの変化が近代のアイデンティティを形成した方法については、彼はほとんど注目していない（Calhoun 1991 : 239, 260 参照）。彼が論じている範囲をさらに狭くしているのは、文化の領域において、哲学の古典的な著作が強調される傾向である。テイラーが考察するのは、よく知られた次のような哲学者たち、すなわちプラトン、聖アクグスティヌス、モンテーニュ、ロック、デカルト、ルソー、ベンサム、ニーチェなどである。テイラーは、多くの人によって西洋思想の里程標をなすとされている著作を研究する傾向を持っているが、例外的に、あまり有名ではないシャフツベリーやハチソン、ヘルダーなどにも注目している。彼がその注意を、哲学をこえて他の分野に向けるときにも、彼の関心は書かれたテキストにとどまる傾向がある。彼が言及するのは、リルケ、ワーズワース、ボードレール、プルースト、パウンド、エリオットなどである。音楽や視覚芸術のような他の文化創造の形態が近代的自己に対して行った貢献に対して、関心が向けられることもある。これらの理由から、テイラーに対する批判者のなかには、彼の著作が非常に観念論的であると考える人もいる。あるいはまた、彼の著作が過度に知識人的だと考える人もいる。というのも、テイラーが議論している文化的な創作物は、中産階級的かつ上流階級的な傾向があるとみなされているからである。[17]

テイラーは、自らのアプローチが過度に観念論的であると批判されることを予想していた。そこで、『自我の源泉』の第一二章「歴史的説明についての補足」の中で自身の方法について述べ、これを弁明している。その際テイラーは、自らの方法が観念論的であるという批判が、もしこれらのテキストを社会変化の唯一の原動力として示しているという意味なら、これを拒否すると述べている。彼は、アイデンティティの形成において、物質的な要素や制度的な要素の変化が果たす役割を、原理的には認めている。それらの要素は、経済、行政、法、軍事、技術、政治などの領域におけるものである（1989a : 199, 202, 306, 316 ; cf. 1978a : 150）。[18] さらに彼は、これらの要素が、複雑な共振作用の中で、観念やメンタリティにおける変化に関係していると主張する。どれか一つの方向性のみを持った因果関係はない。それゆえ、自己についての新しい哲学的な概念は、既存の実践を説明するとともに、新しい実践のための基礎を、あるいは現在と将来の両方の実践のための基礎を準備する。哲学者たちが意味を創り出すとき、彼らは、こうした別の環境で生じる変化を考察し、明確化し、強化し、促進することができる（1989a : 173–4 ; cf. 199, 206, 285, 306–7 ; 1991d : 239–40）。

とはいえ、複数の相互に作用する力が近代西洋のアイデンティティを形成したことを彼が認めているとしても（1989a : 199）、テイラーが、なぜ解釈をする際の力のほとんどを、哲学のテキストに注いだのかという問題は残る。しかも彼は、これらのテキストを、発展への主な転換点と考えている。テイラーの解答によれば、彼の関心は、社会の変化を引き起こす無数の要因を確かめることというよりも、こうした変化の牽引力は何かという点、さらにそれを多くの人たちが魅力的なものとして発見し、再発見を続けたのはなぜかという点にある。この課題を解決するために、こうした歴史的変化を引き起こしたもの、あるいは明確化したものとしての、善の理想像を発掘することが必要だと、彼は考えているのである。彼の中心的な問いは、「この新しい自己理解にスピリチュアルな力を与えたものは何か」（*ibid.*: 203）というものである。このスピリチュアルという用語は、厳密に宗教的な意味を持つわけではない。むしろ、私たちがヒューマン・スピリット〔人間の心〕と言うときの意味である。あるいは、人びとがそれに従わなければならないと思うようなもの、または認める価値があると思うようなものといった意味である。[19]

しかしテイラーに対する批判者たちが見落としているのは、彼の方法論の側面であるように思われる。たとえば、クェンティン・スキナーとジュディス・シュクラーはともに、テイラーが観念の歴史をあまりに肯定的に描いていると批判している。さらに、歴史の中で失われたもの、さらに彼の取り上げる影響力のある哲学者の幾人かにある暗い側面を、無視していると批判している。シュクラーによれば、「テイラーはヨーロッパ文学の事実上すべてのフレーズを吟味する際に、明るい表通りだけを見ているようだ。……これは非常に楽観的な本である」（1991: 106; cf. Skinner 1991: 142-4）。[20] しかしここで、三つの点を指摘しなければならない。第一に、『自我の源泉』では過去に関する喪失感が認められている。しかし、これは註（Taylor 1989a: 576 n. 6）の中で触れられているので、シュクラーやスキナーの批判を弱めるというより、むしろ強めるかもしれない。第二に、テイラーによれば、古い生活様式が完全に消えてしまうことはほとんどない。過去の倫理や自己理解のうちで残ってきたものは、近代世界においても存続可能である。彼は、これを主張するために、古代の戦士の倫理、および名誉の重要性の持続、さらに修道院の生活様式と実践の存続、そして活動的市民のモデルなどをあげている（*ibid.*: 117; 1994d: 225; 1995a: 226; 1997d）。

第三に、最も重要な点であるが、テイラーは熟慮した上で、近代性の肯定的な発展を強調するという戦略を採っている。これは次のような彼の信念に由来する。すなわち、理念の力を説明する最良の方法は、それが具現あるいは肯定している善の観念やイメージを認めることである。[21] もちろん、彼はこの仮説を、逆の観点からの攻撃に対して防衛するわけではない。その逆の観点というのは、人びとが、悪の誘惑に影響されている、あるいは自己利益の衝動に動かされているというものである。むしろ、善性の概念に無視できない魅力があるという前提は、道徳的生活と自己に関する彼のアプローチの出発点となるものである。これはもちろん、第一章で道徳理論において愛に与えられた位置と直接関係している。このようなテイラーの方法論的な基礎を理解すると、その思想史の再構築が楽天的すぎるとか、楽観的すぎるなどと論じている批判者たちは、その語り口がもっと暗くても良いはずだと論じる以上のことをするべきだということになる。むしろ批判者は、テイラーのアプローチの基礎になっている仮説、すなわち、他の力よりも善性を重視する仮説に注目しこれを探究するべきである。(22)

どれほど説得力があるかはさておき、支持者を引きつける善性の力を強調することが、彼の肯定的な姿勢を説明している。彼の考えによれば、このような善のヴィジョンが見いだされる場所は、哲学のテキスト、あるいはその他の書かれたテキストである（Waldron 1990 : 325 を参照）。自己の概念の大きな変化は、様々な社会実践において、広くしかも不均衡にあらわれるが、哲学的なテキストは、このような変化に含まれた理念の定式化と内容を提供する。その性質からして、あるいは、ソクラテス以降の西洋の伝統が原因となって、哲学に従事する人は、特定の立場や規定についての合理的な説明を与えたり、それを擁護したりしようとする。音楽や文学、視覚芸術や身体芸術のような他の文化的な作品も、善についての一定の内容を体現するかもしれないが、哲学のテキストと同じような方法で、それを提起するわけではない（Taylor 1989a : 307）。さらにテイラーが主張するのは、哲学のテキストが、一般的に、人生善の変化を支える構成善を表現しようとする点である。第一章で述べたように、この根源的な善と結びつくことは、人生善が持つ、人びとを動かす力を十分理解するために決定的に重要である、と彼は考えている。

しかし、このような新しい観念や理想が定着するためには、それらが単に哲学のテキストで表現されるだけでなく、実践を通して具現化されることが必要である。近代的アイデンティティを形成するうえで実践の果たす中心的な役割は、次のようなテイラーの主張に現れている。このアイデンティティが「登場する理由は、広範囲の実践

——宗教的、政治的、経済的、家族的、知的、芸術的実践——と結びつく自己理解の変化が、集まったり、相互に強化したりして、アイデンティティを形成するからである」(*ibid.* : 206 ; cf. 1985b : 287 ; 1988c : 310 ; 1991a : 58)。実践とは、相対的に安定し、共有された活動のパターンであり、日常生活で再生産されるものである。それは、ものごとを行う確立した方法を表しており、たとえその方法が明らかにされないままであったとしても、参加者たちのあいだでの一定の理解を具現化する方法を表している。これは、子供の養育や、友人や見知らぬ人への挨拶や、経済的な交易などであっても、同様である (1989a : 204 ; 1984a : 22–3)。

テイラーは、観念と理想が、日常生活における一連の実践の中で、守られ、再生産され、伝えられることを示唆している。この示唆によって彼は、古典的な著作の分析が学問の世界をこえて有効性を持っていることを示すことができた。また、このような観点からすれば、一連の理想の起源がどこにあるかという問題よりも、それらが維持され普及しているという事実のほうが重要だということになる。たとえば、近代西洋における家庭生活や労働、個人主義に関係する価値と実践の多くは、イングランドとアメリカ合衆国とフランスの上流中産階級に起源があるということをテイラーは認めている。近代西洋の価値と実践は、ここから外へ、さらに下方へ広がり、その普及の過程で形を変えてきた。その結果、一連の倫理的な見解と実践は、それらの起源の単なるコピーではなく、広い家族的類似性を共有していた (1975a : 9 ; 1989a : 305, 334, 394)[23]。テイラーは、善の概念と、その伝達役を果たした実践とのあいだの究極的な関係が相互的なものであると示唆している。善の概念は、それらが実践され、実践が善の概念を表現し永続化するときのみ、実際に維持されるのである (1978a : 139, 153)。

『自我の源泉』に続くいくつかの著作[24]で、テイラーは、近代を分析する際の方法論の問題に戻っている。彼の焦点は、自分の方法を擁護することよりも、様々な社会がいかにして近代に移行するかという問題にしぼられているが、ここで指摘される点の多くは、『自我の源泉』の課題をより包括的なものにしている。テイラーは、近代性についての二つの理論を区別している。もっとも、彼が実際に記述しているのは、二つの広いアプローチであるように思われる。第一は文化的なものであり、第二は非文化的なものである。近代性を説明するための文化的なアプローチは、既存の前近代的な諸文化の理解とともに始まり、主として近代化を文化的な変化の先導役とみる。テイラーのいう文化とは、個人性や自然、社会、道徳、さらに善についての、一連の広い信念と理解である。第一章で述べたように、人が認識するときの暗黙の背景には、強評価が組み込まれていることが多い。それゆえ、このような個人性などについての信念は、その文化に属する全ての人たちの意識に十分登場しているわけではない。

近代性についての非文化的な理論は、文化的な理論の裏返しの鏡像を提供する。非文化的な理論は、現存する前近代的な文化から出発するわけではないし、文化的な変化に焦点をしぼるわけでもない。近代化は、主として制度や構造や過程の問題だとされるため、自己や自然や善などに対しては注目は向けられない。このアプローチでは、近代化は、文化中立的な過程と理解されている。これは、どのような社会も通過することができ、そしておそらく全ての社会が通過する過程である。これらの変化に含まれているのが、世俗化、都市化、産業化、世界の脱魔術化、道具的合理性の強調、科学の登場、さらにそれに付随して生じる価値と事実を分離する信念の登場である。起源という論点は、この非文化的なアプローチとは関係が希薄である。これらの変化を経ている全ての文化の目的地は、同じとは言えないまでも類似しているとされる。近代性についてのこれら二つのアプローチを区別するものは、その結果の評価ではない。いずれのアプローチをとる理論家も、この変化を肯定的に、または否定的に解釈できる。つまり、先見の明や合理性の獲得として肯定的に解釈することもできるし、あるいは意味や地平、秩序、コミュニティ、英雄主義、道徳などの喪失として否定的に解釈することもできる。

近代化についてのほとんどの理論は様々な非文化的な事柄に関するものであるが、テイラーは文化的なアプローチを選択し、『自我の源泉』が示しているように、彼は実際にそれを実践している。彼にとっては、近代化を説明するための重要な要素は、自己や自然や善について、近代化がもたらした新しい考え方である。近代化の結果を理解するためには、その「出発点」を理解することが重要だとテイラーは考えるので、近代の西洋的な形態は、非西洋の諸社会で現れてくる近代性とは異なると論じる。この点は、次のような彼の主張、すなわち近代化は、全ての社会が同じような方法で通過し、同じような結果にいたる単一の中立的な過程として考えるべきではないという主張を示す。いわば別種の近代性を承認することが必要なのである。様々な文化が近代化を通過するとき、似たような過程が含まれるだろうが、各文化が、近代性と関係する要素を結合する方法において、顕著な違いもまた生まれる。なぜなら、この結合の過程で、文化が決定的な役割を果たすからである。

それゆえテイラーは、近代化を、大きな文化変容を含むものと考えており、次のように述べている。

> 神や、宇宙や、他の人間や、時間と私たちとの関係についての一連の暗黙の了解は、多面的な変化の中で、別のものに取って代わられた。物事をこのように考えることは、何が起きたのかということについてより良く理解することのみならず、私たち自身をより良く理解することを可能にする。(1999c : 171)

テイラーが西洋文化の自己理解を強調していることが、ここで再び明らかになる。他の諸文化の解釈との弁証法的な関係について彼が強調していることもまた、この論文で明らかになる。彼が述べるように、「私たちが、アイデンティティについての西洋の概念を吟味することなく放置するなら、私たちは、他の文化がどのように異なっているのかを考えることができなくなる。さらに、この違いが、近代の真の普遍的諸特徴を西洋の人びとが統合する方法をどのように条件付けているのかについて、理解することができなくなるだろう」(*ibid.* : 161)。

これまで有力であった近代性に対するアプローチは、社会が近代化する方法に対して影響を及ぼし、その方法を差異化するという文化の決定的役割を無視してきたため、近代の諸理想の牽引力も無視されてきた。テイラーによれば、束縛から解放された自由や、道具的合理性や、普遍的平等といった理想が認められる場合、それらは制度的な力の副産物として位置づけられた。あるいは、それらの理念は、私たちに自然をよりよく制御できる力を与え、私たちが望むことを障害なくできるようにするという戦略的可能性の観点から考えられた。こうした理想を、派生的な地位に、あるいは道具的な地位に追いやることについて、彼は懐疑以上のものを持っている。実際にそのような理想が、私たちも見てきたように、まさに「本来的な力」(*ibid.*: 158) を持っていることを、彼は『自我の源泉』の中でとらえようとしている。[25] このように近代化を探究しようとする彼の決意、さらに、近代化とは自己や自然や善についての一連の見解を他の見解に置き変えることであるということを示そうとする彼の決意は、近代性について明らかに楽観的すぎるという前述の印象を与えるだろう。たしかに彼は、近代性は、意味の喪失あるいは磨滅を含むだけではないことを示そうとしている。また、近代の道徳には肯定するべき多くのものがあると信じている (1989a: 106–7)。しかし前述のように、彼は、この変化の中で引き起こされた喪失や損失について、まったく気づいていないわけではない。

明確な近代的自己

テイラーにとって、近代西洋の自己やアイデンティティの明確な側面とは何なのだろうか。第一は、近代的自己が熱望する自由という概念である。自己にとって、自由は根本的な解放として定義される (*ibid.*: ix)。第二は、内面の意識である。近代的自己は、自らを、内面的な深みを持つものとして見ている (*ibid.*: 158)。第三は、自分が個人性および唯一性を持っているという自己意識である。テイラーは、これをロマン主義運動の遺産と理解している (*ibid.*: ix, 28)。これは、近代的自己の普遍主義的で平等主義的な側面と結びつく。なぜなら、全ての自己は、同じように唯一の存在だとみなされるからである。あるいは、少なくとも、そのための潜在的な能力を持っているとみなされるからである（*ibid.*：12；1991a：50）。それによって、近代文化における本来性 authenticity が大きく強調されることになる。人びとは、彼らにとって個別〔本来〕の自己に対して誠実であるべきだという一種の倫理的義務を感じる。本来性は、全ての人によって要請されうるという意味で、今では普遍的な価値であるが、私自身にとって真実であることを、完全に普遍的な用語のみで解釈することはできない。もし私が自分の個人的スタイルに徹するよりも、既製品のモデルにそって簡単に手に入るものによって生活しているなら、他の人は私の本来性を疑うだろう。また近代的自己は、日常生活の肯定とテイラーが呼ぶ文化的運動によって普及した。この運動と同じではないが、それに関連しているのが、広範な博愛運動である。というのは、テイラーによれば、近代の道徳的感受性の顕著な特徴は、避けることのできる苦難を減少させたいという熱望にあるからである（1989a：12-13）。これはまた、近代的自己のもう一つの普遍的な側面とも関連している。なぜなら、全ての個人は不必要な苦痛を最小限にして生きる権利があるべきだという意識があるからである（*ibid.*：394-5）。これは、全ての人が、その人が単に人間であるからという理由だけで与えられる尊厳と尊敬とに結びついている。

このような近代的自己の各要素について述べるまえに、テイラーが理想を扱っているという事実を強調しておかなければならない。もちろん、もし、これらの理想が、テイラーがそれらに帰するような形成力を持っているなら、実践の中で例示されなければならない。しかし、これらの理想は、不完全に、あるいは不十分にしか実現されないことも多い。しかしたとえば、近代世界で多くの人たちが避けることのできるはずの苦痛と窮乏で苦しんでいるということは、かならずしも、普遍的な博愛の理想の存在を否定することではない（*ibid.*：13）。テイラーは、むしろこれが未完のプロジェクトだと述べているのである。近代的自己に関する理想の貢献を否定するためには、次のことを証明しなければならないだろう。すなわち、その理想が機能していなかった、あるいは広くは機能していなかった、それゆえ、あるいはまたは、ほとんどの人びとは理想の要請に無感覚か無関心であった、と。もう一言述べておくと、テイラーが彼の批判者の一人に対して応答した場面で、彼は、より多くの社会で、より多くの人びとが、この近代的アイデンティティを形成する一連の理想を認めるようになってきたと述べている。こうした傾向は、世界の多くの場所で、異なる時代に、異なるスピードで、異なる方法で、生じている。彼は「全ての人が今どこにいるのか」（1991d : 247）を記述していると主張するのではなく、むしろ、自己を理解する一連の方法を記述しているのである。その方法は、前近代の諸文化の人びとにとっては、未知のものであったし、おそらく理解することもできなかったものだろう。

解放された自由

近代西洋に顕著な特徴の一つは、次のような考え方である。すなわち、人間はもはや、ある大きな宇宙的秩序の中におさまる者として自分をみてはおらず、その秩序によって強く定義されているわけでもないという考え方である。人びとはもはや、自分たちを、一つの世界の形の一部とみなしてはいない。神が動物の上に、および天使の下に創造したヒエラルキーの中に自分たちが置かれているとも考えていないし、存在の偉大な連鎖に属しているとも思っていない。近代の世界は、魔術を解かれた世界であり、本来備わっている道徳的な意味を失っており、近代的自己は、世界においてあらかじめ定められた意味や秩序を発見する必要性から解放されている（1985b : 256–60 ; 1989a : 18, 160, 395 ; 1994f : 18–19）。本来備わった意味を持つ宇宙《コスモス》は、人間の生に対する規範を含んでいた。これに対する信念の衰退は、意味の喪失と、地平の崩壊を可能にし、ニーチェがいきいきと表現したニヒリズムを生み出した（1989a : 16–18）。テイラーは、この意味を持つ秩序についての信念が衰退した結果を認めているが、彼はまた、この変化を別の側から考察し、喪失だけでなく自由を発見し、この解放された〔＝距離を置いた〕自己 disengaged self の概念が提供する積極的な可能性を指摘している。近代的自己は、道徳的な秩序を伴った、より広い宇宙に自らが結びついていると感じるのではなく、世界を客体と捉え、それに対する主体として立ち、この世界を理解しコントロールする役割を持つと考えられている(1975a : 7, 539 ; 1989a : 188)[26]。自己についてのこのような考え方は、一七世紀の科学革命に明確に影響を与え、〔逆に〕それから影響を受けた。テイラーは、ルネ・デカルト、フランシス・ベーコン、およびジョン・ロックを、その主な唱道者に加えている(1985b : 258)。

自己に対する近代的なアプローチのもう一つの方法は、近代的自己が持つ自己定義的な性格を参照することである。多くの伝統的な教義は、人間が、より広い宇宙的秩序と接触したときのみ、あるいはそれと対面したときのみ、自分を十分に理解する存在であるとみなしていた。人間が、この広い秩序を参照することなく自分を正しく理解できるという考え方は、想像も及ばないものであった。近代的自己における新しさは、私が、自らをとりまく、より大きな究極的な実体に関わることなく、自分を適切に理解し、定義できるという信念にある。ここから、解放された近代的自己のイメージができあがったのである(1975a : 6-7)。

もちろんテイラーは、近代西洋社会の住民が、神やその他の超越的な道徳的源泉をもはや信じていないなどと言いたいわけではない。彼のようにカトリックである人が、西洋における神の信仰を前提にした社会的・政治的運動を不自然に無視しているとか、あるいは無視することを要求しているというのは、奇妙な主張だろう。むしろテイラーが、解放された近代的自己について主張するのは次の点である。すなわち諸個人は、意味のある秩序を信じることもあるかもしれないが、この信念はもはや、共有された公的で包括的な意味のフレームワークを支えるものではない。信念または理解のどのようなシステムも、当然のものとしては受け取られない。各人は、競合する意味のフレームワークからの挑戦に直面しているのである(1989a : 312, 381, 401, 491 ; 1997d)[27]。

このような、自由で解放された個人という近代の理想は、ソクラテス以来の西洋哲学の多くの特徴である合理性を強調しつつも、これを新しい方法で解釈している。合理的であることは今や、日常の身体的な人間の存在からは距離をとることを示唆するようになった。しかも、自己と世界について制御しようとする努力を意味するようになった。ここにおいて「距離を置くこと disengagement」は、精神的なもの、知的なものを意味する。精神は、日常的な存在に関わることを忘れようとし、より世界から切り離された、冷淡なパースペクティブをとろうとする（1989a : 149）。これと連動して、正しい知識を得る際に、その過程または方法に力点が置かれるようになった。もし知識が適切な方法で追究されるなら、その結果は信頼のおけるものとなるだろうと信じられた。しかし、この過程における目的は、単なる真実の知識の生成にとどまらない。この真実の知識が、今度は、世界を制御し組織する方法を与えるのである。デカルトの仕事は、このような見解を示す古典となっている。しかしテイラーは、その影響が、西洋文化のいくつかの領域をこえて広く拡散したと考えている。

しかし、基礎的な認識論的な原理と思われるものが、テイラーにとって、なぜ自己へのアプローチとしての価値を持つのかを理解することが重要である。第一に、明白な点としては、この理論が、自己を特別な方法で構成するということである。つまり自己は、周囲の世界から引き離すことができ、それに対峙して立つものであり、客体に対して向き合う主体である。そこでは、主体と客体は明確に分離される。第二に、距離を置くというこの姿勢は、自己に対しても向けられた（*ibid.* : 161）。物質的世界の合理的な制御と再編の可能性は、自己をも含んでいた。つまり、自己の一部は、客体であるかのように受け取られ、そしてこの自己の一部は、自己の他の部分すなわち合理的で距離を置いた精神によって再構成できるものとされた（1988c : 303–4, 308–9）。このように、自己から、および自己に対して、ラディカルに距離をとる姿勢について、テイラーは「前例のないほど新しいラディカルな自己客観化の形」であると述べている（1989a : 171）。彼は、これが最も明確化されたものは、ロックの著作の中にあると考えて、次のように述べる。

> 思考活動から距離をとり、非反省的な欲望や趣味から距離をとることによって、私たちは自分を、遠大な改造の対象としてみることができるようになる。合理的な制御は、私たちの習慣の再創造、そして私たち自身の再創造にまで拡大されうるものである。……再形成を目的として自分自身に対して距離を置くという、このようなラディカルな姿勢をとることのできる主体こそ、私が「点的 punctual」自己と呼びたいものである。このような姿勢をとることは、自己を客観視と再形成の力を持つものとみなすことであり、この行為によって、変化しうる客体としての特徴の全てから、自分自身を引きはなすことである。しかし、私たちの本質は、後者ではなく、それらを捉え、それらに働きかけることができると思うところにある[28]。(*ibid.*: 171)

この認識論的な原理の最も顕著な特徴が、自己概念の変化に関するテイラーの物語に重要性を与えている。この特徴はおそらく、前述の点、すなわち道徳空間の中に必然的に位置づけられる自己と、支持者に力を与える善性の理想と関係している。テイラーの理解では、距離を置くことに対する近代の熱望は、認識論的な原理だけでなく、道徳的な理想をも表現している。それは、人がどう生きるべきかという点についての、あるいは彼が言う強評価についての、観念を要約している。それは、他よりも優れた、あるいはより称賛するべき存在方法の一つを仮定している。自己と世界についての正しい知識に関する主張を支えるのは、次のようなものである。すなわち、自然と決定論からの自由についての理想、人間の理性および真実の探求に由来する尊厳についての信念、およびそれ〔探求〕が示す、力と道具的コントロールの魅力である。この原理の力と影響を十分に理解するためには、その原理の深い道徳的源泉を理解しなければならない（1975a : 9 ; 1985a : 112–13 ; 1988c : 312 ; 1989a : 152, 163, 168, 174–5, 177 ; 1991a : 103–5 ; 1994f : 17–20)。

近代の自己概念の明確な特徴についてのテイラーの主張を明らかにするために、以下のように述べることができる。すなわち、どの社会にも、自分自身に関係する何か、および経験が存在しているという意味で、内省 reflexivity の概念は存在しているが、その概念の全てが、彼の言う「ラディカルな内省」という意味を持っているわけではない。この「ラディカルな内省」という用語は、自己としての自己に焦点をあわせており、知ることや感じることなどを経験する自己とはどのようなものなのかという点に注意を向けるものである。この過程で、研究の関心は、経験の客体から、経験の主体に移行する。テイラーは、一般的な内省とラディカルな内省とを、以下のように対比させている。

もし私が自分の負傷した手を治療するとき、または世俗的な成功についてではなく、自分の魂の状態について考えることを（遅ればせながら）始めるとき、私は、たしかに自分自身に関心を持っている。しかし、これはまだラディカルな関心ではない。私は、経験の主体としての自分自身に注目しているわけではないし、この経験を自分の客体にしているわけでもない。……ラディカルな内省とは、経験の主体としての存在から分離できない自分自身に対して、ある種の〔自己の〕存在を前面に持ちだすものである。

(Taylor 1989a : 130–31 ; cf. 176 ; 1985b : 266–7 ; 1988c : 310–12 ; 1991c : 304–5)

テイラーによれば、ラディカルな内省的姿勢のはじまりは、聖アウグスティヌスにまでさかのぼることができる。この姿勢の登場は、近代の認識論における距離を置いた主体の前提となっている。この姿勢は、世界を「私たちにとっての」世界としてよりも、「それ自体の中」にある世界として知ろうとした近代科学の野望と関係している。この野望は、知識を得ようとする主体の特性を排除したうえで、知識を得る方法を探そうとするものであった。この種の知識を獲得するためには、認識する主体が、認識の過程に何をもたらすか、あるいはどのような貢献をするかを特定することが決定的に重要になる（1985a : 112 ; 1989a : 174–5, 232）[29]。

しかし、テイラーの指摘によれば、このラディカルな内省の姿勢は、別の方法でも発展する。それは、内的な深さ inner depth を持った存在としての人間概念の基礎をもたらした。この内面は、神秘的ではあるが、探究可能なものである（1989a : 173, 178, 183）。自己に関するこれら二つのアプローチは、ラディカルな内省の考え方において共通の源泉を持っていたが、やがて分岐していった。デカルト的な距離を置くことと結びついていたアプローチは、諸個人が、その日常の経験と特殊性から自分自身を分離するよう主張した。他方で、内的な深さの強調と結びついたアプローチは、特に日常の中に組み込まれた自己の、より深い探究を推奨した（*ibid.* : 175, 182）。

内的な深さ

自己は何らかのより大きな意味の宇宙的秩序から切断されているという近代の意識は、近代的自己の内面性という特徴とも関連している。テイラーによれば、近代西洋の文化における内と外の区別は、他の文化における個人についてのアプローチと比べて、特徴的な考え方である。普遍的な意味を発見するための内面への転換を近代において強調したことも、同様だった（*ibid.* : 111, 114, 121）。もちろん、内面への志向性と、意味の宇宙的秩序の衰退とのあいだには直接の関係がある。テイラーは次のように述べている。

> 前近代においては、……私は一つのより大きな秩序の中の一つの要素であった。……私をその中に位置づけていた秩序は、外的な地平であった。これは、私は誰かという質問に答えるために本質的に重要だった。……というのも、近代では、アイデンティティの地平は内的に発見されるものであったが、前近代では、それは外的に発見されたからである。
>
> （Taylor 1985b : 258）

もっとも、聖アウグスティヌスの思想についての彼の議論が示そうとしているのは、この脱魔術化した世界で自分を発見することと、内面に向かうこととのあいだの関係が、必然的というよりむしろ偶然的だという点である。テイラーは、近代における内面の強調を、聖アウグスティヌスにまでさかのぼり（1988c : 313–15 ; 1989a : 128–9, 140, 177）、内面の強調が聖アウグスティヌスの時代からどれほど変化してきたかを示す。聖アウグスティヌスの思想では、内面に向かうことは、神へ上昇する動きのための前段階であった（1989a : 132, 134, 136, 390 ; 1991a : 26）。しかし、ポスト・アウグスティヌス的な近代の思想では、内面に向かう個人は、自分を、自己探求を要する豊かさと複雑性を持った存在として捉える。自己に対するこのようなアプローチが、ポスト・アウグスティヌス的なものとして性格づけられる理由は、このアプローチが、聖アウグスティヌスによっていちはやく探究された内面への方向転換を継承してはいるものの、それをこえてしまっているからである。

聖アウグスティヌスにとって、内面に向かうことは神と神の善への道程であった。内面化に関する近代のヴァリエーションが、聖アウグスティヌスの考え方を引き継いだもう一つの方法は、内面に向かうとき、人は、探求されるべき自己を発見するばかりでなく、一つの道徳的源泉をも発見するという信念を伴うものであった。内的な深さを持つ自己、および個性を志向する態度は道徳的な特徴を持っているという、この理念の主な提唱者として、テイラーは、ジャン＝ジャック・ルソーをあげている。行うべき、あるべき、感じるべき正しいことを確かめるためには、自己は、外に向かって他の人の意見を求めるのではなく、内に向かうべきだということになる（Taylor 1985b : 272, 1991a : 27–9）。人は内面に向かうことによって、人を善性に導く自然の声をきくことができる。したがって、この内面化のルソー的なヴァリエーションでは、実際に内面と外面の密接な結びつきがある。自然の世界との接触が道徳的な再生の源泉であり、生の自発的な流れは、自己の中を通って内的な自然の声に達する。それゆえ、この生の流れに注意を向けることは、道徳的な導きの源泉であり、幸福の源泉であった（Taylor 1975a : 25, 1989a : 357, 359, 362, 461）。ルソーは、自然が道徳的源泉であると主張するなかで、前に述べた世界の脱魔術化に、繰り返し批判的な反応をしている。それは彼が、科学の進歩と癒着した利益の多くに懐疑的だったからである。実際ルソーは、一七世紀の科学革命によってもたらされた一群の善に悩まされている。彼は、道具的理性の支配が、一般的に博愛的精神を持っている人間の自然な感情を部分的に曖昧にすることによって、有害な結果をもたらすのではないかと恐れた。これら全ての理由から、ルソーの思想は、ロマン主義運動全体と、啓蒙主義に対するロマン主義の反応に着想を与える偉大な源泉となった（1989a : 368–9, 429, 456–7, 461）。

本来性の表現

テイラーによれば、自己のあり方に対する近代西洋のアプローチが持っている、もう一つの非常に重要で特徴的な側面は、人は個人としての性格において自分自身に誠実であれという命令である。この点は、自己が内的な深さを伴う存在となり、それによって道徳的な特徴を獲得する存在となるという、自己についての前述の点と関係している。自分に誠実であれという命令の背景には、次の信念がある。つまり、自己であるということは、究極的に個人の営みであり事業であるということ、さらに各個人は、本来性をもつ〔本物である〕ということが何を意味するかについて、その人が自分で決めなければならないという信念である。各人は、外から与えられる既存のモデルや型に従うよりも、人間としての、その人のあり方を持っているとみなされ、それを実現することが推奨される。各人は、独自の存在方法を発見しなければならないし、それを、自分は誰であるかについての真実のまたは誠実な表現として認識しなければならず、それを採用して責任を持たなければならない。

テイラーによれば、一八世紀末は、個人間の相違についての道徳的重要性に関する分水嶺であった。味覚や、気質や、好みや、価値や、能力や、傾向などにおける違いの存在はいつも認識されていたが、これらはかならずしも、現在のように倫理的な特徴を持つものと思われることはなかった。彼は次のように述べている。

私たちに本質的なものは、私たちの固有な存在の中に見出されるだろうという考え方は、近代以前には、どこにも存在しなかった。しかし、これは、アイデンティティの問題の基礎をなす前提である。

(1988c : 316 ; 1989a : 375 ; 1991a : 28)

彼はここで、一八世紀末を重要な転換点として指摘しながらも、この理念の形跡は、一七世紀のミシェル・ド・モンテーニュの作品の中に発見できることも認めている。このフランスの思想家は、明らかにするべき神秘としての自己に注目した一人である。テイラーは、モンテーニュの立場は次のようなものであったとしている。

私たちは、自己認識を求める。しかし、これはもはや、プラトンにとってそうだったように、人間本性についての単に非個人的な学問を意味するわけではない。私たち各人が、自分自身のかたちを発見しなければならない。私たちは、普遍的な本性を探しているのではない。私たちはそれぞれ、自分の存在を探しているのだ。それゆえモンテーニュは、非常に個人的な、新しい種類の反省を持ちだしたのである。……これは、もっぱら一人称的な研究であった。

(Taylor 1989a : 181 ; cf. 1985b : 272 ; 1988c : 315–16)

モンテーニュはこの理想をいち早く具体化し、彼の方法で内面化の観念と源泉としての自然の概念について記している。とはいえテイラーは、この命令――私たちの固有の独自性を発見して、それにそって生きろという命令――が、のちの一八世紀の原理において、彼が表出主義と呼ぶ十分な形式化に到達すると考えている。自分自身に誠実であろうとする努力によって私は内面に向かい、私が誰なのかを発見する、あるいは自分自身に触れる。私が誰として呼ばれるべきかについては他の人にはわからない。私自身の方法における内省的な過程で私が発見したものを、私は表出する必要がある。私が内的に発見したものを表出するとき、私は自分のアイデンティティを形成し、これに声を与える。私のアイデンティティの真実は、私が独自に形成する前には存在しないし、他人が見つけて回収することもできない。テイラーによれば、「人が認識する観念は、あらかじめ完全に決定されることはない。それは、十分に満たされてはじめて決定的になる」(1975a : 16)。個人の性格を解釈し表出する過程においては、解釈者の関与と独自性は、その発見や内容と同じくらい重要である。

自己に固有の側面を強調するにもかかわらず、本来性の倫理は、自己に対するテイラーの対話的なアプローチと、かならずしも調和しないわけではない。本来性の倫理は、私が他者と共有する自分の特徴、および他者との関係を経て私が作りだして理解する特徴を、排除する必要はない。他者と共有するものを含めて、自分自身にとって中心的だと私が思う側面を排除するものでもない。他者と共有するものの中には、ジェンダー、人種、民族性、階級などもある。自分のこのような部分を呼び出して強調するなかで、私は、他の人びとと自己同定する。しかし、この共有された特徴は、近代のアイデンティティにおいては、私は誰なのかを示すことの一部であると私が思うかぎりにおいて現れるのであって、他の人たちによって押しつけられたり帰されたりするものではない。

『近代の不安』*The Malaise of Modernity*(この本は『「ほんもの」という倫理』*The Ethics of Authenticity* としても出版された)で、テイラーは次のように述べている。現代の理想は、自分のスタイルや好みにそって生活するというものであり、また、「自分らしいことをする」というものであり、さらに、他の誰よりも自己実現にすぐれることであるが、このような理想が、身勝手な行動を引き起こし、他の人たちの必要性を無視する行動を生み出している。しかし、このような行動は、道徳的な理想によって現に促されているのである(1991a : 15-17)。これまで見てきたように、本来性の理想は、全ての諸個人が、自分の存在方法を探すように勧める。その命令は、たとえば自由、探究、責任、尊厳のような用語を使いながら、道徳的な用語で行われる。たしかに、本来性それ自体が、非常に評価的な用語である。自分の生活のどこかが非本来的だとか、見せかけだとか、わざとらしいと言われることを望む人が、いったいいるだろうか。

テイラーは、本来性の表現としての近代的アイデンティティが非常に重要なものであると強調している。彼によれば、「表出的な個人性は、近代文化の基礎の一つになった。あまりにも基本的なため、私たちはそれに気づかない。また、それが人間の歴史では最近の思想であり、前の時代には理解できないものであったと認めることができない」(1989a : 376)。アイデンティティに対する、現代では慣れ親しんだこの態度が、歴史的にはどれほど新しいものであるかを示すために、テイラーは、プロテスタントの改革者であったマルティン・ルターについて述べる。ルターは、カトリックの信仰を拒否する過程で、アイデンティティの危機に陥ったという。前述のアイデンティティの存在論的な面を考えると、またアイデンティティが道徳空間で私たちを導くものであることを理解すると、カトリック信仰についてのルターの懐疑が、彼の方向性を狂わせ、彼のアイデンティティを揺さぶったことがわかる。しかし、テイラーによれば、ルターはこのような経験を、近代西洋の自己が手の届くところに発見した表出的な本来性の用語では理解しなかったし、理解できるはずもなかった。ルターは、意味の究極的地平を個人的なものとみなすことはできなかった。彼のアイデンティティの危機と、彼の決心は、ある論点のまわりを旋回していた。その論点は、彼自身を本来的に一人の個人と定義するかどうかという問題ではなく、罪によって堕落し神の寵愛で救済されるものとして全ての人間の条件を定義するという問題であった。テイラーによれば、ルターのアイデンティティの危機を、現代社会における誰かの危機を解釈するときと正確に同じ用語で考えるのは時代錯誤である。彼は次のように述べる。

その危機とその精神的な戦いがアイデンティティの用語で記述される前に、各個人の究極の地平を、何らかの意味で個人的なものとみなすことが必要だった。

(1997d : cf. 1989a : 28)

マルティン・ルターという人物は、近代的自己の特徴——表出的な本来性と呼んだもの——を引き立てる好例である。しかし、日常生活の肯定に関しては、彼の立場は変わる。ルターは、近代のアイデンティティの持つ、このような決定的な面の分水嶺に立っているのである。

日常生活

「日常生活の肯定」という言葉は、テイラーがプロテスタンティズムの遺産として描く、近代のアイデンティティの一つの側面を言いあらわしている。しかし、この側面は、今では、完全に世俗的な方法で示されている。日常生活、あるいは日々の生活の肯定が意味することは、人間のアイデンティティの重要な部分が仕事と家庭生活の領域で表出されると信じることである。さらに、このような領域で起きることが生の価値または意味についての人間の意識に重要な貢献をすると信じることである（1985a : 155, 255 ; 1991a : 45, 49–50）。テイラーは、このような信念と、古代ギリシャの思想とを比べている。古代ギリシャでは、この種の活動は、単に生活における生産と再生産に結びついていた。さらにこのような活動は、政治的な活動や哲学的な熟考を含む善なる生の追求とは対照的であった。後者の活動は、日常生活と結びついているものよりも、本来的に、より価値があり、より高貴なものであると考えられていたのである。たしかに、生産と再生産という平凡な分野は、より高貴な活動にとっては、非常に道具的なものと考えられていた。労働と再生産、そして身体的な必要を満たすだけの生活は、充足した人間的な生活よりも劣るものとされた。というのも、人間はこのような活動を行うとき、人間を動物から区別する何かを真に行っているとはみなされなかったからである（1985b : 155–6 ; 1989a : 13–14, 211, 314 ; 1994f : 31）。

プロテスタンティズムは、ある種の活動が他のものより質的に優れているという信念を拒否し、そのかわりに、全ての活動には潜在的な価値があると提起した。重要なことは、それがどのように行われるかなのである。強調される点は、人が何を行うかという点から、それをどのように行うかという点に移行した。神の栄光のために、人が信心深く、自分の行動をすることこそが重要になった。このような観点から、最も卑しい行動でさえ、適切な態度で行われれば、神聖なものとなることができた（1989a：13–14, 218, 221–224）。この変化について、強評価の対象が変わったと述べることもできる。以前は、活動自体が高貴だとか卑しいとか思われていたが、今では、人がそれに参加する方法こそが、称賛されたり軽蔑されたりするようになった。このことが、テイラーがこの原理を解釈する際に、副詞〔の用法の変化〕を強調する理由である。まさに人の行動の仕方こそが、その行動について判断するときに決定的に重要になった。この変化を口語的に言えば、「何をするかではなく、どのようにするか」という問題になったのである。

このプロテスタントの見解は、貴族の伝統的なエートスに挑戦しただけでなく、カトリックの伝統的なエートスにも挑戦した。カトリシズムが基礎としていた信念は、ある種の活動が、他のものより本来的に価値があるというものだった。たとえば、司祭の活動は、労働や子育てに従事する一般の人びとの活動よりも、高貴なものと考えられていた。こうした特権は、宗教改革の時代に挑戦を受けた。当時は、行為の宗教的な質を決めるのは、その人が行うことではなく、それを行うときの献身であった。プロテスタントの改革者たちの中でも、とりわけカルヴァン主義者が、聖と俗を分離する伝統的なカトリックを攻撃した（1975a：9）。それゆえ日常生活の肯定には、平等へと向かう運動が内在していた。諸個人の価値を決めるのは、地位や活動ではなく、彼ら自身がどのように振る舞うかである。地位や身分あるいは価値のヒエラルキーのかわりに、態度または気持ちのヒエラルキーがおかれたのである（1989a：214–17）。

宗教的な思想にこのような変化が起きた結果、生産と再生産の世界が新しい重要性をおびてきた。人が従事する仕事の種類よりも、献身的かつ勤勉に労働することの方が重要になった。結婚も家庭生活も、神に捧げうるものになったのである（*ibid.*：226–7, 292）。この点が示唆するように、これらのことはもともと、それ自体で、個人的な達成の源泉とみなされてはいなかった。これらは、人間を神に導くことができ、神に対する恭順と献身を示すものとして定められていたにすぎない。しかし、時がたつにつれて、このような重要性に対する宗教的説明は希薄になってきた。二〇世紀末までに、日常生活は、人のアイデンティティにとって本来的に重要なものであり、自己実現と達成の場として考えられるようになった（*ibid.*：289）[30]。テイラーはもちろん、日常生活を肯定する教義が普及する以前の人びとは、子供や配偶者を愛していなかったとか、彼らの仕事から満足を得ていなかったということを言いたいわけではない。変化したのは、このようなことの存在それ自体ではなく、それに組みこまれた倫理的な重要性である。日常生活が肯定されるとともに、生きる価値のある生とは何かということについての人びとの意識において、家族関係と労働が中心的な位置をしめるようになった。テイラーによれば、これは前例のないことであった（*ibid.*：292–3；cf. 1985b：254–5）。

テイラーは、日常生活の肯定のようなものに含まれている、一種の広大な社会変化を引き起こしたものが、様々な理念だけではないと広く主張しながら、他の一連の社会的な変化も指摘している。そうした変化により、もともとプロテスタンティズムによって安定化されていた、家庭と労働の世界の重要性が定着したのである。この変化に含まれるのは、産業化であり、労働の場を家庭から体系的に分離したことであり、都市化であり、核家族の登場であった。しかし、このような生の物質的条件の変化とともに、マルクス主義の教義が登場した。これが日常生活のさらなる肯定をもたらした、とテイラーは考えている（1985b：215）。もちろんこの肯定は、マルクス主義によって、形式上は世俗的なかたちで行われた。マルクス主義は、生産に焦点をあて、これを人間のアイデンティティにとって最も重要なものとみなした。さらに人間の労働の質と、そこから引き出される成果に中心的な関心をよせた。マルクス主義の思想では、人間の労働の重要性を評価するための副詞は「合理的に」でもなく「敬虔に」でもなかった。その副詞は、「自由に」であり、「創造的に」であり、「表現的に」である。マルクスによれば、私たちの物質的な生を再生産する方法こそが、少なくとも潜在的には、私たちを動物から明らかに区別しうるのである。マルクスが、人間の生における労働に大きな重要性を与えつつも、家庭生活や家事労働および種の再生産の重要性にあまり言及していないという点に、テイラーは注目していない。したがって、マルクス主義は、日常生活と労働という生産の一面を肯定し発展させたが、この発展は、概して家庭生活と愛情関係を無視していたと考えられている。それゆえ、これらの点は、多くのフェミニストの研究者によって取り上げられてきたのである。[31]

実践的博愛

近代的自己に関する最後の重要な側面は、それが実践的で普遍的な博愛に関与しているということである。この博愛が持っている信念は、社会が、人間の不必要な苦難を最小化するために、できる限りのことをしなければならないというものである。その発展が、日常生活の肯定を補完した。これら二つは相互に強化しあうものであり、テイラーはそれらを車の両輪として説明する傾向がある（1985b : 156 ; 1989a : 14, 258, 394-5 ; 1991a : 104, 1995a : 56 ; 1999b : 140)。テイラーによれば、いかなる古代の倫理も、普遍的な博愛に対して近代の道徳が与える地位を認めることはなかった。さらにいかなる文明も、近代西洋世界ほどには、苦痛の削減に対して関心を持ってはこなかった（1989a : 12, 314, 316 ; 1999b : 143)。もちろん、ストア派は、普遍的な道徳的義務を説いた。[32] またキリスト教の諸宗派は常に、少なくとも原理上は、普遍的な博愛の理念と、神の被造物としての隣人に対する愛の理念を推奨した（1989a : 13)。こうした議論が示すように、テイラーは、前近代の文化は苦痛や苦難に対して懸念がなかったとか、無関心であったと述べようとしているのではない。彼は、不要な苦難を最小化せよという主張が、近代西洋において、無から生じてきたと示唆したいわけではない。実践的な博愛の倫理の台頭とともに、苦難に対する関心は、他の倫理的な関心と比べて、大きな比率をしめるようになったのである（1995a：49-50）。

さらに、それ以前の倫理と比べて、近代の博愛の道徳について特徴的なことの一つは、その実践的な傾向である。それは、他人を愛せよという義務、あるいは他人に対して、隣人や知人に対するときと同じ平等な配慮をせよという義務ばかりでなく、彼らの苦難を軽減するように行動せよという義務を強調した。テイラーはこのような思想の源をさぐり、一七世紀の科学革命とその信念にたどりついた。それによれば、自然の世界をより正確に理解することの一つの利点は、それをコントロールする能力の増加にある。自然に対する力の探求をもたらしたものの一つは、日常生活の条件を改善したいという期待である。それは、近代科学の最初の哲学者の一人であるフランシス・ベーコンの言葉を使うと、人の苦難を軽減し、人の自然状態を改善するためであった（Taylor 1989a：230；1991a：104）。この動機は、啓蒙主義者から、さらに生活状態を改善しようとする彼らの献身によって、さらなる支持を得ることになった（1989a：318, 331, 394）。テイラーの理解では、啓蒙思想家たちは、宗教と教会が抱えていた問題を批判する点で共通していたにもかかわらず、彼らは、もともとはキリスト教の運動であった普遍的博愛を効果的に前進させたのである。テイラーは、不必要で避けることのできる苦難を減らす義務が、西洋文化にもたらした大きな影響を要約して、次のように述べている。

私たちは、ベーコンの後継者である。たとえば現代では、飢饉の被害者を救済するために、あるいは洪水の被害者を支援するために、大きな国際的運動がなされている。私たちは、今では、少なくとも理論上は、普遍的な連帯を受け入れるようになった。たしかに、私たちの実践は不十分であるし、これが自然に対する積極的な介入主義であるという前提を受け入れてはいるが、私たちは、人びとがハリケーンや飢饉の潜在的な被害者であり続けるべきだという考え方は受け入れない。私たちはこれらを、原則として改善可能あるいは防止可能な

悪であると考える。（1991a : 104）

しかし、この普遍的博愛という原理を推進したのは、科学の可能性と、社会を発展させようとする理性の力に影響を受けた思想家だけではなかった。この見解は、非常に多様な人びとによっても補完された。たとえばテイラーのいう一八世紀の道徳感情の理論もそうである。その中心的なメンバーにはシャフツベリーやフランシス・ハチソンがいる（Taylor 1989a : 248）。この思想は、新プラトン主義の影響を受けて、世界を調和的な総体として描いた。この総体は最善のもののために秩序づけられており、その各部分は相互に補完し合っていた。世界を正しく理解したものは誰でも、その善性を知るようになり、その総体とそのいずれの構成要素をも愛するようになると考えられた（*ibid.* : 253–4）。この教えでは、キリスト教の神の概念が主要な役割を果たした。なぜなら神のみが、最初に世界をそのように善なるものとして創造し、その創造には神の寵愛が与えられているからである（*ibid.* : 264, 315）。自分自身と他人に向けられた博愛もまた、この世界観では主要な善として登場する。そして、このような自己愛と連帯意識は、世界に対して正しい関係を持つ人びとの中で、同時に登場する（*ibid.* : 264）。

この教義は、多くの意味でロマン主義を予兆するものである。たとえば、その教義は、感情や情動が道徳的価値を持つという思想を共有しているし、そのような感情に耳をかたむけることによって人びとは適切に行動できるようになると考えている（*ibid.* : 282, 284）。この点に深く関連するのが、内面に向かうことによって、道徳的源泉に触れることができるという信念である。だから、この運動もまた内面への転換を推し進めた。つまり、聖アウグスティヌスを先駆者とテイラーがみなす、内面への転換である（*ibid.* : 264）。さらに、この思想にとって、ロマン主義の場合と同様に、内と外のあいだには、あまり大きな分裂はなかった。ここには、自然が善性の源泉であるという意識があったし、自己と世界は緊密に結合しているという意識があった。テイラーが述べるように、「私たちの道徳感情は、総体的な神の秩序を統合する部分である」(*ibid.*: 282)。脱魔術化した機械的な領域ではなく、善性と道徳的な導きの源泉としての自然のイメージが示唆するように、道徳感情の理論も、一七世紀以来の科学観への反動として理解されなければならない。なぜなら科学は、自然を世界から切りはなし、客体にしてしまい、それを道具的にコントロールすることを強調したからである(*ibid.*: 254, 265)。したがって、ルソーが博愛、または他者に対する共感を重視する議論の影響を受けているのも、おそらく驚くべきことではない(*ibid.*: 411)。

複数の自己

テイラーがその歴史的な語りの中で跡づけて再構成する特殊な近代西洋の自己は、明らかに複数の顔を持っている。彼が述べるように、「私たちのそれぞれのアイデンティティは、……複雑であり、多くの層をなしている」(*ibid.*: 28-9)。彼は、近代的自己の複数性と複雑性についてのニーチェの強い自覚を共有している。しかしテイラーにとって、人間をもともと複数的なものであるとする考え方の基本は、有神論にあるように思われる。彼は、「人間の多様性は、私たちが神のイメージにそってつくられたときの、つくられ方の一面である」と主張している。そして、神について三つの位格を一体として理解する三位一体説と結びつけている(1999a: 14-15)。

特に近代の多様性という問題になると、近代的自己がいくつかの異なる傾向を含んでいるだけでなく、これらのものが、お互いに異なる方法で関係していることがわかる。自己について理論的には異なる面が、相互に補強する関係にある場合もある。実践的で普遍的な博愛についてのハイブリッドな系図を考えてほしい。この倫理は、科学革命や、日常生活の肯定や、道徳感情の理論や、ロマン主義のような様々な思想によって影響されてきた。ときには表面上競合するこれらの様々な伝統が、同じ善を肯定するために協調することもある。近代的自己についての、分析的には異なる他の側面もまた、和解したり合流したりしている。たとえば、深い内面を持つものとしての自己の観念は、表出主義の原理と強く結びついている。テイラーは次のように説明する。

私たちの内的な自然を明確化するという表出主義の観念によって、この内的な領域を、深さを持つものとして解釈する基礎を、私たちは、はじめて理解することができる。すなわちそれは、私たちがこれまで明確化してきた地点以上のところにある領域である。この領域は、私たちがはっきり表出した限界をこえて、なお広がるものである。

(1989a : 389 ; cf. 390, 548 n. 1)

これはまた、自由で距離を置いた自己のイメージと、日常生活の肯定についても言えることである(*ibid.* : 234)。日常生活を肯定する倫理もまた、本来的な個人主義の理想を補完する。なぜなら家庭生活と家族は、自己発見と、多くのことについての感情的な達成の場になるからである。家庭生活の事実上のプライバシーが増加するにともなって、この共生は拡大する。この関係についてテイラーは次のように書いている。

家庭生活の全般において、誰もが(原則として)適切な私的空間を持つような社会。これこそが、夫と妻が、仲間としてまた愛し合う者同士として、さらにまた両親として充実した生活を送るために中心的な役割を果たす。これはまた、次の世代を育成するうえでも中心的な場となる。その結果、子供たちが順番に、彼ら自身の達成を探求し発見することができ、そのなかには自らの好感にもとづく結婚も含まれる。現代の家族は、理想的には、それぞれの存在が害されないような空間を持つばかりでなく、子供たちの成長と自己発展を促す手段を持つ。

(1985b : 262 ; cf. 272)

つまり、近代的自己は、複雑であり、複数的であり、様々な制約を受けた被造物であるが、その異なる傾向が結合し、同じ倫理的志向性を持つこともある。

しかし、別の意味では、近代的自己の諸側面は、より緊張をはらんだ競合関係の中にある。日常生活の肯定と、本来性と自己達成の理想は、相互補完的ではあるが、逆の方向に進むこともある。ある個人にとっては、自分自身であること、さらに自分の道を進めという命令を実行することは、家庭生活における絆と義務を弱めることにもなる。テイラーが述べるように、「もし私の成長が、あるいは私自身を発見することでさえ、長年にわたる交友関係と両立しなくなるなら、これは、アイデンティティの中心をなすというよりも、刑務所のように感じられてしまうだろう。だから結婚は大きな緊張をはらむ」(*ibid.*: 283; cf. 285)(33)。近代的自己の様々な傾向のあいだの緊張についてのさらなる例は、自己についてのロマン主義的で表出主義的な解釈においても見ることができる。この自己は、科学的知識を持ち日常生活を肯定する、距離を置いた自由な自己に対する反動とみなされる(1975a: 22–3, 540; 1979a: 2–3; 1985b: 270–71; 1989a: 390, 495)。ところが、ロマン主義的な自己は、同時に、距離を置いた自己による個人主義の上に構築されるのである(1991a: 25)。

自己についての近代の概念における、このような複雑性や曖昧性や緊張のいくつかを概観しただけでも、私たちは、テイラーの多元主義を明瞭に見ることができる(1985b: 273, 276–7, 287)。さらに私たちは、近代的自己の多様性を知るようになると、道徳についての還元主義的な理論、あるいは統一的な理論に対して注意深くならざるをえないという彼の主張を、あらためて理解することができる。しかし、このように複数性があるとなると、近代のアイデンティティの多様な面をまとめたり組織したりする方法はあるのだろうか。テイラーは、ヘーゲルについての本の中で、この緊張を直視するとともに、自己の様々な面が、生の様々な面に効果的に対応していると示唆することによって、この緊張を一部緩和している。ロマン主義的で表出主義的な自己は、個人の達成を追求するとき、主に私的領域に限定されてきた。他方で、公的な自己は、啓蒙主義の遺産である、個人の功利主義的な概念によって形成されてきた。後者では、個人は、より広い集合的な構造に従属している。この集合的な構造は、効率を最大化するという目標を持っており、道具的合理性の概念にしたがって働くものである。これが明らかなのは、経済の領域と政治の官僚制化の領域においてである。このように述べたからといって、誰もが、この〔自己の〕役割分割に満足してきたと言いたいわけではない。社会組織の構造的な性質に対して絶えず反動が起き、ロマン主義的表出主義の理想が公的な領域でも使われてきたのである（1975a：541–3；1979a：70–71）。しかし、自己を各面に分けるこのような主張は、テイラーの後期の著作からは脱落する傾向にある。多元性について、このような二元的記述は少なくなるのである。

この多元性についての別の布置が『自我の源泉』で行われている。一八世紀以来、アイデンティティや道徳的探究の三つの広い地平を確認することができる。第一のものは、個人を中心としたものである。第二のものは、個人をこえた、より広い秩序を志向している。第三のものは、伝統的に有神論的なものである。テイラーによれば、ある程度の変化があることは認めたうえで、これらの三つの広いフロンティアを設定すると、近代的自己の概念が、科学革命から現代までどのように変化してきたかを理解することができる（1989a：390, 495, 498）。第一の道徳的な地平あるいはフロンティアは、自己とその力に焦点をしぼる。それは、距離を置くことへの熱望を持ち、さらに、自然の世界と自己の非合理的な部分を、合理的に秩序立て、道具的にコントロールしようとする熱望を持つ。これは、解放された自由として前に議論した観念を含む。しかし、この個人主義的なフロンティアもまた、自己の表出的な力を含み、自己の本来性の明確化と、本来性に一致する生き方の追求を含む。すでに見たように、近代的自己の後者の側面は、一面では、解放された自由の理想に対する反動として発展した。しかし、この観点においてそれらを統合するものは、それらが個人を中心としているということである。

第二の新しい道徳的な地平またはフロンティアは、個人をその一部に含む、より大きな総体としての自然に関係する。この考え方によれば、道徳感情の理論に関して先に述べたように、世界は一つのまとまりであり、その諸要素は互いに、他の要素の利益と保護のために役立つ。この広い見通しもまた、自然を善の源泉とみなすロマン主義思想の中にある。しかし、この場合もまた、この広い展望の中に、個人の居場所がある。つまり、人間の情動や感情は、この調和している巨大な総体の重要な構成要素であると考えられる。しかも、自然と接触するために私たちは外に向かうだけでなく、内に向かうこともできる（*ibid.*: 314-15）。この内的志向性が、第二のフロンティアにおいても、個人とその力に焦点をしぼらせることになる。しかし、この見解では、個人と外的世界が明確に分離されているとは考えない。むしろ、両者のあいだに関係があることを適切に理解することに重点をおく。内側に向かうことによって、個人は、その人を一部とする、より大きな総体に結びつくことができる、または結びつき直すことができる（1991a: 91）。このような可能性を考慮すると、次のようなテイラーの主張を理解しやすくなる。それは、近代文化の個人主義は必ずしも、抑制なき利己主義や、他者や自然に対する配慮の欠乏として、自らを表す必要はないという主張である（1991a: 35, 40-41）。

第二のフロンティアでは、内と外の緊密な関係、さらに個人と広い世界との結合が想定されている。この想定もまた、ポスト・ロマン主義的芸術の重要性に関するテイラーの分析を特徴づけている。彼はこの種の芸術をエピファニー〔＝顕現〕的であると表現し、そのような芸術作品を道徳的源泉だと考える。彼によれば「主体が、自分の内と共鳴する言語を通して、自分の外の道徳的源泉を探す」のである（1989a: 510, 強調はテイラー; cf. 420, 479）。芸術についてのこのような新しい理解では、明らかに、芸術家は自分の個人的なヴィジョンを明確化しているのであって、何か所与の公的に利用可能な意味のフレームワークに表現を与えているわけではない。それゆえ、このような芸術は、科学革命以降のものであり、前述の脱魔術化以降のものであることがはっきりする。しかし、芸術家のヴィジョンは、完全に個人のものであるということはできない。芸術家たちは、現実に個人的な表出を与えることで、芸術作品を通じてそれを他の人にも利用できるようにしているという側面もある。芸術作品は、最も道徳的あるいは精神的な重要性を持つ何かに表出を与える。しかしこの現実と、その利用可能性は、個人としての芸術家によるその表出から分離することはできない。テイラーの用語では、この種の道徳的なヴィジョンは、超個人的な響きを持つものの、芸術家の個人的なヴィジョンの中に組み込まれている（*ibid.*：420, 427-9, 491-2, 510）。このような発展を説明するために、テイラーは、ポスト・ロマン主義のエピファニー的な芸術における、方法の主観化と、事柄の主観化とのあいだを区別している。表出の方法は主観的であり、これによって芸術家は、自分のヴィジョンについて非常に強い個人的表出をすることができる。しかし、事柄は完全に主観的であるわけではない。芸術家は鑑賞者と、より広い現実とを結びつけようとするし、道徳的源泉とも結びつけようとする（*ibid.*：425；1991a：84-9）。テイラーの詩についての言説は、芸術一般にも当てはまる。

> 啓蒙主義以後の世界では、言葉のエピファニー的な力は、創像力による作品で媒介されていない物事の秩序についての事実として扱うことはできない。……詩に感動することは、これらの全てを統合する、個人的な感覚の中に引きこまれることでもある。これを通じてのみ、より深く、より一般的な真実が現れる。
>
> （1989a：481；cf. 492）

これら二つの新しい道徳的フロンティアは、個人とその力に焦点をあわせるとともに、より大きな世界に焦点をあわせている。二つのフロンティアは、相互に交わっていたが、三つ目のものとも重なるところがある。三つ目のものは、より古い道徳的フロンティアであり、有神論的なものである。すでに注目したように、テイラーによれば、科学革命の中から生じた、距離を置いた点的自己は、そもそも宗教的なものであった。それが重視したのは理性であり、自然と非合理的な自己の合理的コントロールであった。「人間の理性と意思の荘厳な力は、神によって作られたものであり、神の計画の一部である。さらに、その力は、私たちの中の神のイメージをつくるものでもある」

（*ibid.*：315）。したがって、理性を使うとき、距離を置いた個人は、神に与えられた能力を使っている。この能力こそ、人間を他の被造物から区別するものである。それゆえ、理性のための能力と理性の行使は、人間の尊厳という意識と強く結びついている。同じことは、二つ目の新しい道徳的フロンティアについても言うことができる。それもまたキリスト教に起源を持っている。理神論者たちとルソーによって、自然がもともと善なるものと考えられたのは、自然が神によって創造され、神の善性と愛のあらわれだったからである。

しかし、これら二つの道徳的地平は、日常生活の肯定と並行しながら、時とともに、その有神論的な基礎との関係を失い、自らの命と理論的根拠を発展させてきた。それらの善は、それ自体の価値を持つ善として考えられるようになり、もはや、その有効性を担保するためにキリスト教の神を参照する必要はなくなった。しかも、ときにはそれらは、キリスト教と敵対的であると思われることもあった。あるいは、少なくとも、組織された宗教と敵対的であると思われることもあった。この変化について、テイラーは次のように書いている。

何か重要なことが、しかもとりかえしのつかないことが一九世紀の後半に起きた。それは、アングロ・サクソンの諸国で、不信仰が台頭してきたこととともに生じた。そのとき、何らかのかたちでの神への信仰が実際の挑戦を受けることのなかった地平から、私たちの現在の苦境へと移り変わった。現在では、道徳的源泉は存在論的に多様であり、有神論はそのうちの一つにすぎない。（*ibid.*：401；cf. 408）

ここで、自己に対するテイラーの歴史主義的なアプローチが、道徳理論における構成善についての彼の枠組み的な主張とつながる。というのは、道徳的見解の基礎を回復すると、それに対する崇敬の念を持たせたり復活させたりできる、とテイラーは主張しているからである。[34]

テイラーは、近代のアイデンティティの多様性を強く自覚しているので、近代的自己が、それ自身の明確化を常にこえていくと考える。人間は、もともと自己解釈的な動物なので、自分自身を理解しようとせざるをえないし、自らを定義しようとせざるをえない。しかし、近代が示し、強化してきたことは、この熱望が完全に実現されることは決してないということである。つまり、自己解釈の試みは常に、未完のままだろうということである。

政治と自己

シュクラーは、『自我の源泉』を評する中で、政治は「テイラーが本書で追究した自己解釈する自己の重要な要素ではない」と述べている（1991 : 105）。たしかに政治についての議論は『自我の源泉』の大きな部分をしめてはいないが、まったくないわけではない。たとえばテイラーは次のように指摘している。人権を持つ個人という考え方は明らかに近代のものであり、一定の民主主義の形態は、近代西洋の社会では唯一正当な支配形態として考えられている。これらのことは、一面では、日常生活の肯定と結びついた平等化傾向と関係している（Taylor 1989a : 395）。近代の諸個人は、少なくとも理論上は、市民的領域と政治的領域において互いに平等である（1999b : 139）。個人の本来性の強調と同じことが、文化のレベルでも、政治のレベルでも生じた結果、様々な文化に固有の形を表出するものとしてナショナリズムの積極的な見解が登場したのである。本来性の倫理を、個人的傾向と政治的傾向の両方において明確にするうえで、ヘルダーが枢軸的な重要性を持っている、とテイラーは考える（1975a : 20 ; 1989a : 376, 414–15）。ナショナリズムの台頭は、それ自体、伝統的なヒエラルキーの崩壊と結びついているし、前に述べた平等化傾向とも関連している。というのも、ナショナリズムは、人民を政治的なコミュニティに統合するための、新たな水平化の方法を提供するからである。安定した伝統的な社会的ヒエラルキーが磨滅して、平等性を想定することが可能になったため、政治の領域において、アイデンティティと承認のための新しいアプローチが必要になったのである（1985b : 274–6）。

これまで述べてきたことにもかかわらず、『自我の源泉』では、自己のあり方を形成するうえで、政治は主要な役割を果たしていないというシュクラーの指摘は正しい。とはいえ、テイラーが、政治と自己を、相互にほとんど関係がないと考えているとみなすのは間違いである。たとえば、テイラーが科学革命にまでさかのぼって追究した、距離を置いた自由な自己という理想も、決して社会に完全に組みこまれたものではなかった（Taylor 1991c : 307）。この原子論的な自己の見解こそ、テイラーが、政治についての多くの著作の中で批判しているものである。これまで見てきたように、彼が存在論的個人主義を拒否する際の一つの方法は、対話的な自己を想定することであった。このような側面を持つ自己が政治的に重要な役割を引き受けることのできる方法を、彼は、承認の政治を分析する中で追究する。政治と自己のあいだのこのような関係については、テイラーの政治理論に関する第三章の議論の中で詳しく検討する。

第三章　政治を理論化する

本章は、政治理論に対するテイラーの貢献について検討する。まずは、彼の思想におけるコミュニタリアンの要素から始める。テイラー自身の助言に従えば、これらの要素は存在論的な ontological タイプと主義主張 advocacy のタイプの二つに分けられる。消極的自由と原子論に対するテイラーの長年にわたる批判は、彼のコミュニタリアニズムを説明する際にきわめて重要な役割を持つ。こうした批判の中でテイラーは、政治において共有されている善〔＝共有善〕の役割について議論しており、西洋の政治における共和主義あるいは市民的ヒューマニズムの伝統の重要性がより注目されるように努めている。本章の後半では、リベラリズムに対するテイラーの複雑な関係について論じる。すなわち、諸権利に対する彼の擁護、彼が市民社会に与える価値、国家の中立性の概念に対する彼の批判を扱う。また、リベラリズムの伝統的な考え方に対して、承認の政治によって提起された課題も考察する。さらに、多元主義の社会的かつ政治的なあらわれとその帰結についてのテイラーの関心についても、本章を通じてたどることにしたい。

テイラーとコミュニタリアンの伝統

政治理論に関していえば、テイラーは典型的なコミュニタリアンとして特徴づけられる。コミュニタリアニズムは、政治、法、社会、およびアイデンティティについての諸問題に対する、幅広い哲学的アプローチである。テイラーが、コミュニタリアンの一人として数えられるとき、彼は英米系の政治哲学者たちのグループに入る。このグループでよく知られている人たちの中には、アラスデア・マッキンタイア、マイケル・サンデル、マイケル・ウォルツァー、ジーン・ベスキー・エルシュテイン、アミタイ・エツィオーニらがいる。[1] アリストテレス、デイヴィド・ヒューム、エドマンド・バーク、カール・マルクスのように、政治的立場の異なる哲学者たちも、振り返ってみると、コミュニタリアンの伝統に貢献していると考えることもできるだろう。

コミュニタリアニズムという名前が示すように、その一般的な関心はコミュニティの絆――それらの重要性、創造、維持そして再生産――にある。コミュニタリアンの中には、コミュニティを国民国家に結びつけて考え、国家はコミュニティを繁栄させる条件を積極的に促進しなければならない、と主張する人もいる。さらに、家庭から、近隣、クラブ、アソシエーション、学校、教区に至るまで、所与のコミュニティや選択されたコミュニティに人びとが参加するときの複雑な方法に注意を向ける人もいる。[2] 特定の場所に制限されない集団や、そのメンバーが互いの顔を一度も見たことがない集団に、共に所属し関与しているという感覚を持つことによって、仮想のコミュニティに帰属することさえもできる。[3] そのような人びとの中には、インターネットの利用者だけでなく、アムネスティ・インターナショナルやロータリー・クラブのメンバーなども含まれる。

コミュニタリアニズムについて、より深く理解するためには、この伝統の内部における考え方に、テイラーが、二つのレベルを認めていることを知る必要がある。その二つのレベルを、彼は、コミュニタリアニズムの存在論的側面と主義主張の側面と呼ぶ（Taylor 1995a：181–203）。存在論的レベルにおいては、コミュニタリアニズムの思想家は、社会生活や個人のアイデンティティのようなものを説明する際に、共同的あるいは集合的な力の重要性を強調する。リベラリズムの伝統的な見方では、社会とは、協力しかつ競争する諸個人の集合体であるか、あるいは個々の市民による暗黙の契約である。それに対して、コミュニタリアンは、社会生活を可能にする、共有された要素に注目する。つまり、個人の選択や願望あるいは意図や所有に還元することができない要素を重視するのである。

たとえばコミュニタリアンは、諸個人の権利の社会的な前提条件に注意を向ける。諸個人が自らの権利を享受し行使するためには、社会的責任や義務を果たす人びとのコミュニティが存在しなければならない（1994b：130）。西洋社会では、個人は長いあいだ、同輩による陪審裁判を受ける権利を主張する資格を与えられてきたが、この権利は、その仲間の市民たちが陪審員となる自分の義務を果たしてはじめて実現されるものである。たとえばある国では、大学生が公的資金や補助金による教育を受ける権利を主張している。しかしこれは、学生の仲間の市民たちが税金を払う責任を果たすかぎりで可能になる。学生も市民も、こうした責任の相互関係の中におかれている。

しかしより深いレベルにおいては、個人主義的な言葉でさえ、ある文化の内部においてのみ有効であることが示される。言語のような文化は個人の選択が積み重なったものではなく、共有された集合的な遺産である。コミュニタリアンは次の事実に注目する。すなわち、諸個人が何らかの可能性や自己意識について考えることができるようになるのは、このような、より広い社会的・文化的文脈の内部においてのみだ、という事実である。たとえば、一人の個人が自律の価値を重視するためには、さらに自分自身を権利と自由の享受者とみなすためには、これらの善が、より広い文化の中で有効なものとみなされていなければならない。それゆえテイラーによれば、リベラルな諸文化の常識に深く根づいている「自由な個人、あるいは自律的な主体」でさえ、「あるタイプの文化の中でのみ、そのアイデンティティを築き維持することができる」。そのような個人は「自分の人としてのあり方を、社会全体と文明によって支えられている。こうした社会や文明が、彼自身を形成し、彼を育てる」（1985b : 205-6 ; cf. 207, 209）(4)。したがって存在論のレベルでは、コミュニタリアニズムとは、ある問題に対する説明的アプローチであり、社会と文化を創造・再生産・再形成する際の、純粋に個人的な力よりも、むしろ社会的な力の中心性に注目するものである。

テイラーの考えるコミュニタリアニズムのもう一つのレベルは、主義主張の争点と彼が呼ぶものである。この争点は、政治理論家や政治的伝統が評価し設定するものを指す。このレベルでは、コミュニタリアンは、共有善を肯定し促進する。この共有善とは、諸個人のみによって享受することのできないもの、あるいは別の言い方をすれば、集合的行為を必要とするものである。ところが、グローバルな資本、民営化、多文化主義の動きのような社会的・経済的力と、労働の性質の変化がコミュニティに関する直接的な感覚を脅かしている世界において、多くのコミュニタリアンが連帯意識を活性化することは、緊急に必要であるが難しくもある。こうしたコミュニタリアンの考え方の両方のレベル――存在論的と主義主張的――が、テイラーの政治思想の中にある。まず存在論的なレベルに注目すると、彼の政治思想の二つの継続的特徴が現れる。第一は原子論に対する批判であり、これは彼の最初の著作以来、繰り返し見いだすことができる（1964 : 10–17）。第二は、消極的自由に対する批判である。

原子論

個人は常に、社会的に状況づけられ、自分自身をこえた社会関係の中に置かれている。こうしたテイラーの主張は第二章で議論したが、これは原子論に対する彼の批判の基礎となっている。彼は政治哲学の文脈において、原子論を、一七世紀以来の社会契約論の興隆、とりわけイギリスの哲学者であるトマス・ホッブズとジョン・ロックの著作に、直接的に関連づけている。テイラーの目的にとって、この伝統に特有な特徴の一つは、それが個人に与える存在論的な優位性にある（1989a : 193–4）。[5] ホッブズとロックのあいだに明白な違いがあるにもかかわらず、両者はともに社会契約論の思想家として、人間の生のイメージを自然状態の中において作りだし、政治構造が存在しない場合に個人がどのようになるのかを推測している（1995a : 213–14）。彼らは、なぜ諸個人が自由かつ合理的に自分たちのために政府を作ることを選択するのか、つまり、なぜ諸個人は彼ら一人ひとりの力と自由の一部を国家に譲渡することに合意するのかを説明しようとする。政治に関する事実は、この視点からのみ説明されるのではなく、個人の選択、利益あるいは動機の観点からも説明される。たとえばホッブズによれば、自然状態における諸個人は、安全と安定を得るみかえりに、自らを支配する強大な力を持つ政府を樹立することに合意する。『リヴァイアサン』の著者は、この安全と安定が保証されなければ、様々な基本的な物質的財と文化的財は成立不可能であると信じている。諸個人が社会契約のメカニズムを通じて自らの力を政府に譲渡するとき、彼らは自らの存在を守るだけでなく、自らの生活の質と快適さも向上させる。彼らは「便利な生活」をも可能にしているのである。政府の合理性は、個人が自らの望みを達成して生活の質を改善するための条件を政府が生み出せることにある。

テイラーの考えによれば、このような方法で諸個人に存在論的な優位性を認めることを、理論的に擁護することはできない。社会契約論の理論家たちは、政治社会がないところに存在する諸個人が理性と言論の能力を持ち、さらに彼らのあいだで合意形成メカニズムを持っていると仮定する点で間違っている。テイラーは、アリストテレス、ヒューム、ルソーにしたがって、これらの人間特有の能力が、社会的・政治的な文脈においてのみ発揮されうると考える。テイラーは、自らのアプローチを原子論者のアプローチから区別して、次のような見解を支持する。

人間を社会的な視点から見れば……人間の善を追求するための重要で本質的な条件は、社会の中に存在すること結びついている。……人は、善と悪、正義と不正義についての言語と共通の言説をもつコミュニティの外部では、道徳的主体になることすらできないし……人間の善を実現できる人になることもできない。……人が社会から得るのは、自らの善を実現する際の何らかの支援ではなく、その善を追求する主体になる可能性そのものなのである。（1985b : 292）

この文章が示すように、存在論的なレベルにおいて、テイラーをコミュニタリアンの思想家と考える理由の一部は、諸個人の選択の可能性と諸個人によって評価される善の可能性が、より広い文化的背景の中ではじめて現れうるという彼の主張にある。

さらに、この文脈においてテイラーは、個人の優位性をコミュニティの優位性と置きかえている。このことは、彼の見解において個人が重要ではないということを示唆しているわけではないし、個人を形成する社会的な力を認識することが、全ての諸個人が社会によって完全に決定されていると述べることに等しいと言っているわけでもない。そうではなく、社会の価値、習慣、伝統から批判的な距離をとる個人に関するリベラルな理想は、コミュニタリアンの見解からすれば、批判的な推論と独立した思考を重視し促進する広い文化によって可能になるということである。(6) ここでのテイラーの関心は、コミュニティに帰属するという事実に由来する個人的アイデンティティの基本的側面に注目することにある。コミュニティのメンバーであることは、いくつかの点において重要である。第一に、ある善や、自己という概念さえもが、諸個人が帰属する文化によってはじめて有効になる。したがって、コミュニティや社会に帰属するという事実は、政治的な規範や価値および実践を説明する際に、最も重要なものになる。テイラーの分析によれば、個人の自由や権利についてのいかなる肯定論も、事実上、その議論自体をこえて、この善を可能にする条件、すなわちより広いコミュニティと文化を肯定しているのである（*ibid.* : 275-6）。ある善は、個人が属するコミュニティによってはじめて有効になるという事実から、テイラーは、コミュニティへの義務を推論する。彼の主張の論理は次のようなものである。

もし私がA（個人の自由）を肯定し、かつ

B（私がそのコミュニティのメンバーであること）がAの必要条件であるならば、

結果として、私はAを肯定するときにBも肯定することになる。

この点は、彼の次のような結論を説明している。「自由な個人は、自らをそのような存在として認めるとき、そのアイデンティティを可能にしている社会を完成させ、活性化し、あるいは維持する義務を、すでに負っている」(*ibid.* : 209 : 強調はテイラー)[7]。この論理によれば、何かを、個人としての自己にとって善なるものとして肯定することは、その社会における他者への義務を伴うことになる。なぜなら、より広い社会が存在しなければ、私の「個人的」善は成立不可能だからである。

ここでは、テイラーの思想に対するヘーゲルの強い影響が認められる。なぜなら、善の肯定が善の可能性の条件の肯定を伴う、というこの議論は、ヘーゲルによる「倫理的生活」*Sittlichkeit* の概念に非常に近いからである。テイラーが説明するように、この概念は、社会のメンバーがその社会を維持し発展させる義務を表している。「ヘーゲルが倫理的生活と呼ぶものは……自らがその一員である現存のコミュニティに対して自分が負う道徳的義務を表している」(1979a : 83)。しかしヘーゲルの理論では、社会を、肯定し再生産するに値するものにしているのは、社会が「イデア」にもとづくからである。テイラーは、ヘーゲルの思想のこうした側面を切り捨てている。しかしテイラーは、個人には自らが享受する善を肯定し永続させる義務がある、という考え方を継承し、それらの善は社会のメンバーであることによって可能になると認めている。テイラーが「倫理的生活」の重要な特徴として考えるのは、「それが私たちに、すでに存在するものを永続させるように命じること」である（*ibid.* : 83 ; cf. 85, 89, 125, 129 ; 1975a : 376 ; 1978a : 137 ; 1991e : 71）。彼は、その社会がどのような特徴を持っていようとも、諸個人が自分たちの社会を永続させる義務を負っていると主張しているわけではない。自分たちの社会の全ての局面を永続させる義務を負っていると主張しているわけでもない。腐敗している社会や搾取的な社会に対する結束した帰属意識や忠誠心が、彼によって推奨されているわけではない。そうではなく、個人は、自らの社会の善を評価し、肯定し、その善に共鳴する限りにおいて、その維持と再生産に貢献する義務を負うのである（Friedman 1994 : 303 ; Flanagan 1996 : 165 を参照）。

ヘーゲルは、個人をより広いコミュニティの中に位置づけることの重要性を認めるがゆえに原子論を否定する。この点で、ヘーゲルはテイラーに重要な影響を与えている（Taylor 1979a : 86–7）。テイラーはヘーゲルの思想に深く入りこむことによって、原子論者の想定が西洋文化に遍在し、とりわけ社会科学の中に遍在していることを発見した。西洋近代の社会的・政治的な想像力に対する原子論の影響力は非常に大きいため、原子論は「自然な」ものとして、あるいは当たり前のものとして信じ込まれるようになっている。テイラーは次のように診断する。

> 原子論者の見解は常に、常識により近いように思われており、そのまま通用するように思われている。……私たちは、この問題を特別に検討する努力をせず、原子論的で道具的なものの見方に後退しがちである。この見方が、社会についての私たちの短絡的な経験を支配しているように思われる。（1989a : 196 ; cf. 1991a : 58）

原子論に対するテイラーの批判からわかることは、存在論的なレベルと主義主張のレベルの理論的立場が密接に関連しうるということである。彼の批判は、分析の不十分さに対する非難から始まり、自らの自由を重視する諸個人によって認められ促進されるべきより広い文化的条件と善についての主張で締めくくられる。彼の見解によれば、西洋政治思想における原子論に対するこの種の批判は、歴史的な関心だけを理由として行われているわけではない。なぜなら彼は、社会契約論における個人主義の多くの側面が、現代の西洋政治においてもなお擁護され維持されていると考えるからである（1989a：195）。[8]さらに、初期の社会契約論に由来する考え方や想定の中には、リベラルな政治思想を通じて継承され続けているものもある。ここでテイラーが指しているのは、ロバート・ノージック、ジョン・ロールズ、ブルース・アッカーマンのような影響力のあるアメリカの思想家たちの仕事である。この個人主義は、公共選択論の中にもしっかりと埋めこまれている。公共選択論は、選好、効率最大化、自己利益、レントシーキング、集合行為問題などのような、経済学で用いられるカテゴリーを、政治的行動の説明に応用している。[9]テイラーは、個人に存在論的優位性を認める政治理論に対して力強く挑戦する点において、コミュニタリアンといくらか共通する考え方をたしかに持っている。彼の政治哲学のもう一つの継続的特徴は、消極的自由に対する彼の分析である。[10]これは、積極的自由に対する彼の支持に帰結する。この点において、彼の思想は、主義主張のレベルでもコミュニタリアンの性質を帯びている。

自由

積極的自由と消極的自由の違いについて、アイザイア・バーリンは二〇世紀に、影響力のある説明をした。彼は、西洋の政治思想の伝統における自由についての二つの異なる概念の要点を示す中で、これを説明している（Berlin 1969：118–72；Taylor 1975a：560）。「消極的自由」という言葉は、個人に焦点を置くアプローチに用いられ、外部の力――国家であれ、社会一般であれ――からの干渉の不在と結びつけられた。このような自由に関する古典的な言説は、ジョン・スチュアート・ミルの著作『自由論』の第一章に現れていると通常理解されている。この著作では、危害原理も定式化されている（Mill, 1980）。この原理によれば、個人は、自らの行為が他者に危害を加えない限りにおいて、干渉や制約から自由であるべきである。しかしながら、自由についての消極的理解は、ミルの説明よりもさらに古く、さらに広いものである。自由に対する、より以前の消極的アプローチは、ホッブズの著作にみられる。彼は自由を、行動に対する障害の欠如と定義している（Hobbes 1974：204）。自由の消極的概念を支持していると考えられているその他の思想家の中には、ジョン・ロック、トマス・ペイン、ジェレミー・ベンサム、バンジャマン・コンスタン、トマス・ジェファソンがいる。言論、信仰、集会、出版、職業、結婚、移動の自由のような個人の一連の自由を主張する人びともまた、自由についての消極的見解を擁護している。

消極的か積極的かというラベルが、ここでは評価方法として用いられているわけではないという点を理解することが重要である。自由についてのこれらの概念のうちの一つを「消極的《ネガティブ》」と呼ぶことは、それに対する批判を意味しているわけではない。そうではなく、多くのリベラルは、消極的自由に関して非常にポジティブ（評価的な意味かつ口語的な意味において）である。逆に彼らは、積極的自由の概念に関して懐疑的あるいは批判的である点で、積極的自由についてはネガティブである。したがって、これらのラベルを、通常の口語的用法において理解するのではなく、ここではテクニカルな意味において用いられているという点を認識することが重要である。消極的自由は、ものごとが、個人の意志に反して行われないときに存在する。他方、自由への積極的アプローチは、他者からの干渉なくして自分の好きなようにできる自由の領域を諸個人に残すことに焦点を置くわけではなく、彼らがある事柄を行って結果を達成したり特定の目標を実現したりするのを可能にすることや、その能力を与えることに焦点を置く。つまり、個人が自分自身の生に対して何らかのコントロールができるようになること、すなわち自制や個人の自律のための何らかの方法に力点が置かれている。ある領域においては、積極的自由によって促進される自制は、独りで行動することや一人で取り残されることによっては、達成できないかもしれない。たとえば、自分の生に対する何らかのコントロールを獲得することや、自分が何らかの方向性を決定することが、民主的意思決定における自己統治や一定レベルの参加を必要とするならば、積極的自由を実現するためには他者との協力が必要となる。この立場からすれば、人びと全体や社会全体は、自らを統治してはじめて自由であると考えることができる。従属させられている集団の中の諸個人が、たとえ、彼らだけ取り残されて干渉されないとしても、積極的自由の概念によれば、そのような個人が自由であると考えることはできない。優しい専制君主は、自分の臣民に対して、あらゆる種類の消極的自由を許すかもしれないが、だからといって、彼らを自由にするわけではないだろう。なぜなら彼らは自己統治をしているわけではないのだから。

テイラーは、政治的領域において、このような積極的自由を擁護している（彼は積極的自由に関してポジティブ《ポジティブ》なのだ！）。彼の政治哲学は、このアプローチを政治に適用することを含んでいる。テイラーは、積極的自由の伝統に共感する者として、このアプローチについてのバーリンの記述は戯画化されており不当だと主張するだろう。バーリンは、個人が自らの潜在能力を実現するための条件を政府は作りだすべきだという要求と積極的自由とを関連づける議論から、積極的自由を全体主義体制の行き過ぎや不自由と結びつける議論へと、あまりにも拙速に飛躍する[11]。したがって、バーリンの影響力のある論文に対するテイラーの応答の一部において、積極的自由が再評価され、そのより魅力的な側面が認められることになる。しかしながら、消極的自由に対するテイラーの批判は、単に、積極的自由に対する規範的選好や政治参加への彼の関心だけにもとづいているわけではない。そうではなく、テイラーは、自由への消極的アプローチには未解決の問題があり、さらに矛盾した側面があると考えている。

テイラーは、消極的自由に対する批判を、積極的自由と消極的自由を区別していると思われている境界を疑問視することから始める。彼は「自由の行使概念」と「自由の機会概念」を対比する（1985b：213）。いくつかの消極的自由の形態は機会概念の観点からもっぱら理解されうるが、消極的自由の他の形態は自由の行使概念を必要としている。この点において、それらは自由に関する全ての積極的概念と似ている。テイラーは、積極的自由の全ての概念と消極的自由の一部の概念が共有する明白な特徴を示すことによって、事実上、積極的自由と消極的自由のあいだの推定上の対比を脱構築している。その両者が共有する特徴とは、自由の行使概念である。

自由の行使概念は、自由と、何らかの能力を発揮することを関連づける。その能力とは、たとえば、自己統治の能力、自制の能力、個人の自律の能力などである。それに対して、厳密なタイプの消極的自由においては、個人は自分が好きなようにするために放置されれば十分なので、自由の機会概念が前提とされている。ここでは、個人が自由になるためには、何かが行われるべきである、あるいは何かが実現されるべきであるという要求は存在しない。必要なのは、個人が自らの選択したとおりに行動する機会、あるいは行動しない機会を持つことである。自由に対する最も基本的な消極的アプローチにおいて重要なのは、ある態度で振る舞うための機会や可能性であり、この機会が利用されるかどうかではない。非干渉的な自由空間の内部で個人が何を行うかにかかわらず、外部の干渉から自由である限りにおいて、個人は自由である。バーリンが述べるように、「非干渉の領域が拡大するほど、私の自由は広がる」のである（1969：123)。[12]

しかしながら、消極的自由の全ての見解が、自由の機会概念と合致するわけではない。テイラーは、ホッブズやベンサムによって概説されたような消極的自由の原初的な見解と、自由の行使概念に近い他の見解とを区別する。これらの他のタイプの消極的自由にとって、外部からの干渉の不在は、個人が自らの方向性を決めたり、自律のような可能性を実現したりするための、単なる前提条件にすぎない。この考え方にとって干渉の不在は、自由の必要条件ではあるが、十分条件ではない。自由は、他者からの単なる干渉の不在以上のことを要求している。ミルは、自律と自己発展を強調することによって、この点を示しているように思われる。消極的自由の領域が存在することが重要なのは、それによって、諸個人が、社会一般から従うように圧力をかけられるのではなく、自らの価値観にしたがって独自の方向に発展することができるからである。[13]

消極的自由の提唱者たちのあいだにおける、このような明白な違いを示したうえで、テイラーは、〔自由の〕原初的な見解を促進する人たちが、自由についての擁護できない考え方を提示していると主張する。こうした議論を行うなかで、彼は、自由の積極的タイプと消極的タイプのあいだの境界を脱構築することをこえて、消極的自由の狭義の概念〔干渉を最も厳密に否定する消極的自由概念〕に根本から挑戦している。彼によれば、自由の概念を一貫させるためには複数の行動タイプのあいだの区別を前提としなければならないし、逆に、自由の限界のあいだの区別も前提にしなければならない。消極的自由の狭義の見解は、この種の質的判断をすることに失敗しているか、あるいは質的判断をすることを拒否しているのであり、その点が多くの人にとって魅力となっている。そのかわりに、それらは、自由を量的な用語で描く傾向をもつ。それらは、特定の行動形態や人間の能力、個人の選択が、その他のものよりも優れていると考えるのを拒否することによって、人間の平等性と個人の自由に対する尊重から導き出される中立的立場をとる。しかしテイラーは、この自由に対する、質的区別をしないアプローチは受け入れがたいと主張する。というのも、自由を理解するためには、個人の様々な動機や願望および能力のあいだの質的区別をする必要がある。自由に関する考え方を説得的なものにするなら、特定の選択、関心、動機、そして目的が、その他のものよりも高次のものであり、より重要であり、より価値があり、あるいはより尊重に値するということが認識されなければならない。

この点を説明するために、自由についてのホッブズ主義者の概念を考えてみよう。その消極的アプローチは、自由を、行動に対する障害の欠如として定義しており、自由の機会概念と共に機能している。この定義は、自由な行動に関する多くの全く異なる可能性を含んでおり、自由は逆に、様々な方法で侵害され、あるいは無視される可能性をもっている（Taylor 1985b : 218）。たとえば仕事から帰宅する途中で、道路工事によって面倒な回り道をしなければならないとき、私は行動の自由が妨げられたと不満をいうことができる。これは、つまるところ、行動の妨害である。しかし、私は、政治集会からの帰宅途中に、警察から不法に留置されたと訴えることもできる。この場合も、私の行動の自由は侵害されたことになる。自由についての狭義の定義からすれば、どちらの場合も等しく〔自由に対する〕侵害である。しかし、二番目の例と比較して、最初の例は相対的に些細なことであり、ほとんど自由への侵害とみなされないということに、多くの人は同意するだろう。これは、最初の例が、単に小さな不自由であるからではなく、自分らしい生活を送る能力にほとんど影響を与えないからである。ある人が、仕事に行く際に回り道をするよう要求されるとき、個人の人格の重要な部分が害されるわけではない。それに対して、自由についての二番目の侵害〔の事例〕、すなわち不法拘留は、重大な不自由であり、より重要なのは、それが大きな不正義の原因となりうる点である。それは、市民としての権利を侵害するかもしれないし、生活上の行動を著しく妨げるかもしれない。テイラーにとって、これら二種類の自由の侵害を同類のものとみなすことは、原初的な消極的自由の概念がそうであったように、自由の概念から、その重要な影響力と最も重要な含意を奪うことになる。

したがってテイラーにとって、自由の概念を意味のあるものにするためには、その概念が、たとえ暗示的にすぎないとしても、願望や目的のあいだの質的区別の認識を含む必要がある。意味のあるかたちで自由であることは、単にやりたいことができる以上のことを必要とする。個人の欲望や願望は序列づけされなければならない。家にできるだけ早く帰りたいという願望は、投獄の恐怖を感じることなく政府を自由に批判したいという願望と同じ序列にあるわけではない。したがって、自由についての意味のある概念は、個人の欲望と願望のあいだを区別する可能性を含まなければならないし、ある欲望や願望が他のものよりも高次で、より重要で、議論の余地のないものであるということを理解する可能性を含まなければならない。善の序列づけについてのテイラーの強調は、道徳的生活における強評価についての彼の議論と共鳴している(*ibid.*: 220-26)[14]。自由は、個人が自己のより高次の目的と調和して生きることを要求しており、あるいは少なくとも個人がそれらを実現しようと努力することを要求している。私たちは実際に、ある人たちが単に毎晩、車でまっすぐ家に帰ることができるからといって、その人たちの生が何らかの他のより重要な目的や目標の実現も含まないのであれば、その人たちが自由であるとは思わないだろう。

ここから生じる明白な問題は、どの能力、目的あるいは願望が、他のものよりも重要なのかである。テイラーの答えによれば、どれがより重要かを理解する過程は、人間の生において何が重要なものであるかについての背景的理解にもとづく。これらの背景的理解は、より広い文化に深く規定されており、それらは文化によって異なる。西洋文化においては、恣意的な逮捕から自由であることは、あらゆる理由からして、すでに永い歴史において中心的な善であった。その理由の多くは、市民は自由であり、国家の単なる駒ではない、という考え方と密接な関係がある。ある遠くの惑星では、家に定時に到着することが、警察に不法に留置されることよりも重要で*あ*るかもしれない。しかし、これは非常に遠く離れた惑星の話であろうし、仮に彼らの自由が路上障害物の不在にのみ依拠するのであれば、この社会を自由と呼ぶことは、自由の意味を拡大解釈することになるだろう。

テイラーは、自由を正しく理解するためには、より高次の目的についての、あるいはある程度重要な願望についての、このような語り方が重要であると考えている。しかし、このような語り方は、バーリンを含め多くの人びとにとって、テイラーのアプローチを採用することを思いとどまらせている。なぜなら、より高次の目的について話すことは、形而上学的かつ（あるいは）エリート主義的であるようにきこえるからである。同様の懐疑は、分割された自己の概念に対しても向けられており、その概念は、自由に対する積極的なアプローチを前提としているように思われる。個人にとっての自制について語るためには、自己の内部に、支配される部分と、支配する部分が存在していなければならない。自己が各部分に分割されうるという考え方、すなわち、より高次の、より良い、あるいはより本物の自己が、より低次の、より弱い、あるいは本物ではない自己を支配するという考え方は、積極的自由を批判する人には、プラトン的かつ時代錯誤的であるように聞こえる。

テイラーは、そのような疑いにくじけることなく、もし自由が完全に理解されるのであれば、そのような区別がなされなければならないと主張して、積極的自由の概念を擁護する。彼のさらなる主張によれば、個人は、自らの本当の利益やより高次の動機についての最良の審判者ではないこともあるし、自らの本当の利益やより高次の動機を実現している過程にあるかどうか、あるいは本当の利益や高次の目的にそって行動している過程にあるかどうかについての最良の審判者ではないこともある。自由は他者からの不干渉に内在すると考える狭義の消極的自由の擁護者にとっては、誰か他の人が、自己の人生における重要な目標や目的に向かう個人の過程についてのより良い審判者であるかもしれないという譲歩は、何らかの形態の全体主義や独裁的統治への扉を開いてしまう。彼らにとって、個人が常に自己の方向性についての最良の判断者であるわけではないという譲歩は、社会、政党あるいは政府が他者のために決定できるという譲歩へと滑り落ちていく(急で、短い)坂道の始まりに位置している。

しかしテイラーにとって、次の点は論理的であるように思われる。私たちが、自由は自己の方向づけについての何らかの感覚を含むと認めるならば、さらに特定の動機や願望が他のものよりも個人のアイデンティティにとって重要であると認めるならば、個人の動機が自己にとって常に明快であるわけではないということにも同意できるという点である。個人は、自己にとって最も重要な事柄によって、常に方向づけられているわけではないかもしれない。自分の、より高次の動機、目的、利益あるいは目標にそって行動することに対しては、内的障害が存在することもあるだろう。これらの障害は、かならずしも、何らかの異常な心理状態を示すわけではない。むしろそのような障害は、私たちの日常生活においてありふれたものである。ある環境においては、個人は自分の人生において本当に重要なことは何かについて混乱することもあるだろうし、中心的な利益や目標を危うくするようなことを考えることもあるかもしれない。他の状況においては、個人は、これらの事柄について自分自身をだますかもしれない。また別の状況においては、個人は、自分が本当に重要な事柄を達成するために有益な課題に取り組む自信をなくしてしまうかもしれない。あまりに人間的な人間の側面を認めるならば、個人は、合理的な大人でさえ、自己の利益や目標および動機について、かならずしもいつも最良の判断者であるわけではないという点にも同意できるだろう。この立場からすれば、自由を、単に外部からの干渉を受けずに自分のやりたいことができることと同一視するのが誤りであると明らかになる。テイラーは、以下のような事例をあげて述べている。

私たちは、自己を完全にだましたり、私たちが追求する目標のあいだを適切に区別することに完全に失敗したり、自己管理ができなくなることもある。私たちは、自由ではないにもかかわらず、自分の願望として認識できる限りにおいて自分のしたいことを、あまりにも安易に行ってしまうことがある。実際に私たちは、自らの不自由をさらに強固なものにしてしまうこともある。（1985b : 215 ; cf. 222, 227）

積極的自由についてのテイラーの説明が、政党や国家についてのバーリンの叙述からいかにかけ離れているかという点も、明らかになってくる。バーリンによれば、政党や国家は、諸個人のより高次で、より本物の、あるいはより深い自己についての特権的な知識を持っているのであり、諸個人を、その知識に従って行動させることによって、強制的に自由にするのである。テイラーが強調しようとしている基本的な要点は、自由を適切に理解するためには、個人の願望や目標のあいだを質的に区別することが必要だという点である。個人的自由に対して社会が課す制約についても、その制約が、市民の中心的切望のうちのいくつかを弱めるのかどうかという観点から考えられなければならない。自由は法の沈黙の中にある（Hobbes 1974 : ch. 21）というホッブズ主義者の包括的な主張は、規制緩和が必然的に自由を拡大するだろうという現代の見解と一致している。このような主張の問題は、どちらの考え方もあまりに一般的すぎて、自由に関して有益なことを私たちに教えてくれるわけではないという点にある。かならずしも全ての法、制限あるいは規制が、等しく自由を制限するわけではないし、それらによって制約されている私たちの生活の全ての局面が等しく重要であるわけではない。自由を促進するために、テイラーは、人間の重要な能力を制限したり妨害したりする法と、そうではない法とを区別することが重要だと考える。さらに、これらの法は、人間の重要な能力を促進するかもしれない規則や法からも区別される必要がある。たとえば、全ての子供が一定年数の義務教育を受けるという権利があげられる。法は自由を保護し促進することもあるという一般的な考え方は、共和主義的伝統の一つの側面であり、この伝統は、政治に対するテイラーのアプローチを特徴づけている。[15] さらに、この伝統に対するテイラーの肯定的評価を通じてこそ、私たちは、積極的自由の概念が政治に対してもつ含意を最も明白に知ることができる。

共和主義

テイラーが消極的自由の概念を批判するのは、単にそれが誤っており不十分であると認識しているからではない。彼は積極的自由の擁護者であるが、この点は彼の規範的な政治思想にも当てはまる。テイラーは、ある箇所で次のように示唆している。政治理論に関して言えば、消極的自由はリベラルな自由と呼ぶことができ、積極的自由は「市民的自由」と呼ぶことができる（1999a : 94）。積極的自由は、自由を、自制と個人の自律を含むものとして考える。テイラーにとって、そのような個人の自律の重要な側面は、民主主義的政治への参加である。彼の見解によれば、自らの生活に影響を与えるような決定に影響を及ぼそうとしないで民主主義社会で生きる人は、ある意味で不自由である（1985b : 275 ; 1995a : 192–3, 199–200）。より広くいえば、彼は、次のようなアリストテレスの信念を継承している。民主的政治への参加は、善き生の一つの構成要素であり、政治への関与を避ける個人あるいは政治に関与する資格を剝奪された個人は、共有された関心事に関わる問題について討論と熟議を行う人間特有の能力を発揮することができない（1985b : 208, 1994d : 252 ; 1994f : 33 ; 1995a : 192）。[16] このことが示すように、テイラーの政治理論は、個人性と倫理についての彼の見解から完全には切り離せないのであり、人間であるということが何を意味するのか、そしてどのようにあることが善いことであり、何をすることが善いことなのかという問題から切り離すことはできない。

この点において、テイラーの政治思想は、政治について懐疑的な見方をしがちなリベラリズム内部の支配的伝統とは大きく異なっている。多くのリベラルは、国家の強制的権力を恐れ、その規模と範囲を最小にしようとする。社会契約の伝統について前に述べたように、リベラルは、政治を主として道具的な観点から考えがちであり、ほかでもない国家こそが果たしうる機能とは何かと問いかけるのである（1995a : 220）。このような政治に関する消極的見解は、西洋社会において非常に影響力があるので、テイラーの政治哲学の一部は、政治に対する市民的ヒューマニズムあるいは共和主義的なアプローチの諸要素のうちのいくつかを復活させ支持することに捧げられているのである。[17] 彼の見解によれば、この伝統は、近代西洋の民主主義社会においても影響力をもってきたが、そのようなものとして常に認識されてきたわけではなかったし、明確に表現されてきたわけでもなかった。そこで彼は、これらの社会の政治文化に暗黙裡に存在してその背景の一部となっている諸要素に対して、より正式な表現を与えようとしている（1985b : 132, 275, 313 ; 1984a : 26–7 ; 1989a : 197 ; 1994d : 225 ; 1998c : 151）。[18] 彼は次のように述べている。

近代西洋社会は、すべて市民的共和政体であり、あるいはそうなろうとしている。善についての西洋社会の概念の一部は、市民的ヒューマニズムの伝統によって形成されている。その市民的共和政体は、単なる一般的な有用性を保証するものとして評価されるわけではなく、あるいは単なる権利の防波堤として評価されるわけでもない。市民的共和政体は、ある環境においては、これらを危険にさらすことさえあるかもしれない。私たちがそれを尊重するのは、人が自らを統治し共通の熟議を通じて自らの運命を決定するような生活形態が、啓蒙専制君主の臣民として生きる生活形態よりも、より高次のものであると通常考えているからでもある。

（1985b : 245 ; cf. 275）

このことが示すように、市民的ヒューマニズムの伝統は、市民の自己統治を強調する。そしてその伝統は、愛国心、連帯、自らの政治的コミュニティへの忠誠心、集合的行為と政治への参加が、その重要な構成要素であると考える（1989a : 196–7 ; 1995a : 141, 192 ; 1999d）[19]。

ヘーゲルは、市民的ヒューマニズムの伝統についてのテイラーの思索にとって、さらに自由を市民の自己統治と結びつけるテイラーの考え方にとって、一つの重要な源泉である（1991e）。もっとも、リベラルの中には、市民的自由の価値を支持してきた者もいる。ジョン・スチュアート・ミルは、政治への市民参加を促進する自由主義者の明白な例である。彼が政治への市民参加を促進するのは、単に公務員に対する監視を維持するためだけでなく、そのような参加は、それ自体で価値のあるものであり、個人の発展に貢献するからである。モンテスキューとトクヴィルも、リベラルな伝統の中で、政治参加には本質的に価値があると考えた（実際に後者は、ミルの思想に重要な影響を与えた）。テイラーは、これらの自由主義者が政治参加の擁護者であると想起させることによって、リベラルな自由と市民的自由のあいだのあらゆる絶対的区別に挑戦するだけでなく、リベラリズムに対する内在的批判をも行っているのである。彼は、リベラリズムについてのこれまでの解釈が、消極的自由に、市民的自由を無視する特権を与えてきたと考える。そのような解釈に対して、彼は、リベラルな伝統それ自体の内側から挑戦しようとしており、その際に、リベラリズムについての特定の解釈を他の解釈と対抗させているのである（1995a : 221）。（複数のリベラリズムの争いに関しては、後に述べる。）

より一般的に言えば、テイラーの見解では、これら二つのタイプの自由、すなわちリベラルあるいは消極的な自由と市民的自由は、逆の方向に進むこともありうるが、両者ともに民主主義の繁栄にとって必要である。たとえば、現代の民主的社会において、政治への市民参加を評価しておきながら、人びとに言論の自由という消極的自由を認めないことを想定するのは無理だろう（1990a : 94-5, 98）。ここで再び私たちは、テイラーが、二元的に分離していると思われるものに挑戦し、対立しているように見える相違が本当はどのようなものなのかを問う傾向を持っていることを発見するのである。

愛国心

テイラーは、政治参加だけがリベラルな伝統によって軽視されてきたわけではなく、自らを政治的コミュニティの一部として考えてコミュニティと自己同一視する諸個人の重要性もまた、リベラルな伝統によって軽視されてきたと考える（1999a : 98-9）。この点において、彼はリベラリズムに対する一般的なコミュニタリアンの批判の一つと共鳴している。その批判とは、リベラリズムが政治的コミュニティの価値と重要性を無視しているというものである（Kymlicka 1993 : 366）。テイラーは、一般的なコミュニタリアンの主張をしながら、政治的コミュニティに対する諸個人の帰属意識が、彼らのアイデンティティの重要な一つの層であると主張する。近代西洋社会において、コミュニティの一部であるというこの感覚は、ナショナリズム――自らが生まれた国や移住してきた国（あるいは両方）に何らかの特別な帰属意識を感じること――の中に典型的にあらわれてきた（Taylor 1997b : 40 ; 1998c : 150）。テイラーは、二〇世紀が、ナショナリズムの有毒で有害な噴出に満ちていることを認めながらも（1995a : 196, 199）、政治的コミュニティへの帰属意識が政治的な生活にとって必要な特徴であると考える。ナショナリズムに関する全ての訴えを、必然的に近視眼的であり、排他的かつ破壊的であると考えることは、多くの近代思想の還元主義的傾向を示しており、この現象を理解しようとする試みを妨げてしまう。物事の複雑な面を見るという特徴をもつテイラーは、ナショナリズムが多くの異なる形態をとりうると指摘している。ナショナリズムは、より穏健なあらわれ方やより過激なあらわれ方をする場合があるとしても、本質的には全て同じものであると考える人たちに対して、テイラーは次のように問いかける。

単一の現象というものが存在するだろうか。人びとが、民族的・文化的自己決定の名の下で、どの場所でナショナリズムに訴えたとしても、同一の「ナショナリズム」と呼ばれるものが存在すると想定することによって、おそらく私たちは自分たち自身で物事をいっそう難しくしている。それゆえボスニアのセルビア人も、ケベコワ〔ケベック州民〕も、同じカテゴリーに入れられてしまう。（1997b : 31 ; cf. 52 ; 1990a : 97–8）

近代西洋社会で成長したナショナリズムの形態は、ナショナリズムの有害な形態と、たしかに共通性を持っているが、テイラーは、その市民的特徴が、近代西洋の市民的ナショナリズムを有害なナショナリズムから区別すると主張する。彼が説明するように、「ナショナルな誇りと自己同一視は、いかなる近代社会にとっても不可欠の特徴であるように思われるが、多くのリベラルな民主的社会において、ナショナル・アイデンティティが政治的自由の諸制度の観点から定義されているのは非常に重要なことである」（1990a : 98）[20]。全てのナショナリズムが攻撃的で排他的だというわけではないという彼の主張をさらに明確にするために、彼は、ナショナリズムについてのヘルダーの初期の考え方を参照している。ヘルダーのナショナリズム概念は、独特で価値のある集合的アイデンティティを表現するものであり、平和的方法で、かつ相互に尊重する方法で、様々な社会によって実践されうるものである。ヘルダーのナショナリズムは、画一性を押しつけることとは対立するため、潜在的には解放の教義であり、民主主義的な考え方と両立するものである（1999d）。

近代の愛国心 patriotism が一般にナショナリズムの形態をとるという事実があるからといって、私たちは、愛国心のもたらすいくつかの利点を見失うべきではない。テイラーは愛国心を、「共通善の感覚を中心とした市民的な強い一体感」(1995a : 194) として一般的に定義したうえで、愛国心の、より肯定的で生産的な側面を指摘する。彼の見解によれば、政治に対する消極的でリベラルな考え方は、実践的なレベルで、国家への帰属感という必要不可欠な感覚を生み出すことができない。政治が必要悪として描かれるとき、つまり誰しも人生においてより重要なことを追求できるようにするための規則と法という枠組みを単に提供するものとして描かれるとき、あるいは国家が、諸個人の行為だけではおそらく生み出すことのできない公共善を提供するメカニズムとして単に考えられるとき、市民に、政体の構成員であることが要求する犠牲を強いることは難しくなる。政治が、単に、このような原子論的かつ道具的な方法で考えられるとき、そのような種類の政体がどのようにして自らを維持し再生産するのかを説明することは、不可能ではないとしても、難しくなる。個人が、その社会のために犠牲を払って、その社会を確実に継続させるために努力するよう動機づけるものは何なのか (1989a : 413–14 ; 1990a : 95 ; 1991a : 9–10, 112–13)[21]。そのような重荷と犠牲の範囲は、再分配のための課税から、民主的諸制度への参加、そして戦争で自らの生を危険にさらすことにまで及ぶ。もちろん、これらは市民から強制的に引きだすこともできるが、民主的社会において、強制は承諾を得るための主要な力にはなりえない。多くの人びとは、彼らの政治的コミュニティに対する何らかの帰属感と義務感ゆえに、この感覚がどれほど無反省で習慣的なものであろうと、一見自発的に見えるあり方で、これらの犠牲を払う (1978a : 146 ; 1995a : 187, 193 ; 1996a : 119–21 ; 1997b : 39 ; 1998a : 43)。それゆえテイラーは、政治についての純粋にリベラルな教義は非現実的で実現できないものであると主張するだろう。リベラルな政体の機能は、単にその道具的な重要性に依拠するのではなく、その機能について説明する他の政治的見解と、政治的コミュニティへの忠誠に、一般に依拠してきた (1985 : 110 ; cf. 1994d : 225)。彼はこのことを、多くの人が手続き的リベラリズムの最も純粋なモデルとして考えるアメリカ合衆国に言及することで示している。テイラーは、ウォーターゲート事件やイラン・コントラ事件のような重大な政治的出来事に対する人びとの反応を理解するためには、共和主義的伝統に由来する政治的な価値と理想のもつ力を認める必要があると主張する（1990a : 96, 108–9 ; 1991e : 73 ; 1995a : 194–7）。

共有善

テイラーは、政治に対するリベラルなアプローチに対して、それが非現実的であり実践不可能であると批判した。これらは、政治理論の研究においては、批判の重要な根拠となるものだが、テイラーの批判は、この点だけにもとづいているわけではない。彼は、政治に対するリベラルなアプローチにみられる原子論が、「基本的な社会的善」と彼が呼ぶものを見失わせてしまうとも考えるのである。[22] これは、テイラーをコミュニタリアンと結びつける別の紐帯である（cf. Kymlicka 1993 : 367）。「基本的な社会的善」という言葉が捉えるものは、個人の善へと還元したり分解したりすることができず、二人かそれ以上の諸個人によって共有されなければならない善のカテゴリーであり、それゆえ基本的に社会的なものとして記述される。これらの共有善 shared goods は、あるレベルにおいては、諸個人にとっての善であり、彼らが経験し享受するものである。しかしながらテイラーは、それらを単に個人の善として考えることは、カテゴリー錯誤であると主張する。それらは、諸個人にとっての善であるとともに、他者との協働によってのみ生み出されうる善である。この点について彼は、抽象的な主張にとどまるのではなく、友情を例に出して説明している。二人の人が友人であるとき、彼らの友情は、彼らのあいだで共有された善になる。友情を、理論的に分解していき二人の個人の善の総和として理解することは間違っている。彼がここで強調しようとする総合的な主張は、それらが共有されたものとして理解されるときにのみ認識されうるものがあるということである。善の中には、他者との協力によってのみ実現されうるものもある。共有善の存在は、両者がそのように認識することに依拠するわけではないが、それが善であるという彼らのあいだの共有された理解によって強められる。友情の例を続けると、友情の質にとって通常重要なのは、友人同士が自分たちの関係性を尊重することである。彼らが、自分たちの関係をそのようなものとして語ることはないかもしれないが、両者が、何らかのかたちで、お互いにその絆を重んじていると知っていることが重要である。その価値に関して、このような共有された理解がなければ、両者は相互に異なることを期待することになるから、その関係は危機や崩壊に陥るだろう[23]。

この例が示すように、ほとんどの人びとが経験するこの種の共有善は、西洋社会で一般に私的と呼ばれる生活領域において存在する。つまり、友情、愛、親密で感情的な紐帯を含むその他の関係を通じて存在するのである。テイラーが述べるように「人生における善き事についての私たちの理解は、私たちが愛する人びとと共同でそれらを楽しむことによって変わることがありうる。……善の中には、そのような共通の楽しみを通じてはじめて、私たちにとって接近可能になるものもある」(1992a : 33)。しかしながら彼は、これらの共有善は、政治においても重要な役割を果たすと主張する(1985b : 101)[24]。彼は、法、公的空間、そして政治的なコミュニティに共有された歴史のような公的事柄(レス・プブリカ)に重要な価値をおく市民的共和主義の伝統に再び注目する。この公共社会は、共同で行動する市民によってはじめて生み出され、再生産され、あるいは賛美されうるのであり、そのコミュニティにおいて、過去と未来の市民を含む全市民の共有財産である。公共社会に対する帰属感は、前に述べた自己統治のエートスと密接に関連している。諸個人は、自分たちの政体の法と実践に対して特別な情緒的つながりを感じる。その理由の一部は、彼ら、あるいは彼らの祖先が、これらの事柄を形成し維持する役割を果たしてきたことにある。そしてこの帰属感は、継続的な参加へのさらなる動機を提供し、このことが、次のような政治の側面のあいだの有益な循環を確立している。すなわち、参加が帰属感を高め、このことがさらなる参加を促し、このことが帰属感を強めるのである(1995a : 285)[25]。

しかしながら、政治やその他の場におけるそのような善の存在は、リベラルな伝統によってほとんど無視されてきた。リベラルな伝統は、原子論者の気質をもっており、政治を、道具的な目的以外の何かのために行われる人間の行動の価値ある領域として考えようとしない（*ibid.*：188, 194）。もちろんテイラーは、全ての政治的な善が、基本的に社会的なものあるいは共有されたものであると主張しているわけではない。そのように考えることは、原子論者のアプローチの排他主義的な過ちを単に永続させることになるだろう。その過ちというのは、全ての善が個人的なものか社会的なものかのどちらかだと考えることである。そうではなく、テイラーは、共有善を合流的な善 convergent goods から区別し、あるいは主観的善を間主観的善から区別する。合流的な善は、より個人的なものである。合流的な善と評価される善は、不可避的に、「私たち」に帰属するわけではない。いかなる社会においても、合流的な善に関して多かれ少なかれ合意が存在しうるだろう。諸個人が合流的な善を共有することは、偶然起こりうるだろうが、それほど容易ではないだろう。テイラーが述べるように、これらの信念と価値観は「一人の人間の財産になりうるのであり、あるいは、多くの人または全ての人の財産になりうる」。しかし他方で、共有善やその意味は「一人の人の財産にはなりえない」（1985b：37；cf. 1990a：109）。この点において彼は、道徳理論における彼の多元主義的存在論に相当するものを、彼の政治理論において提示している（第一章を参照）。

この種の共有善に注目するテイラーの目的は、リベラルな分析によって浸食されてきた政治の重要な特徴に光を当てることにある。より一般的には、彼は主流の社会科学のもつ主な弱点の一つを補うことを望んでいる。というのは、主流の社会科学における原子論者の存在論は、「単に一人の個人としての主体にとっての何らかの意味の概念」を欠いているだけでなく、『私』であると同時に『私たち』になりうる主体にとっての意味の概念」も欠いているからである（1985b：40）。しかし、彼はそのように主張しながら、理論的な主張以上のことを行っている。というのも、彼の主張は、実践的な重要性をもっているからである。人びとは、共有善の存在に気づくことによって、独特の種類の善を認識できるようになる。人びとがそのような独特の種類の善を享受するのは、彼らが、それらを共同で保持しているという事実から、十分な意味を引きだすという経験をするときである。このような認識がなければ、これらの善の力は限定的なものになるだろうとテイラーは考える。集合的行為のような共有された善は、それが明示的に認識されるとき、公的生活においてよりいっそう活性化する（*ibid.*: 101; 1990a: 99）。このことはまた、そのような明確化が政治において果たす重要な役割を示唆している。政治的コミュニティの十分条件ではないにしても必要条件ではあるのが、その構成員が自らを、そのようなコミュニティに帰属していると考えることである。彼らは自分たちでコミュニティを構成しなければならず、彼ら自身を一つの集団として理解しなければならない（1995a: 276）。言論は、このコミュニティの感覚を形成する際に、唯一ではないが重要な役割を果たしうる。コミュニティについて語ることは、コミュニティの感覚を強めうる。逆に、共有された利益や関心やアイデンティティについて語ることに失敗すると、それらを減退させることになる。そのような失敗によって、共有された利益や関心が破壊されることはないとしても、それらは認識されないだろうし、それらに従って人びとが行動することもないだろう。

公的空間

政治についてのテイラーの分析において言語が果たすもう一つの重要な役割は、公的空間あるいは共通の空間を創出する言語についての彼の理論から現れてくる。言語は、公的空間に物事を持ちこむ。なぜなら、何かが言われるとき、それは発話者たちのあいだで想像された空間に存在するからである。その場においてこそ、彼らは互いを認識する。[26] 公的空間に何かを持ちこむことは、すでに知られていることを変えるわけではないとしても、それが、どのように知られるかを変え、それについての私たちの話し方を変化させる。政治的指導者の浮気癖が、すでに多くの人のあいだの「公然の秘密」であったとしても、それがいったん公的空間に持ちこまれ、人びとに知られたならば、その知られる方法が変化する。それは、私たちが自由にかつ公然と言及することができる事柄になる。私たちは、他の人たちもこの情報について知っており、この情報にアクセスしていることを知っている。もちろん、言語だけでは、公園や市民センターのような物理的な公的空間を創り出すことはできない。むしろテイラーは、この言葉を隠喩的に使っている。隠喩が適切である理由は、両方の場合〔言語的公的空間と物理的公的空間の場合〕において、公的空間という概念が、それ〔公的空間〕を創造し維持し使用する人びとによって共有されるものを指すからである。

政治的な公開討論の場において、たとえば議会やメディアあるいは政治的な会議や抗議集会などで述べられたことが、公的空間に物事を持ちこむ。これによって、アイディア、批判、事実、情報、そして歴史の解釈は、共有された関心事になり、全ての人が言及し議論する際に公的に利用できるものになる（1985a : 259–60 ; 1985c : 273–4）。しかし、言語が、公的空間に何かを持ちこみ、あるいは発話者たちのあいだにそのような空間を開くとしても、このとき述べられることの全てが、通常の言葉の意味で政治的であるわけではない。たとえば、親友たちのあいだでの会話は、共通の空間に何かを持ちこみはするが、伝統的な言葉の意味で政治的であるとは考えられないだろう。したがって、言語によって様々な共通の空間が開かれており、政治の公的空間は、それらのうちの一つだということになる。

共通の関心事についての議論や熟議が生じるような公的空間が存在するという考え方は、西洋の政治における民主主義的伝統にとって中心的であり続けてきた。古代の世界においては、政治についての集合的で公式的な議論や熟議は、特定の場所で生じ、参加者たちはそこで顔を合わせていた。しかし、近代における世論形成の過程が、議論と討議を強調し続ける一方で、印刷物を通じて情報を伝達する能力が、発話者となりうる人たちの範囲を広げ、一つの場所に集まる必要性をなくしてきた。議論への参加者たちは、「ヴァーチャル・コミュニティ」と今日呼ばれるものに似ている。つまり彼らは、自分たちが共通の大義や関心によってまとまっていると感じる人びとの集まりであるが、物理的には一度も会う必要がない。それゆえテイラーは、公共圏を「場所にとらわれない metatopical 共通の空間」（1995a : 263）と呼ぶのである。公共圏は議論と討議において人びとを接触させるが、人びとを単一の物理的な場所に閉じこめるのではない。それは、いかなる特定の場所（*topos*）も超える（*meta*）のである。今日では、もちろん科学技術の変化によって、公共圏における議論は、新聞、ラジオ、テレビ、インターネットのような多くの方法で行われるようになった。さらに、これらの様々なメディアにおいて行われる議論は、互いに交わっており、新聞で取り上げられた問題は、視聴者が電話で参加するラジオで、あるいはテレビやインターネットで議論されるだろう。したがって、彼らが身体的に別々の場所にいるにもかかわらず、そしてコミュニケーションの手段が複数あるにもかかわらず、公共圏への参加者たちは、自分たちが同じ議論に参加していると感じ、共通の対象や問題に焦点を当てていると感じる。したがって、西洋の政治の公共空間は、今や、物理的領域というよりも、ヴァーチャルな領域である。原則としては、公共空間は、民主主義社会における全ての市民を結びつけ、全ての市民にとって利用できるものである。これらの参加者は、対面して互いに会うことや、互いを見ることさえないかもしれないが、彼らは、この空間における他者の意見が重要であるかのように振る舞い、共有された関心事について互いに意見を交換し、議論する（1999c : 169）。

古代から今日にいたるまで何世紀にもわたる民主主義の進化は、包摂を拡大する過程として、また公民権を広める過程としても考えることができるが、他方でテイラーは、民主主義の論理における排除の力学についても認識している（1998c ; 1999d）。彼の議論は次のように進む。人民主権という民主主義の原理が実現されるためには――あるいはそれが概念化される場合だけにかぎってもー――、自らを統治することのできる人民という実体が必要である。この人民は、共通の熟議ができなければならないし、共有された意思を形成できなければならない。このことは、全員一致の合意を必要とするわけではない。しかし、意思決定を導く人民の多数派によって形成される意思や意見があるという考え方を、まさに含意している。現代世界においては、この人民という観念、あるいは自己統治する集合的存在という観念は、一つの国家における市民として一般的に理解されてきた。さらに、国家は国民国家として典型的に考えられてきた。ナショナリズムの興隆にともなって、国家は、自己統治のための公開討論の場を提供するものとして考えられるだけでなく、共通の文化的アイデンティティの一つの重要な源泉として考えられるようになってきた。このような考え方を支配的なものとして描くことは、多文化社会の現実を否定することではないし、ナショナリストや分離独立論者の運動の実在を否定することでもない。分離独立論者などが実在しているにもかかわらず、前述の人民主権についての理解は、むしろ分離独立論者の次のような主張によって確かめられる。それは、「私たち」が、支配的な力をもっている「あなたたち」とは異なる人民に属しており、別の人民として自らを統治する資格があるという主張である。

分離独立論者の衝動が示すように、人民主権についての民主主義的概念は、高い凝集力と相互信頼を必要とする。集合的な民主的存在に帰属する人びとは、ある程度それと自己同一視しなければならないし、それゆえある程度互いを同一であるとみなさなければならない。彼らは、自らの仲間の意見を進んで聞かなければならないし、仲間によって自分の意見を聞いてもらえると信じなければならない。(27) しかしながらテイラーによれば、民主的社会において排除を生み出すのは、まさにこの結束した共通のアイデンティティの必要性である。たとえば民族的少数派は、自分たちを集団の一部ではないと考えるかもしれないし、あるいは他者によって集団の一部ではないとみなされているかもしれない。移民は、政治社会において自らが十分な参加者として受け入れられる前に、支配的文化への同化を強制されるかもしれない。女性やゲイあるいは障がいのある人びとは、最も高次のレベルにおいては、実際には政治に適さないと考えられているかもしれない。まさに、この排除の力学は、平等、参加、そして人民による統治を強調する民主主義のエートスとは逆の方向を向いている。テイラーは、この状況を以下のように要約している。

民主主義社会は、永続的なディレンマにある。それは、政治的アイデンティティのまわりに、強い凝集力を必要とするのであり、たしかにこのことは、多数派が心地よいと感じるアイデンティティや多数派が自らを団結させることができると考えるアイデンティティに容易には適合できない人びと、あるいは適合しようとしない人びとを排除しようとする強い誘惑を提供する。しかも排除は、道徳的に強く反対すべきことであるばかりでなく、全ての人民の政府を実現すべきとする人民主権の考え方の正当性に反している。人民を、単一の集合的主体として形成しようとする要求は、シティズンシップを要請する正当な権利を持っている全ての人を包摂する必要性に反している。（Taylor 1999d : 156, 強調はテイラー）

しかしながら、民主主義における排除の論理は、克服できないものではない。西洋社会では、多くの集団が、帰属したければ従いなさいという要求に対して挑戦している。テイラーは、民主主義社会が、自らを再発明して少数派の諸集団を包摂する新たな方法を発見するという継続的な課題に直面するだろうと推測する。この文脈において理解できる誘惑は、個人の権利や中立的国家を主張し、善よりも正を優先するという、リベラルな理想の単純な提唱である（1998c : 151）（これらの用語は後に説明する）。さらにテイラーによれば、多様性の増大に対して十分な応答をしないことも同様である。彼は、民主主義的な帰属についての新たな理解と、シティズンシップについてのそれほど厳格ではない概念が作られる必要があるだろうと考える（*ibid.* : 150–51）。ヴィルヘルム・フォン・フンボルトの研究に刺激を受けて、彼は、民主的包摂の代替モデルの輪郭を思い描く。そのモデルは、各集団のあいだの多様性を重視する。さらに、市民に対して単に寛容を推奨するだけでなく、彼らの多様性が互いを豊かにし、政体全体を豊かにするという理解を基礎にして、互いに学びあい、協力しあうことを推奨する（*ibid.* : 153–4）。テイラーは、この考え方の基礎となる理想として、キリスト教の理想を提示する。その理想とは、人間の豊かさは、個人だけでは達成されえないのであり、人間の可能性の異なる側面を実現している他者との相互作用を通じてのみ達成されうるのだというものである（*ibid.*：153）。多様性に関するテイラーの理解と尊敬がキリスト教の伝統に由来するという、もう一つの道を、われわれはここで発見することができる（第一章参照）[28]。フンボルト主義者と方向を同じくするこの考え方は、問題に対するむしろ不明瞭な解答だと思われるかもしれない。しかしテイラーは、そのような問題に対する一般化可能な解決策について懐疑的であり、哲学がなしうる貢献は限られていることに気づいている。特定の民主的政体が、帰属意識と多様性をいかに和解させるかは、その文化と性質によるだろうし、外部からは決められないだろう（*ibid.*：151）。

限定的コミュニタリアニズム

これまでの議論では、政治哲学者としてのテイラーは、存在論のレベルでも主義主張のレベルでも、コミュニタリアンであると考えられるだろう。彼の思想は、政治を説明するために必要とされる、より広い社会的力に継続的に注意を向けているため、存在論的にコミュニタリアンである。彼の思想が主義主張のレベルでコミュニタリアンである理由は、存在論のレベルにおいて認識された、いくつかの善を承認して肯定することが重要だと彼が考えていることにある[29]。しかし、コミュニタリアンの伝統と明白な近親性をもっているにもかかわらず、テイラーは、彼の研究に適用されるコミュニタリアンという呼び名について留保してきた（1994d：250；1995a：182-3；1996c）。その一つの理由は、「コミュニタリアン」という形容詞が、いくつかの重要な相違によって実際には異なる思想家たちを同じ集団に入れてしまうことにある。したがって、コミュニタリアンという形容詞は誤解を招きやすい。これらの異なる思想家たちに、過度の類似性を帰すものであり、重要な相違点を消し去ってしまう。しかしながら、テイラーが「コミュニタリアン」というラベルを好まない、より重要な理由は、政治思想のリベラルな伝統との関係についての共通の認識にあるように思われる。コミュニタリアニズムとリベラリズムが、社会的・政治的生活に対する競合的アプローチとして描かれるのは、珍しいことではない。アラン・ライアンが述べるように、「コミュニタリアニズムの主な決定的特徴は……リベラリズムに対する敵意である」(Ryan 1993 : 292)。同様に、フィリップ・ペティットは次のように述べる。「現代の政治理論において、リベラリズムとコミュニタリアニズムは、主要な二者択一のアプローチとして提示されることがよくある」(Pettit 1997 : 120)。

テイラーは、社会契約の伝統のもつ原子論を攻撃し、狭義の消極的自由の見解を批判することによって、実際に一般的なリベラリズムの基本的な教義に挑戦している。しかしテイラーは、リベラリズムそのものを拒否しようとはしない(cf. Mulhall & Swift 1997 : 102, 164)。彼は、自らの試みを、リベラリズムを完全に拒絶するものとして考えるのではなく、リベラリズムを回復するものとして考えることを好む。彼は、リベラルな伝統の豊かさを承認することに、より関心があるのであり、リベラリズムの伝統の中のある潮流を用いて、リベラリズムに対するより限定的な主流のアプローチに挑戦することに関心がある。したがって彼は、リベラリズムのいくつかの潮流を再び活性化し、その他の潮流を批判し、それによって複合的なリベラリズムの理論を発展させるために、リベラリズムを広く考える必要性に注目している(Taylor 1996c ; 1998c : 154)[30]。

リベラリズムの伝統の豊かさについてのテイラーの感覚は、現代の英米系の政治思想における支配的な衝動として彼が考えるものと、一線を画するものである。リベラリズムの支配的な衝動とは、「単一の原理的なリベラリズム」を目指す衝動である。そのねらいは還元主義的であり、社会を組織し紛争を解決する際にリベラルの指針となるような、単純な原理や一連の関連する原理を発見しようとすることである。たとえば多くのリベラルは、善に対する正の優先を、政治生活の基本原理として信奉している（この点は後に説明する）。テイラーは、善の多元性についてのバーリンの認識を共有しながら、そして社会の多様性がますます増大していることを認識しながら、さらに人文科学のあらゆる局面における還元主義に対して全面的な懐疑を維持しながら、全ての事例において必要あるいは十分なものとしての、いかなる抽象的な原理も拒否するのである。彼は次のように述べる。

バーリンは、私たちが関わらざるをえない多様な善のあいだで私たちがたびたび直面する、和解不可能な衝突について、たゆまず指摘してきた。倫理思想の近代的傾向は、一定の単一の原理から私たちの全ての義務を引きだそうとして、こうした衝突を覆い隠しがちである。（1994d : 213 ; cf. 248）

道徳理論における形式主義に対する彼の批判と並行して、テイラーは次のように述べる。「功利主義の手続きであれ、理想的な契約にもとづく正義論の手続きであれ、いかなる画一的な思考の手続きも、私たちが規範的な政治的思考において熟考しなければならない善の多様性を、公正に扱うことはできない」（1985b : 245 ; cf. 1994e : 177）。

したがってテイラーの多元主義は、彼の道徳理論と自己に対するアプローチを特徴づけると同時に、政治についての彼の見解も特徴づけている。彼にとって、政治は常に複雑性と衝突を含むものであり、いかなる単一の原則や公式も、これらを解決するのに十分であると考えるのは危険な空想である。政治における決定というものは、全ての紛争を解決するために援用されうる基本原理に訴えることを必要としているのではなく、実践知というアリストテレスの概念に近いものを必要としている。[31] 彼が言うように、

善の多元性が常に存在しており、それらは、私たちの忠誠を得ようと競い合う。最も困難な問題の一つは、そ

れらが衝突するようになり、あるいは相互に互いを制約するようなときに、それらをいかにして結びつけ、決着をつけるかである。様々な生活様式と善の概念のための大きな余地を提供することが、一つの重要な目標であるという考え方に異議を唱えるつもりはない。しかし私は、それが唯一の目標になりうるという考え方を批判する。唯一の目標になってしまうと、それは、いかなる場合においても、他の目的に妥協する必要がなくなり、他の目的から自制を要求されることもなくなるからである。（Taylor 1994d : 250 : 強調はテイラー）

複雑な政治の諸問題を単一の原理へと還元することに対して、テイラーがこのように抵抗することは、コミュニタリアンとして一括されることに対する彼の抵抗もまた示している。コミュニタリアンが、自分たちはコミュニティを政治生活における基礎的な善にしたいと考えている限り、あるいは他者によってそのように考えられている限り、テイラーにとって、彼らはリベラルな個人をコミュニティに単に置きかえているだけなのであり、多くの現代のリベラリズムにおいて明白な還元主義と社会生活の単純化をまねているだけなのである。(32)

権　利

リベラリズムとコミュニタリアニズムは、政治に対する二者択一のアプローチとして考えられてきたために、理論家たちは典型的に次のように考えている。存在論のレベルでコミュニタリアンの立場をとることは、必然的に、主義主張のレベルにおいてもコミュニタリアンの立場に傾倒することであり、逆もまた同様である、と。このことは、次のことを意味するだろう。すなわち、個人の権利に対する擁護は、伝統的に原子論者の用語で表現されてきたため、コミュニタリアンの政治分析は、個人の権利のような主張との結びつきを受容できないということである。[33] しかしテイラーは、リベラルとコミュニタリアンのあいだの議論が、その議論の参加者の多くが思うよりも、実際にはもっと複雑で多層的であると考えている。彼にとって、リベラリズムとコミュニタリアニズムのあいだに想定された対立は、誤りである。リベラルな伝統のいくつかの特徴とコミュニタリアニズムを、存在論のレベルと主義主張のレベルにおいて結びつけることは可能である。リベラリズムとコミュニタリアニズムは、政治に対する相互に排他的なアプローチである必要はない。したがってテイラーは、それらを二つの敵対する陣営として考えるのではなく、独自の方法によって、それらのあいだを媒介して、両方の伝統から分析的な側面と主義主張の側面のいくつかを取りだし、複合的なリベラリズムを創出しようとしている。

リベラルな伝統の豊かさと内的多様性をこのように強調することは、[34] そしてリベラリズムのいくつかの潮流を、他の潮流を批判したり他の潮流に逆らったりするために用いることは、純粋に理論的な関心だけによるものではない。テイラーは、ある社会がリベラルと呼ばれるべきかどうかを考える際の基準を広げることにも関心を持っている。この試みは、次のような主張によって部分的に刺激されたものであることは疑いえない。すなわち、ケベック州では、一定の権利が制限されているために、ケベック州をリベラルな社会と呼ぶことはできないという主張である。[35] アメリカの右派のメンバーにとっては、リベラルという形容詞は軽蔑的な含意を含んでいるにもかかわらず、リベラルという形容詞に付加された名誉は、国際的に拡大している。したがって、リベラルと呼ばれることを、どの社会が正当に要求できるかという問題や、ある社会をリベラルと呼ぶことが何を意味するのかという問題は、きわめて政治的な問題である。テイラーによれば、リベラリズムの哲学に大きな多様性があるのと同じように、リベラルという呼称に値する政治には多くの種類が存在する。[36] リベラリズムを、アメリカ合衆国において普及しているリベラリズムの形態にのみ関連づけることは、政治に対する偏狭なアプローチである（1995a : 203, 242–8, 287 ; 1995c :

104)。

政治理論へのテイラーの総合的アプローチは、個人の権利に対する典型的なリベラルの信念を彼が受け入れていることによって示されているのであり、ある場合には、そのようなリベラルの信念を彼が提唱すらしていることによって示される。言論、出版、集会の権利、また人身保護令状のような、基本的な市民的かつ政治的権利や、公正な裁判を受ける権利は、西洋の政治文化にとって中心的なものである。この点をテイラーは受け入れている。また、これらは擁護と維持に値する歴史的遺産である、と彼は考えている。テイラーが述べるように、一定の権利は「非常に基本的であるがゆえに、可能な全ての文脈において、私たちは、あらかじめそれらを擁護することに、多かれ少なかれ献身しうる。生きる権利、個人的自由の権利、自由な意見をもつ権利などは、この種のものである」(1986a : 55)。彼は、権利の文化の拡大を無制限に支持しているわけではないが、それを、近代の政治の偉大な業績の一つとして描いている。この文化について最も注目すべきで称賛に値するものと彼が考えるのは、「普遍的に適用される基本的な人間の必要性の基準にそうように、政治権力に対して要求」しようとする大望である(1999a : 18 ; cf. 30, 107, 116–17)。しかし権利についてのテイラーの理解は、多くのリベラルの理解とは異なっている。たしかに権利は、典型的には、個人の財産と考えられており、独白的で原子論的な方法によって理解されている。しかし、権利を、個人が行使するものとして分析しながらも、テイラーの焦点は、個人から、これを可能にするより広い文化へと移っていく。彼が述べるように、彼の政治哲学の目的の一つは、「私たちの重要な規範的概念――自由、正義、権利――から、彼ら原子論者の歪みを取り除くこと」である(1985a : 9)。

しかし、ここで言及しておかなければならないことがある。それは、テイラーをコミュニタリアンから分離するものは、彼が、ある中核的な個人的権利と自由の重要性を認めることにあるわけではないという点である。ときに新しいコミュニタリアンとして知られる、リベラルな民主主義社会における一定のコミュニタリアンたちは、ある基本的権利と自由が不可侵であり、それゆえ議論の余地がないという考え方を共有している。彼らは、リベラルのように、適正な法的手続への権利、自由な言論の権利、人身保護法上の権利、信教の自由の権利、集会の権利は、尊重されるべきであると考えている（1995a：247；1998d：63）。しかしテイラーのように、これらのコミュニタリアンは、個人の権利がいかなる場合においても究極的な善であると想定はしない。彼らは「個人の権利が最後の切札である」という考え方を拒否する。状況によって、権利の要求は、共通の福祉への関心によって弱められる必要があるかもしれない。たとえば、リベラリズムは、伝統的に個人の移動の自由と職業の自由を重視してきた。それゆえ、リベラリズムは、医者は自らが選択する場所で働く自由があるべきであると主張するだろう。しかし、コミュニタリアンの立場からすれば、この自由は、都会から離れたコミュニティにおける医療サービスに対する要求と、バランスをとる必要がある。この見解からすれば、新たに資格を得た医者に、一定期間、田舎で働くよう要求することは、正当なことだろう。このことは、個人としての彼らの自由を侵害するかもしれない。しかし、この侵害は、基本的な医療サービスに対する田舎の市民の必要性よりも重要であるわけではないとみなされうる。

テイラーは、いかにして権利が、原子論者の用語で考えられるようになってきたかについての短い歴史について、次のように述べている。

> 私たちは、この［一七］世紀から、権利についての私たちの理論を受け継いでいる。すなわち、主体的な権利を、法が人びとに与える特権として表そうとする、近代の傾向を受け継いでいる。……これは、……私たちの法体系の中心に自律的個人を据えようとする考え方である。
>
> （1989a：195）

彼の主張によれば、中世においては、人びとが一定の権利と保護を与えられているという考え方が、自然法の概念を通じて表現されていた。その見解によれば、人びとを一定の方法——拷問にかけることや無罪の人を罰することなど――において扱うことは間違っているが、これらの道徳的価値は、諸個人の内部に本来備わっている資格や権利ではなかった。しかし一七世紀における権利言説の出現とともに、それらは、包括的な法によって保護される権利というよりは、諸個人の生得の権利として考えられるようになってきた。それらはまた、国家に対して行うことのできる法的な主張として、そして〔市民同士が〕お互いに行うことのできる法的な主張として理解されるようになってきた（1996b : 16–17 ; 1999b : 127–8）。テイラーは、世界の脱魔術化を、一七世紀の科学革命と関連づける。この脱魔術化は、個人の諸権利の出現の、より広い背景の一部である（1999b : 135–6）[37]。一七世紀における権利アプローチに関して、さらに革命的だったのは、権利が、少なくとも原則的には、全ての人間に等しく本来備わっていると考えられたことであった（1989a : 11 ; 1999a : 117–18）。これ以前においては、社会の各階層は、特定の権利と義務を享受していた。しかし、全ての人間は、生命、自由、財産という基本的権利を等しく与えられているというロックの考え方とともに、政治、社会、自己についての考え方が変化し、その変化した考え方は今日においてもまだ生きている。

テイラーの考えでは、権利についての言語は、文化がもたらしている一種の道徳的見識を示しており（1985b : 291 ; 1986a : 53, 57）、それは、テイラーの道徳理論の用語を用いるなら、「強評価」を手短に表現している（第一章を参照）。人間は何かを行う権利があると主張することは、事実上、それに価値があると主張することである。このことは、たとえば異なる政治的意見の自由な表現に含まれる活動の価値を主張することであるかもしれないが、より深いレベルにおいては、それは、このような行為に含まれる人間の能力の価値を表現することでもある。つまり、この場合には、自由に思考する価値である。権利の言語が見いだされ始めるとき、個人の所有権や特権についての政治理論として考えられるものは、実際には、以下のような問いとの一連の関連性によって支えられる。すなわち、十全に人間であることが何を意味するのか、このことに関連する尊厳を享受することが何を意味するのか、どのような人間の能力が育成される価値があるのか、といった問いとの関係性である。権利についてのこの種の分析は、ロールズのようなリベラルが支持する「善についての薄い概念」とは両立不可能である。権利がこのように分析されるときに現れるのは、個人性、人間の能力と潜在能力、善き生に貢献する物事についての一連の背景的理解に、権利が埋めこまれているということである。第四章で議論するように、背景的理解は暗黙のままであるかもしれないが、それは、権利に関してなされた、より明白な主張を十分に認めるために重要である。

権利についての語彙が、より深い道徳言語によって支えられ、意味のあるものになっていると理解されるとき、競合する複数の必要性、利益、能力のバランスをとる何らかの方法が必要であることが明らかになる。権利を主張することが、競合する善についての全ての議論と判断に終止符を打つわけではない。権利に関する主張が「単一原則のリベラリズム」とテイラーが呼ぶものと結びつきうると信じる人びとは、以下のように考える。つまり、私たちが、ともかくも権利に至上の重要性を認めるならば、私たちは、政治的・社会的紛争を、公平に、そして効率的に解決することができるだろう、と考える。そのような立場に対してテイラーは繰り返し以下のように応える。

> 私たちは、これらの［競合する］要求を調和させるための、いかなる公式も持ち合わせていない。私たちは、これらの要求が、片方あるいは両方をいくらか犠牲にして、お互いにバランスをとるような、困難な判断をするほかないのである。（1994d : 214）

テイラーは、権利が、近代西洋政治の必要な一部となっており、個人の自由の重要な領域を保護する、と信じている。しかし他方で、権利は、最も重要な社会的紛争や問題の全てを――あるいは、その一部でさえ――解決するのに十分な方法を提供するわけではない、と主張する。（1985b : 301-2）。

テイラーが、権利の要求を、全ての政治的・社会的要求と紛争にとっての万能薬として考えたがらない他の理由は、権利が伴う、政治に対する司法的アプローチに見いだされる。個人の権利についての考え方は、国家に対して、あるいは他者に対して主張されうるものであり、そして国家によって強制されるものであるが、このような個人の権利についての考え方が、社会契約のイメージとともに成長してくるということは、偶然の一致ではない。権利の回復は、裁判所のメカニズムを通じて典型的に生じるのであり、裁定のための専門的な言語を用いる専門家のエリートを必要とする。しかし、政治についてのこの司法モデルは、民主的な政治を行うためにテイラーが必要であると考える、一般の人びとの議論と討議を促進するわけではない。したがって彼は、この司法モデルには、いくつかの理由により、深刻な欠点があると考える。それらの理由は全て、差異や対話や交渉や妥協の領域としての政治という、彼の好む概念から派生する（1998c：155）。これらの理由のうちの一つは、次のことである。つまり政治についての司法モデルは、参加を促すわけではなく、それに伴う政治的決定に集合的に関与しているという感覚を育てるわけでもなく、政治的決定への責任感を育てるわけでもない。前述のように、この参加の感覚がなければ、おそらく民主的感覚は擦り減っていくだろう。もう一つの問題は、現代西洋社会における意見と利益の多様性は、おそらく、熟議的な政治の議論と討議を通じて生じるということである。このことは、これらの異なる、そしておそらく競合する見解を和解させることを、より困難にする。だがテイラーは、異なる意見の交換を通じて合意と妥協に至る過程が、貴重なものであると信じている（1991a：114）。

しかし、テイラーは、政治的価値の複数性についてのバーリンの認識を継承しつつも、先人たちのアプリオリな想定を共有しているわけではない[38]。その想定というのは、これらの異なる諸価値が必然的に両立しないものだという想定である。テイラーの立場によれば、意見交換と議論と討議と共通の熟議を通じてのみ、私たちは、現代西洋政治の多元的諸価値が、いかに両立可能なものであるか、あるいは同一基準では測れないものであるかを発見することができる。この点について、テイラーは、バーリンとの違いについてふれながら、次のように述べる。「私たちは、歴史において［一見矛盾する善を和解させる方向に向かうように］進歩してきた。長いあいだ、私たちの祖先は、人民の自己統治と公的秩序を和解させる方法を考え出すことができなかった。だが今や、ほとんどの遵法的社会が民主的になった」（1994d : 214）。しかし、テイラーは次のように指摘する。権利についての言説の決定的な欠点は、主張と反主張がゼロサムの用語において表現される傾向にあり、このことが、妥協の可能性に対して不利に作用することである。権利についての言語は、「放縦な言行と非妥協性に向かっている」（1986a : 57）。ここで、言論の自由の要求について考えてみよう。これが不可侵の権利として、いったん要求されたなら、その限界を定めることは難しくなる。テイラーが述べるように、「この権利という概念は、権利であるかぎりで、完全な充足を要求しているように思われる。権利でなければ、無にすぎない」（1995a : 284 ; cf. 1991a : 116 ; 1999d : 62-3）[39]。権利言説における、勝者が全部を獲得するという精神性は、社会の分裂を強めることになる。その理由は、敗者を怒らせ、疎外するからであり、そして彼らの主張が、憲法に違反していると宣告されることによって、不当なものであるように感じさせるからである（1998c : 155）。

権利に対するテイラーの態度についてのこの議論から、四つの要点が現れる。第一に、権利の要求は、かならずしも、政治についての原子論的な分析によって支えられなければならないわけではないということ。第二に、彼は、権利の言語を西洋政治における価値のある遺産だと考えており、それを擁護したいと思っていること。しかしテイラーは、権利の要求を、明快かつ無条件に善いものだと考えているわけではない。というのも、［第三に］政治についての他の重要な要素が、支配的な権利言説によって覆い隠されてきたからである。ここから、彼は最後に次のように結論づける。権利の回復は、近代西洋政治において重要な役割を果たしてきたが、政治のその他の様式、とりわけ熟議的な政治が、これと並行して促進される必要がある、と。

もちろん、権利言説は、もはや西洋文化に限定されておらず、地球規模で広がっている（1989a : 11 ; 1994d : 247 ;

1995a : 257, 287)。最近のいくつかの著作の中でテイラーは、その普及について言及し、次のような問いを提起した。すなわち、進歩させるべき人権に関する国際合意とは何かという問いである。[40] 彼の提案によれば、そのような発展は、ロールズが呼ぶ「重なりあう合意」(Rawls 1993) の国際的な等価物となるであろう。異なる集団、文化あるいは国々は、人間的な扱い方に関する一定の規範についての合意に到達するであろうが、この合意は、非常に異なる複数の道を通って達成されるだろう。この合意の基礎にあるものは、形而上学や神学および人間性に対する、多様で、競合する可能性のあるアプローチとなるであろう。しかし、これらの哲学的基礎が根本的に異なるにもかかわらず、行為の規範を共通して採用することが可能だろう。

基礎にある世界観が異なるにもかかわらず、そのような合意を可能にするであろうものは、類似した中核的な諸価値を、異なる文化の中に発見することが可能だという点にある。その中核的な諸価値は、生の尊重、殺人と拷問に対する非難、無実の人を罰しない、といった考え方を軸としている。一七世紀以来、西洋の文化においては、これらの基本的な価値は、個人の諸権利のメカニズムを通じて実現されてきた。政治や社会や自己についての包括的な理解は、権利を軸として発展してきたし、権利に対する要求を尊重してきたのである。テイラーは、権利の要求が、政治や社会や自己についての、その他の理解の仕方と両立するのかどうかを問いかけたうえで、それらは両立することを示唆している。テイラー自身、この見解が楽観的であると認めている。この楽観的な見解に対する一つの反論は、結果についてのいかなる合意も、より根本的な世界観についての合意によって支えられない限り、あるいは、せめてより根本的な世界観についての理解によって支えられない限り、壊れやすいものとなるであろう、というものである。テイラーはこの点を認めたうえで、自らの多元主義的な見解ゆえに、全ての集団によって共有されるようになる単一の見解に焦点を置くのではなく、異なる世界観のあいだの相互理解の可能性に焦点を置いている。彼は、少なくともいくつかの事例においては、結果についての合意が、地平の融合の始まりになりうると主張する。それによって、異なる背景を持つ人びとは、彼らのあいだで共通する点と異なる点を認めるようになる。[41] このことは、全員が同じ世界観へと転向する必要性を含んでいるのではなく、単に、集団間の相互理解を強めることになるだろう。しかし、その他の事例においては、結果についての合意のために、相互理解は前提として不可欠であろう。したがってテイラーは、彼の特徴的な語り口で、人権についてのグローバルな合意に到達するための、いかなる単一の公式も存在しないと結論づける。そのかわり彼は、とりうる可能性のある多様な経路についての概略を述べ、それぞれの経路が何を含んでいるのかについての概要を示している。この点からすれば、論点と問題を議論し討議するのは参加者自身である、ということになる。このような考え方は「責任回避」だと思われるかもしれないが、このような幅広い解釈のできる熟議的なアプローチこそが、人権についての非強制的な国際合意のようなものを生み出しうるのだ、とテイラーはおそらく答えるだろう。

市民社会

テイラーが、市民社会の分析に彼の注意を向けるとき、熟議の考え方は、引き続き重要な役割を果たす。市民社会という言葉を彼が用いるとき、それは、リベラルな政体における自由の重要な領域を表している。実際に、彼は次のように述べる。「これらの自発的結社が活動することのできない社会を、自由と呼ぶことはできない」(1995a: 258)。しかし、この種の自由は、積極的とも、消極的とも、十分には分類することができない。テイラーは市民社会という言葉を、国家からの「相対的自由」[42] を保つ社会生活の諸領域を示すものとして用いている。この意味で、そのような領域は、消極的自由と結びつきうる。というのも、これらの活動は、政府の干渉から、最大限に自由でなければならないからである。国家は主権を持っており、全ての社会活動を支える基本的規則と法律を提供するが、市民社会の領域は、国家によって管理されてはいない（1991b : 117）。市場経済は、市民社会の一つの重要な構成要素である。リベラルな思想家たちは、その他の構成要素を排除して、それに注目してきた。しかし、公共圏、あるいは世論が形成され普及する領域は、市民社会のもう一つの領域であり、テイラーはそこに注目する（*ibid.* : 127–8）。この点において、市民社会は、積極的自由の特徴のいくつかと関連しうる。というのは、市民社会を通じ、諸個人は和解することができ、他者と協力して自分たちの社会の方向性を形づくろうと努力することができるからである。

多くの力が市民社会の発展に貢献してきたが、テイラーによれば、その根源は、国家からの教会の独立にある。リベラルたちは、教会からの国家の独立に焦点をあてる傾向があり、このことを国家の中立性の教義と結びつける傾向があるが、テイラーは、逆の方向からその関係を考える。中世において教会は、国家から独立した権威として発展し、このことが、国家は全能の力を持つべきではないという期待を確立した。その権力が及ぶ範囲には、正当な境界が存在していた（*ibid.* : 122–3）。また、市民社会の考え方は、自然状態における生についてのホッブズ的なイメージよりも、ロック的なイメージから発展した。ホッブズは、「私たち全員を威圧する共通の力」なしでは、いかなる社会生活も存在しないのであり、生は「孤独で、貧しく、危険で、粗野で、短い」（Hobbs 1974 : 143）ものとなるであろうと主張した。他方でロックは、社会的協働の多くは、国家なしでも発展しうるだろうと主張した。その根底にある考え方は、社会は、国家から独立して存在するということである。つまりテイラーの言葉では、社会は「政治の外側にある実在」なのである（1995a : 215）。

権威の源泉が概ね国家から独立して存在している可能性は、何世紀にもわたって拡大してきた。それゆえ、市民社会は今や、多数の多様な目的を持つ多様な組織を内包している。これらのうちのいくつかは、宗教的な基礎を持っているが、ほとんどは世俗的である。しかしそれらに共通する特徴は、いずれも国家によってコントロールされてはいないということである。それらは、非政府的であるという意味において私的であるが、それは、家庭の領域に必然的に制限されるという意味においてではない。このことが示すように、市民社会のアソシエーションは、政治的討議に貢献している。それらは、非政府的であるが、それゆえ非政治的であるというわけではない。アソシエーションの中には、政府の決定に影響を与えることを目的とするものもある。この目的が示すように、市民社会の組織が国家から相対的に独立して存在しているとしても、他方で、市民社会から生じる要求やアイディアや批判に、政治家たちが応えるであろうという期待が存在している。国家は、この政治のアリーナに応えなければならない。この文脈において、テイラーは、公共圏の発展、そして世論というアイディアの発展について議論している。

市民社会を分析する際のテイラーの目的は多面的であり、そこに彼の特徴がある。彼の目的の一つは、自由の意味についての検討をさらに進めて、積極的自由・消極的自由の二元論が、西洋の政治的伝統における自由の重要な側面を理解するうえではふさわしくないと主張することである。また彼は、議論と熟議のエートスと実践が、多くの現代のリベラルの見解からは消え去っているように見えたとしても、西洋のリベラリズムの発展における中心的な力であったことを示そうとする。この点は、複合的なリベラリズムを明らかにしようとする彼のより広い課題の一部となり、リベラリズムを狭い還元主義的アプローチにしようとする傾向への抵抗となる。いつものことではあるが、彼の理論的考察は、哲学的な議論をこえて、実践的な政治の世界を向いている。テイラーは、次のように望んでいるように思われる。すなわち、西洋政治の発展についてより良く理解することは、非西洋世界に対して西洋の価値や制度の一部を広める際の政策やアプローチにとって有益であろう、と（*ibid.*：287）。

承認の政治

現代政治の複雑さについてのテイラーの認識が現れる他の場面は、ときに彼が呼ぶ「承認の政治」あるいは「平等な承認の政治」に関する彼の叙述においてである（*ibid.*: 232-3）。彼の論文「承認の政治」は、その思考の幅広さをよく示しており、彼の政治思想全体の多くの特徴を要約している。「承認の政治」は、主として、リベラルな民主主義社会における多文化主義の課題に取り組んでいるが、その分析は、西洋思想史を縦横無尽に参照している。またテイラーは、次の点を示すために、カナダの例を用いている。すなわち、カナダにおけるケベックの位置づけに関する継続的な問題が、この課題への彼の関心を刺激したという点である。[43] この論文でテイラーは、現代のリベラリズムと対峙し、これらの問題に、現代のリベラリズムが満足のいく仕方で取り組む能力を持っているのかどうかを考察している。また、論文の一部は、「カリキュラム戦争」についての議論に貢献している。つまり、今日の西洋の大学で、どのような種類の事柄が教えられるべきであり、なぜそうなのか、という問題である。この論文では、バーリンの名前はどこにも出てこないにもかかわらず、テイラーはバーリンとの対話を続けている。[44] テイラーとバーリンは、自由の意味に関しては意見を異にする面もあったが、承認の問題においては、むしろ意見の一致点を見いだしている。以下の三つの段落では、バーリンの見解とテイラーの立場との類似性を明らかにするために、承認についてのバーリンの見解を要約しておく。

自由に対する消極的アプローチと積極的アプローチについて考える際のバーリンの目的の一つは、自由が、一義的な概念ではないと示すことにある。[45] しかし、彼の論文のもう一つの目的は——自由が複数の意味を持っていると彼が強調していることに反しているようにも思われるが——自由を、他の政治的目的や価値から区別することにある。自由は、多様な事柄を意味し、対立することさえも意味しうるが、その特殊性が認められるべきである。自由は、正義や平等あるいは連帯と混同されてはならない（Berlin 1969：125）。「それ自体が全てである。自由は自由であり、平等や公正や正義ではなく、文化や人間の幸福や平穏な良心でもない」（*ibid.*：125）。この議論を追究する中でバーリンは、彼の論文の一節を、「地位の探求」にあてている。ここで彼は、人間にとって承認が必要不可欠であると語っている。彼によれば、承認の必要性は、自由の渇望と似ているかもしれないが、積極的自由とも消極的自由とも混同されてはならない。この観点からすれば、人びとや集団が不満に思うところの自由の欠乏は、結果として適切な承認の欠乏をまねくことが多い（*ibid.*：155；cf. 158–9）。このことが示すように、彼は、承認の探求が、個人のレベルでも、集団のレベルでも生じうるということを受け入れている。

私は、自己統治的な個人の人間として承認されていないという意味で、不自由を感じるかもしれない。しかし、私はまた、承認されていない、あるいは十分に尊重されていない集団のメンバーとして不自由を感じるかもしれない。そのとき私は、私の階級全体の解放を願う。あるいはコミュニティ全体、ネイション全体、人種全体や同業者全体の解放を願う。（*ibid.*：157）

地位や承認の必要性についてのバーリンの分析は、アイデンティティの性質についての基本的なコミュニタリアンの主張から出発している。私が誰なのか、そして私は自分を誰だと思うのかは、自分のまわりの人びとによって私がどのように見られているかということと密接に関わっている。彼が述べるように、「私自身についての私の考え方の一部、あるいは全ては、そしてとりわけ、私自身の道徳的・社会的アイデンティティについての私の感覚は、私がその一部である社会的ネットワークの観点においてはじめて理解できる」（*ibid.*：155；cf. 157）。個人や集団が、自らの地位に満足しないならば、そして他者によって見られる見られ方に満足しないならば、彼らは承認を求め始めるだろう。承認の探求は、従属者として扱われるのではなく、自らの意思と目的を持った、独立した存在として見られたいという要求を通じた、自己の尊厳と平等に関する主張を典型的に含んでいる（*ibid.*：156, 159）。

バーリンは承認を、「人間によって深く必要とされ、情熱的に求められる」（*ibid.*：158）ものとして特徴づけるが、彼の熟考の背景となった直接の政治的出来事は、過去にヨーロッパの植民地であった地域や、最近まで植民地であった地域におけるナショナルな独立運動であるように思われる（*ibid.*：159）。だからこそ彼は、承認を求める原動力を、連帯や友愛や平等あるいは自己統治への望みと、これほど容易に結びつけることになる（*ibid.*：158）。このことはまた、なぜ彼が、これらの目的を、少なくとも消極的な意味における自由から区別するのかを説明するうえで有益である。自らを、外的な力による統治から解放し、ネイションとしての独立を達成した人びとの集団は、その新しい秩序において、彼らの自由が著しく侵害される経験をするかもしれない。実際に、そうした人びとは、植民地の統治下において、干渉からのより大きな自由を享受していたかもしれない。したがって、バーリンの観点からすれば、この変化を自由の拡大として特徴づけるのは正しくないことになる。自由の区別についての自らの指摘を強調しながら、彼は、ここで獲得された善――集合的尊厳、承認、そして独立――は、自由以外の何かであると主張する[46]。

テイラーがこれらのテーマをとりあげるとき、ナショナリズムと脱植民地化の問題に応答しているというよりも、リベラルで自由民主的な社会の内部における多文化主義の興隆に影響を受けている。特に、カナダからのケベック州の分離を求める人びととの継続的運動は、承認の政治への彼の関心とアプローチを呼び起こしている。彼の説明によれば、「フランス系カナダ人たちの、非常に理解できる深い悲しみは、彼らが英語圏から認められていないという認識によって、より鮮明になり、複雑になった」（Taylor 1998b：107；cf. 1995a：xi）。リベラルで民主的な実践、価値、制度に対する挑戦が、多くの社会の多文化主義的な構造によって提起されているが、テイラーは、こうした挑戦について考察しながら、これらの社会におけるより多くの集団が、彼らの固有性を公的に認めてほしいと主張していると述べる。民族的な出自は、承認の要求の主な動機の一つであるが、承認の要求は、性別、ジェンダー、そして宗教を基礎としてもまたなされうる。これらの運動が示しているのは、アイデンティティに関わる問題や、「アイデンティティをめぐる政治」や「アイデンティティ政治」としてしばしば言及されるものに関わる問題が、公的領域に登場しているということである。これらの集団の構成員は、個人のアイデンティティの持つ集合的側面に関心をよせている。たとえば私は、誰とともに女性として、誰とともにあるのか、あるいはゲイとして、ムスリムとして、ヒスパニック系のアメリカ合衆国市民として存在しているのか、という側面である。このことは、個人のアイデンティティを形成している多くの力が集合的なものであるという一般的なコミュニタリアンの見解をよく示している。

アイデンティティを形成するこれらの集合的力は、アイデンティティと他者からの承認とのあいだの関係が認められるとき、社会的力から政治的力へと変化する。こうした分析においてテイラーは、親密なレベルにおけるアイデンティティ形成と、より広い公的レベルにおけるその働きとのあいだの類似点を想定している。両方の場合において、承認は、自分を認めてくれる人を必要とする。個人は、単に自らに向けられた好意としての承認を求めるわけではなく、他者の、個人を正しく理解したいという関心に訴えることによって承認を求めるわけでもない(1995a : 226)。そうではなく、自己のアイデンティティを他者に正しく承認されないことが、自己が誰であるのかについての個人の感覚を実際に歪め、あるいは害されているという感覚をもたらすため、承認を求めるのである。なぜなら、ある人が、十全で活発かつ自由な人になるためには、一面では、そのような人として他者に認められる必要があるからである。テイラーの議論に暗示されていると思われるさらなる想定は、他者は、個人のアイデンティティを積極的な形態において認めるだろうというものである(*ibid.* : 225)。〔しかしながら、たとえば〕人種差別主義者から人種的アイデンティティを承認されることや、性差別主義者からジェンダー的なアイデンティティを承認されることは、ほとんどないだろう。したがって、テイラーが主張しようとしている要点は、次のとおりである。すなわち、もし自らが誰であるかを、他者によって積極的なあり方において認められないならば、個人は真の損害を被りうるし、このことは個人的領域においても、社会的あるいは公的領域においても起こりうる。自己についての人の感覚は、他者が自己をどのように見るかということから独立してはいない。実際、個人や集団が、他者によって劣っているとみなされるならば、劣っているという感覚は内面化され、その人や集団の自己認識を形づくる。こうした点を主張しながら、テイラーは、消極的自由についての彼の批判について以前に述べた点をとりあげる。つまり、消極的自由が存在していても、自由な行為に対する内的障害がある場合を指摘する。しかし彼の主張は、次のようなバーリンの主張と共鳴している。すなわち、個人が他者によって自律的存在として承認されないとき、これは、彼または彼女の自己としての感覚にダメージを与える、という主張である。「もし私がそのように承認されなければ、私は、自分が十分自律した存在であるということを認めることができないかもしれないし、疑うかもしれない」（Berlin 1969 : 157）。

テイラーにとって明らかに――そしてバーリンにとっても同様に――、アイデンティティの感覚は、個人が一人で獲得できるものではない。それは主体間の現象である。アイデンティティの感覚は、それを実現するためには他者の参加を必要とするので、うまくいかないこともある。ある人は、自らをあるあり方において、他者に提示するかもしれないが、他者は、その人を承認しないかもしれないし、その人を他の視点から見ようとするかもしれない。あるいは他者は、その人が誰であるのかを、表面的なレベルで認めるかもしれないが、心の底では、自分流の考え方でその人について考え続けるかもしれない。たとえば、ある意欲的な女性実業家は、男性の同僚とともに職場での競争に加わることができるように、自らを、クールで、能力があり、積極的で仕事に熱心な人として表現するかもしれない。しかし、もし男性の同僚たちが、彼女を、性的欲求の対象やスーパーモデルのなり損ないとしてしか見なければ、あるいは結婚の時機を待っている人としてしか見なければ、彼らの非承認は、彼女が誰であるのかについての彼女の感覚を害するであろう。

テイラーは、アイデンティティの承認へのこのような欲求を、個人のレベルで描くとともに、より広い社会集団の一部として、すなわち彼が対話的自己と呼ぶアイデンティティのより広い側面の一部としても描きだす（Taylor 1995a : 229–30 ; 第二章を参照）。しかし、彼は、自己は常に対話的であると考えてはいるものの、全ての文化が常に、西洋文化が今日行っているようなあり方において、承認への必要性を示してきたわけではないと考える。それは、西洋の様々な社会の歴史においてそれぞれ異なっていたし、非西洋の諸文化においても異なっている（1991a : 48–9）。このことを前提としながら、テイラーは、承認の要求がどのようにして西洋の政治と文化において重要な説得力を持つものになってきたのかを説明しようとする。そのために、彼は承認の政治の系譜を辿りはじめる。ある人は、テイラーの承認の概念がヘーゲル主義者に起源を持つことを指摘している（Oksenberg Rorty 1994 : 161–2 ; Beiner 1997 : 163）[47]。テイラー自身が認めるように（1991e : 72 ; 1995a : 232 n. 15）、彼の思考は、ヘーゲルの『精神現象学』における主人と奴隷の弁証法によって形成されている（Taylor 1975a : 153–7）。

前近代においては、社会は、今日よりも（少なくとも公式的には）より厳密に階層化されていた。その社会には明白なヒエラルキーがあり、社会的地位のほとんどは世襲された。したがって、アイデンティティに関する他者からのある種の承認は、貴婦人として、司祭として、あるいは農民としての、自己の社会的役割の一部であり一片であった。それに対して、近代において私たちは、ある人を、きわめて一面的に考えることがある。その理由は、人びとが、自己のアイデンティティの全体的な感覚あるいは最も重要な感覚を、親や教師としての、またはある国や州の住民としての、社会的地位から引きだすことがあるからだ。私たちが果たす社会的役割、あるいは、私たちが演じる社会的役割は、私たちのアイデンティティのほんの一部しか表現していないという強い認識がある。そして私たちは、自分の本当の姿と、自分が演じるよう要求されている役割とのあいだのギャップや緊張を感じている人びとに、同情することができる。自らの権力と地位について、本当は快く思っていない教師を考えてみよう。彼は、ある状況において、自らの権力を行使するよう要求される。しかし彼は、自分が権力を行使することで、何らかの形で自分を裏切っていると感じるかもしれない。

継承されてきた社会的階層が崩壊し、平等の考え方が広まるとき、前近代の社会構造に付随していた承認の形態もまた崩壊した。私たちは、社会的階層についての伝統的な考え方を壊そうとする闘争の一部を、ロバート・フィルマーによる家父長的権力の正当化に対する、ロックの運動の中に見いだすことができる。フィルマーは、一七世紀のイギリスの政治哲学者であり、他者に対して権力を行使する特権が、父親であることに付随していると考えた。社会全体のレベルでは、その特権は、君主であることが意味していることの一部であり、君主は、人民の父親とみなされていた。フィルマーは、最終的にはこの権力は第一の父親である神に由来し、神は権力を、全ての人間の父であるアダムに移譲したと考えた。このようにフィルマーは、君主の絶対的権力のための聖書的基礎を提供し、父親の権力という文字通りの意味における家父長的権力を、権力関係についての基礎的モデルとしたのである（Laslett 1949）。

ロックは、キリスト教が前提としていた一連の代替案から出発して、誰もが他者に対して権力を行使できる、もともとある権利あるいは自然権をもつというフィルマーの見解に挑戦した。ロックは、その見解を、以下のような考え方に置きかえた。個人は、自由かつ平等に生まれている。それゆえ個人に対する権力の行使は、個人の同意を必要としており、そののちにはじめてその権力が正当化される、という考え方である。このような議論は、政治的権威について、ラディカルな方法で問題を提起した（Taylor 1989a : 195）。個人は、支配と服従の関係に生まれ落ちるのではなく、自由かつ平等に生まれるのだという考え方は、今日においてもなお政治理論家や活動家によって受け継がれ発展している。しかし承認は、もはや簡単に得られるものではなくなった。あるいは、誰もが平等な個人として、新しい種類の対等で平等主義的な承認を得る資格を与えられているわけではない（1995a : 226–7 ; 1991a : 46–7）。テイラーは、この移行を、名誉から尊厳への変化として要約している（1995a : 233）。彼が述べるように、名誉が平等主義的な方法で配分されれば、それはもはや名誉ではないが（*ibid.* : 226 ; 1985b : 311 ; 1997b : 45）、人が持っている尊厳は、本来的に普遍的である。尊厳は、原理的には、全ての人にまで等しく拡大されうるのであり、全ての人によって要求されうるのである。

時とともに、自由で平等な個人としての承認の要求は、自由で平等な存在としての地位を享受していないと感じている社会集団による承認の要求へと変わってきた。彼らは、女性としてのアイデンティティ、またはアボリジニとしての、あるいはイタリア系アメリカ人としてのアイデンティティを承認してほしいと感じている。この過程において、人びとを自由で平等な個人として扱うという論理は、彼らの顕著な差異と固有性を承認することへと拡張されなければならない。こうして、普遍的な自由と平等の理想の拡大としての、自分自身の尊厳あるいは他者の尊厳の承認は、今や、差異の承認も含みうるものとなっている。これは、（第二章で述べたように）本来性の倫理の登場と関連している。というのも、今や、諸個人を自由で平等な存在として承認することは、彼らの固有性を認めるということも意味しているという感覚があるからである。テイラーは、これらの考え方の融合と、それが示す逆説を以下のように定式化する。

平等な尊厳の政治とともに確立されたのは、普遍的で同一の、一連の権利と特権である。差異の政治によって、私たちが承認するよう求められているものは、個人や集団の独自のアイデンティティ、すなわち他の誰とも異

なる特異性である。　(1995a : 233–4)

ある意味では、差異の政治は、普遍的な自由と平等、そして個人の尊厳の尊重についてのリベラリズムの伝統が予期した当然の帰結である（Blum 1994 : 182 ; Abbey 1999 : 710–14 ; cf. Seglow 1998）。しかし同時に、差異の政治は、リベラリズムのほかの基本的な立場に挑戦している。その立場とは、たとえば、国家の中立性への信念や、個人の固有性を無視するよう要求する正義の考え方への信念や、寛容の概念への信念などである（Taylor 1995a : 234–7）。

承認の政治についての探求の中で、テイラーは、西洋の大学でどのようなテキストやトピックが教えられるべきかという議論にも参加している。この文脈において、平等な承認を異文化に広げていくことはアプリオリな原則としては意味をなさない、とテイラーは述べる。この原則にもとづいて行動すれば、他の文化の到達点を、尊重して尊敬するのではなく、保護することになるだろう。文化の比較研究は、全ての文化が、外部者にとって興味深いことや価値のあることを持っているだろうという前提とともに始まるはずであるが、比較を始める前にこのことを結論として断言すべきではない。様々な文化が創造してきたものを探求することによってはじめて、西洋の人びとは、他の文化の成果との比較において、彼らの相対的価値を決めることができる。この過程が正しく理解されるならば、地平の融合が必要となる。この地平の融合において、人は、諸文化が変化する過程を比較することができる。その過程は、彼または彼女が他の文化を吸収する過程でもある（*ibid.* : 252–5）。[48] しかし、スーザン・ウルフがテイラーの論文についてのコメントの中で述べるように、文化戦争の話になると、テイラーは、何が承認され尊重されるべきかを決定するための、新たな基準を導入する。その基準は、アイデンティティの承認や、承認の不在によって被る損害ではなく、他の諸文化が全ての人類のあり方に対して発言権があるかどうかを目安とする普遍主義的なものである（Wolf 1994 : 79 ; cf. Blum 1994 : 185–6）。

国家の中立性

承認の政治のある側面は、国家についての伝統的なリベラルな概念に対して、直接的な挑戦をしている。基本的に国家の中立性という理想は、政府が個人と集団を平等に差別なく扱うべきであるという考え方と関係している。彼らが法を破った場合にのみ、政府は彼らのあいだで異なる対応をすべきである。国家の中立性原則によれば、政府が、ある生活様式やイデオロギーを、他のものよりも促進するということは、不適切である。いかに適切に生きるかについての決定権は、個人にある。そして、政府がすべきことは、個人が自己の選択と願望を追求できるような条件を可能にする仕組みを作ることである。ただし、それらの条件が、他の条件を害しない限りにおいてである。多くの現代のリベラルな価値に、国家の中立性という理想──政府の権力を制限するという理念、個人の自律性と平等を尊重するという理念、多様性に対して寛容な態度をとるという理念──が浸透している（Taylor 1991a: 17-18, 51; 1994b: 258; 1996c: 9; 1998c: 152）[49]。

自己の差異と特殊性の承認に対する、ある集団の要求は、異なる扱いの要求を伴うことが多い。たとえば、アファーマティブ・アクションのプログラムや、特定の民族集団の子供たちのための言語教育のような特殊な必要性に応えるために資金を提供すること、などがある。ある集団を特別扱いすると、国家の中立性の考え方は脅かされる。たとえば、もし多文化主義の政策の下で、国家が、ある集団に彼らの文化遺産を守るための資金を提供したとすると、明らかに彼らは、他の集団──主流の文化を形成していると考えられている人びとであれ、意見をはっきり表明することのできない民族的マイノリティや目に見えない民族的マイノリティであれ──とは異なる扱いを受けたことになる。同様に、もし政府が、アファーマティブ・アクションの目標に合致した会社に報酬を与え、この目標に合致しない他の会社を罰したとすると、政府は不公平だと責められ、差別だとさえ言われるだろう。政府は、そのイデオロギー的な立場に共鳴し、それを肯定し、そして（または）促進する特定の会社に報酬を与えているとされ、全ての会社にとって公平だとは思われないだろう。[50]

ロックの『寛容についての手紙』（Lock 1990）は、国家の中立性についての理想をいち早く定式化したものである。彼は、教会と国家が、異なる種類の権力を持つべきであると主張する。彼は、社会の構成員が全く異なる宗教的信念を持つなかで執筆しながら、そしてヨーロッパの宗教戦争を背景としながら、政府が特定の宗教的信念を促進するのは不適切であり、あるいは信仰を理由として個人に報酬を与えたり罰したりすることは不適切であると主張する。もし、ある宗教を信仰することが他者を害しないならば、そして、もしある宗教を信仰することが合法的であり、他の国家の長への忠誠を要求しないのであれば、政府は、その宗教を信仰することを許さなければならない。

テイラーは、世俗的国家についての、このようなリベラルな考え方を支持する。なぜなら、こうした考え方は、宗教やその他の生活様式における多様性に対する寛容と関連しているからである（Taylor 1994d : 250）。[51] そのリベラルな考え方は、とりわけ多文化主義的な民主主義社会において価値がある。というのも少なくとも原則的には、その社会の公的文化が、特定の宗教に対して、他の宗教に優越する特権を与えることはないことを意味するからである。このことは、異なる宗教的背景を持つ人びとが、国家と自己同一視するのを容易にするだろう（1998a : 46, 53）。いかなる特定の宗教的見解も国家によって公的に確立されていないとき、多くの異なる生活様式は、開かれた空間から利益を得る。テイラーは、教会と国家の分離が、キリスト教にとって有益であったことを指摘している。福音のメッセージを国家の強制的権力から解き放つことは、有益であった。なぜなら、そのことは「自分の意思で、あるいは……聖霊によってのみ動かされることによって、神のもとに到達する自由」を生み出すからである。そして

「聖霊のかすかに聞きとれる声は、武装した権力のがなり声が消えたとき、より良く聞こえるだろう」（1999a : 19 ; cf. 16, 26, 37）[52]。したがってテイラーは、次のようなタイプの世俗的国家を歓迎している。それは、多様性に最大限に配慮し、その構成員たちのあいだにおける合意を促進し、それによって彼らが全く異なる出発点を基礎としながらも、ある価値観や結果について合意できるような世俗的国家である（1998a）。

しかし、世俗的国家と中立的国家は、同義語と考えるべきではない。テイラーは、国家の中立性についてのより広い概念を、非現実的であるとして退ける。その概念は、テイラーが維持しようとする、リベラルな伝統の側面の一つではない。なぜなら彼は、それが、政治について考える際に有益ではないとみなすからである。たとえ多文化主義と承認の政治がない場合でも、いったんわれわれが最小国家の域をこえるならば、異なる生活様式に関して政府が中立でいることができるという考え方を主張するのは難しい。政府が公的政策を定式化して実施し、それに伴う公的支出をするならば、善のいくつかの概念は、いかに暗示的であろうと作用しているのである。地方の税制度のような、一見単純なものにさえ、実際には、何が望ましい行動かについての多くの判断が埋めこまれている。ある領域において税を軽減することは、特定の行動を暗黙のうちに奨励する一つの方法である。たとえば、片方の親が、就学前の子供を世話するために家にいる場合、また逆に、家庭外での児童保育をしている場合に、税金を軽減することなどである。立法や規制を通じて、政府が特定の行動を促進し、その他の行動を抑制しているという事実——それが偶然であり、予期できない事態の帰結である場合もあるとしても——に当てはまる事例をあげるのは難しいことではない[53]。それゆえテイラーは次のように結論づける。「中立であることは不可能である。中立的リベラリズムは、あたかも天使が持っているかのような無垢な見解であり、民主主義が機能する現実社会とは結びついていない」（1996c : 4–5 ; cf. 1998c : 153）。

国家の中立性という理想を現実化しうる他の方法は、いかなる特定の集団も利益や不利益を与えられることなく、全ての個人が国家によって平等で差異化されていない方法において扱われることである。しかし、この点に関しても多くの問題がある。一つは、いかなる文脈においても、中立であることに対して向けられる非難である。何もしないこと、あるいは全ての集団を中立に扱うことは、実際には、強者や影響力のある者を優遇することに等しい。中立性は、一種の偽装された保守主義である。なぜなら中立性は、事実上、現状維持を強化するからである。このことは、諸個人と諸集団が不平等である社会において、とりわけ顕著になる。不平等な人たちを平等に扱うことは、公平に行動することではない。たとえばカナダやオーストラリアのような国では、政府は、先住民出身の生徒に特別な教育手当を支給することが多い。このことは、彼らの多くがもともと構造的に不利な立場にあり、それを克服することと、あるいは少なくともそれを最小化することは善である、という理由から擁護される。構造的な不平等を克服することは、望ましいことだと考えられている。なぜなら、特定の個人が結果的に享受する利益は別としても、構造的不平等を克服することは、機会の平等と能力主義を促進することに役立つからである。これらの善は、伝統的に、リベラルな見解の中心にあった。とりわけ、これらの善は、上流階級や特権の相続を、一般に批判することと関係していた。しかし、先住民の学生に対してこのような特別な利益を与えることは、明確に非中立的な政策である。なぜならそれは、諸個人に対してアプリオリに異なる扱いをしているからである。この種の差異化を擁護する人たちは、正義に対するアリストテレスの立場の一つに依拠している。つまり、人びとを平等に扱うことは、彼らが平等である場合に限ってのみ正しい、という立場である。人びとが不平等である領域においては、彼らを平等に扱うことは正義ではない（Aristotle 1981 : 3, ix ; cf. Taylor 1985b : 289–317 ; 1994f : 37）[54]。この立場からすれば、リベラルの理想における中立性は、平等、能力主義、個性の尊重、自律性を最大化する諸条件の促進のようなその他のリベラルな善を、実際の作用の点で妨げることになる。この対立において、テイラーは、後者のリベラルな善の一群〔平等、個性の尊重、自律性など〕を支持し、中立性を捨て去る。中立性が非現実的であるという理由からだけではない。

人間の尊重についてのリベラルな考え方において、中立性は逆効果をもたらしうるからである。

リベラルな伝統のその他の重要な特徴として、「善に対する正の優先」（Taylor 1996c : 8）と呼ばれるものに対するリベラルの支持がある。これは国家の中立性の理想と密接に関連している。これに対しては、平等な承認の要求によって挑戦することができる。「善に対する正の優先」は、実質的な善に対して、手続き的な善を優越させることとして特徴づけられうる。したがって、テイラーは、このアプローチを「手続き的リベラリズム」（1995a : 186–7, 194–5, 245, 285）と呼ぶこともある。これらの言葉があらわしているのは、政府が特定の生活様式や世界観や実質的な善を、他よりも優先させて促進するのは間違いだという考え方である。政府の役割は、特定の道徳（善）を支持することではなく、法と手続き（正）の枠組みを提供し施行することである。政府が法と手続きの枠組みを提供し施行することによって、諸個人は、自らの生の方向性を自律的に決定することができるのであり、自らの善の概念にそって生きることができる。政治的コミュニティの目的は、集合的な善を促進することではなく、単に、個人や集団が自らの善の概念を追求するために必要な条件を提供することである。これらの前提は、平和、秩序、安定、人と財産の安全、法の下の平等を含んでいる。

法の包括的枠組みの内部で、全ての個人は平等に扱われるはずである。彼らの生のあり方の選択は、他の市民の基本的権利を侵害しない限り、あるいは法を破らない限り、政府や市民が関知しない問題のはずである。特定の生活様式を促進することや、特定の道徳律を強制することは、それらの信念を支持しない市民の平等、自由、そして尊厳を侵害するだろう。この立場からすれば、社会において共に生きることは、善き生や共有された実質的善についての特定の合意を必要としない。他の人と同じように同じ規則に従って行動する意思と、社会の営みを規定している手続きを尊重する意思のみを必要とする。このことが示唆するように、古典的リベラリズムについてのこれらの二つの教義、すなわち国家の中立性の理想と、善に対する正の優越は、互いを強化している。この点についてテイラーが述べるように、「リベラルな社会は、善き生に関して中立でいなければならないのであり、自らの活動を、次の点を保障することに制限しなければならない。すなわち、市民が、それぞれどのような考えを持っていようとも、お互いを公平に扱うと同時に、国家が全ての市民を等しく扱うと保障することに制限しなければならない」(*ibid.* : 246)。

これらの教義は相互に強化し合うものであるため、善に対する正の優先についての初期の表現の一つが、ロックに由来するのは驚くべきことではない。ロックは、政治権力が、身体の安全、財産の保護、権利と自由の保障にのみ関係するべきであると主張する。国家の司法権力は、市民の魂や永遠の幸福に関するところまで拡大されるべきではない (Locke 1990 : 19)。ロックによれば、「市民統治の全ての権力は、人の市民的関心のみに関連するのであり、現世の事柄についての関心に制限されるべきであり、来世には関係するべきではない」(*ibid.* : 22 ; cf. 35)。法は、自由に生き、共に平和に生きる諸個人の利益を目的として作られなければならない。法の役割は、教化することや改宗させることではない。政府は人びとの宗教的信仰に干渉する役割を持たないというロックの主張は、数世紀を経て次のような主張へと変化してきた。すなわち、実質的善についての人びとの概念、生において何が重要であるかについての人びとの考え、生を生きる価値のあるものにしているものについての人びとの考えが宗教的な善を含もうと、純粋に世俗的な善を含もうと、政府はこれらに干渉する役割を持たないという主張である。

正と善のあいだの区別の根底にある想定の一つは、社会の全ての構成員が従わなければならない規則と法の枠組みに埋めこまれている一般的な原則と手続きが、それ自体、特定の善の概念によって影響を受けていない、というものである。しかし、テイラーは次のように主張して、この立場に挑戦する。正と善はそれほど容易には分けられないものであり、「正」についてのリベラリズムの概念には、それ自体の中に、善い生き方についての価値観や考え方、および個人性についての概念が組みこまれている (Mulhall & Swift 1997 : 124を参照)[55]。この立場からすれば、個人が自己の特定の善の概念を追求する際に参照する一般的枠組みは、それ自体、その道徳領域の外側には出ておらず、むしろ善き生についての特定の見解を示しているのである。彼が述べるように、「善は、それが明確になるにつれて、正を定義づける諸原則の内容を与えるものである」(Taylor 1989a : 89)。

伝統的に、正義と寛容についてのリベラルな概念は、次のことを要求してきた。つまり、社会的な制度は、個人の特異性に関して無知であるべきであり、彼らを一見区別されない平等な人たちとして扱うべきであると要求してきた (*ibid.* : 234)。たとえば諸個人は全て、権利を享受し、ときに義務を負う者、平等な尊重に値する者、また、ただ人間であるという理由で尊厳を持つ者などとして考えられる。この種の承認は、諸個人のあいだの類似性にもとづいており、彼らを類似させている物事に拠っている。しかしテイラーと、リベラリズムに対する他の批判者たちは、次のように指摘する。政治についての全体的にリベラルなエートス、国家の中立性や善に対する正の優位性に対する信念は、自らの公的な人格を私的な人格から問題なく切り離すことのできる人、または、自分の宗教的信念を自分の政治的行為から切り離すことのできる人を前提としている。問題は、全ての個人を公的人格という単一のモデルに同化させることが、彼らの平等性と個性を現に否定することになるという点にある。この背景には、次のような考え方がある。このモデルは、暗示的であれ、特定のアイデンティティや生き方を他のものよりも優先するため、もし私たちが公的人格という単一のモデルに従わなければならないならば、私たち全員が平等になることはできない、という考え方である。こうして、リベラリズムは、政治や個人のアイデンティティ、そしてそれらのあいだの関係に関する特定のアプローチに対して、事実上、特権を与えるものであることが暴かれるのである (1995a : 236-7, 249)。

特定の生活様式や、人についての特定の概念に対して特権を与えない政治的教義を見つけることは、おそらく不可能であろう。しかしここで問題になるのは、中立性についてのリベラリズムの自負と、特定の善の概念を促進するわけではないというリベラリズムの主張が、誤っているということである。これらの主張は、特定の集団や生活様式や政治に関するアプローチに対して、他のものよりも特権を与えているということを、覆い隠してしまう。なぜなら、西洋社会の居住者は、非常に親しみがあり中立に見える自己の価値観や実践の特殊性に、気づかないことが多いからである。彼らは、自己にとって中立であるものが、別の観点から見れば、実際に価値を付加されているものである、ということを認めることができない。この点について説明するために、テイラーは、学校でスカーフを着用するムスリムの少女をめぐる、フランスにおける論争に言及する。首のまわりに、飾りとして十字架を下げている生徒は、宗教的アイデンティティを同様に顕示しているとはみなされない。しかし、スカーフを禁止する一方、十字架を容認することは、中立ではなく、差別として考えられるということを理解するのは難しくない(1998c : 147 ; cf. 1999d)。

正と善のあいだのリベラリズムの区別は、全ての文化と見解を中立に調停できるものではない。そうではなく、その区別は「一つの歴史的見解に内在している」(1994d : 247 : 強調はテイラー)。テイラーが反対しているのは、寛容についてのリベラルな価値観でも、多様性を受け入れることでもなく、リベラリズムの自己理解なのである。リベラリズムは、実際に一定の範囲の実質的善を促進しているということを認めることに失敗しており、善き生についての多様な概念のあいだで完全に中立であるわけではない。それゆえ、彼は次のように結論づける。「リベラリズムは、一定の範囲の諸文化の政治的表現であり、他の範囲の諸文化とは両立できない。……リベラリズムは、完全な文化的中立性を主張できないし、そうすべきではない。リベラリズムもまた、一つの闘う信条である」(1995a : 249 ; cf. 236-7)。再びテイラーは、中立性と平等な扱いについてのリベラリズムの概念は、自らの特殊性と偏狭さに気づいていないと主張する。彼は、リベラリズムに対して、自らの倫理的基盤をより透明で明確にするよう要求する。したがって結果的に、承認の政治は、集団間の文化的差異、人種的差異、ジェンダーの違いを認めるよう要求することから始まったが、リベラルな思想の内部において普遍主義を装っている特殊主義を暴くことに帰結したのである。

結び

政治理論家ジーン・ハンプトンも述べるように、国家の中立性についてのリベラリズムの考え方を批判することは、リベラリズムそれ自体を批判することと同じではない（Hampton 1997 : 212 n. 36)。テイラーの政治思想は、リベラルな伝統の中のいくつかの側面を批判しながらも、その他の側面を擁護しようとする試みを含むものとして考えられるべきである。彼が拒否するリベラリズムの側面は、原子論、消極的自由の強調、中立性の装い、そして、いかなる実質的善の支持にも加担しない試みである。彼は、政治についてのリベラリズムの道具的見解によって説得されてはいない。彼はまた、形式主義を切望するリベラリズムのいかなる見解にも挑戦する。というのも、形式主義は、社会の複雑性を軽視し、私的領域だけでなく公的領域においても社会の構成員が支持する善の複数性を過小評価するからである。

他方でテイラーは、権利と自律性へのリベラルな関心を支持している。そして、自由の意味や、自由の実現にとって適切な社会的・政治的条件について熟考するなかで、リベラルたちの議論に参加している。承認の政治についての彼の著作は、いかに社会が、強制を最小にしながら、人びとのあいだの重要で永続的な差異を平和的に認めるかという、伝統的なリベラルの関心を引き継いでいるものとして考えることができる。リベラルな伝統の中には、無視されてきたと彼が考える側面や、彼が復活させようとする側面がある。その側面に含まれるのは、開かれた政治や参加と熟議への関心、多様性と普遍性のあいだでバランスをとる必要性、複雑なアイデンティティの自覚などである。

したがって、リベラルな伝統の多くの特徴の中には、テイラーが自ら支持したり主張したりするものがある。しかし、これらの善についての彼の分析は、主にコミュニタリアンの立場から行われている。たとえば、社会的力が集団と個人の自己理解を形成している仕方を彼が繰り返し強調していることや、共有善に対する彼の共感について考えればわかることである。とはいえ、テイラーが主義主張のレベルではリベラルであり、存在論のレベルではコミュニタリアンであると結論づけるのは短絡的すぎる。このことは、前にあげたような、彼が拒否するリベラルな善だけでなく、彼が支持するコミュニタリアンの善も無視することになるだろう。これらの善は、とりわけ政治における市民的共和主義の伝統と関連した、政治における共有善についての、テイラーの肯定を含んでいるのである。[56]

第四章　知識を理解する

テイラーの思想の概観を、認識論についての彼の考え方の説明から始めるのではなく、その説明で終えるのは、標準的な解説とは異なるように思われるかもしれない。このように感じられる理由は、おそらく、テイラーが認識論的モデルと呼ぶものの重要性と関連しているだろう。[1] このモデルの詳細については本章でのちに述べることになるが、その主な特徴の一つは、基礎づけ主義 foundationalism である。すなわち、知識の性質を理解することが、哲学の仕事において重要だという考え方である。テイラーは、知識に対するこのアプローチには「ひどく重大な誤解」が存在していると考える。『哲学的議論』*Philosophical Arguments* の序文においてテイラーは次のように述べる。

デカルトが明確にする、以下のような想定がある。その想定の中心にあるのは、私たちは、知識の問題を何らかの形で把握できるようになった後で、その他の事柄——神、世界、あるいは人間の生——について正当に述べられることを決定するようになるという見解である。デカルトの立場からすれば、これは、唯一の進むことが可能な道であるばかりではなく、唯一の擁護できる道である。なぜなら、つまるところ、神や世界について私たちが述べることは全て、知的な要求を表現しているからである。したがって私たちは最初に、知識の性質について明らかにすべきであり、擁護可能な主張をするということがどのようなことなのかについて明らか

にすべきである。（1995a : vii, 強調はテイラー ; cf. 34）

しかし、認識論についての議論を最後に残しておいたということは、これがテイラーの思想の最も重要ではない側面だということを意味するわけではない。これから見ていくように、彼は存在論の重要性を強く認めている。しかし彼はまた、私たちに繰り返し、認識論的な関心が、個人性や道徳などの問題と結びついていることを思い出させる。したがって、本章は知識についての彼の主張に焦点をあてるが、その主張は、彼の哲学的関心と議論から完全に切り離すことはできない。

本章は、自然科学と人文科学のあいだの区別についてテイラーが強調し続けていることに焦点をあてることから始める。そこから、地平の融合についてのガダマーの概念をテイラーが称賛し、その概念を応用していることを把握し、その後、実践理性についての彼の概念へと進む。実践理性に関する概念もまた、解釈学的伝統によって特徴づけられる。一七世紀の科学革命とその遺産についての彼の見解を記述することによって、彼がこのような議論を必要だと考えた理由が説明される。テイラーは、その遺産が、とりわけ認識論と哲学一般をこえて、近代西洋文化全体にまで影響を与えていると考えている。次に本章は、この認識論的遺産の克服の仕方についての議論に対するテイラーの貢献を概観したうえで、身体化された主体についての彼の理論を検討し、さらに日常生活における暗黙の想定あるいは前理解に関する彼の強調について述べる。本章は最後に、これまでの章では扱われていない、言語についての彼の見解のいくつかの側面について議論して結びとする。

自然科学対人文科学

テイラーは、自然科学のアプローチや方法および想定と、社会科学あるいは人文科学に適したアプローチなどとのあいだの区別を強調することで、よく知られている。これは、彼のこれまでの研究活動全体を貫く関心事の一つであり、『行動の説明』から彼の最近の著作まで維持されている。彼が最初の著書で述べたように、

人間の行動科学を学ぶ多くの学生は、生命体の行動と、自然における他の過程とのあいだに、原理的に違いはない［と言う］。生命体は、物理的出来事に関する法則によって、自然における他の過程と同じ方法で説明できるというのである。（1964a : 3）

人間は自然の一部なのだから、自然科学において用いられる、知識を得る方法は、人文科学に輸入できるし、そうすべきであるという考え方を、テイラーは「自然主義」と呼ぶ（1985a : 2 ; 1995b : 137, 141）。『行動の説明』において彼がとりあげる行動主義は、自然主義の一つの表現であり、社会生物学や発達心理学は、その他のあらわれ方である。一般的に、自然主義者の論理とは次のようなものである。

一、自然における全てのものは、ガリレオ以降の科学の観点から説明できる。
二、人間とその生活様式は、自然の一部である。したがって、
三、人間などは、ガリレオ以降の用語において説明できる。(2)　（2000a : 246）

自然主義の論理を否定する際に、そして、自然の世界を理解するために用いられる方法とは異なる、社会的世界を

理解する方法の発展について強調する際に、テイラーは、自らの期待を対象や研究領域に適合させる必要があるというアリストテレスの指摘に従う。『ニコマコス倫理学』においてアリストテレスは次のように忠告する。

私たちの議論は、主題が許す程度の正確さをもつ限りにおいて、十分なものになるだろう。というのも、正確さは、いろいろな技術が生み出す様々な産物において同等に求められるべきではないのと同じように、あらゆる議論において同等に求められるべきではない。……主題の性質が許す限りにおいて、それぞれの物事の種類に応じて正確さを求めるのは、教養のある人の特徴である。もっともらしい推理を数学者から受け入れることや、修辞学者に科学的証拠を要求することは、明らかにばかげている。[3]

(1980 : bk 1, ch. 3, 2-3)

主題の性質に応じて研究方法を調整する必要性についてのこの一般的な指摘が、自然科学と人文科学についての議論に適用されるとき、とりわけ、自然科学の方法は社会や人間の行為を理解するためにどれくらい応用できるかという問題に適用されるとき、様々な結論が出てくる。一九七一年の論文「解釈と人間科学[4]」以来、テイラーは、自然科学と比べて、人文科学では二重の解釈が行われると主張している。これは、彼が人間に帰する一つの存在論的特徴のもたらす、直接的な帰結である。第二章で概観したように、彼は、人間を自己解釈的な動物であると捉え、人間の行動を説明しようとするいかなる試みもこの点を考慮しなければならないと考えている。これは、二つの理由から必要となる。第一に、どのように人間が自己とその世界を理解するかは、彼らの存在にとって本質的あるいは最も重要な要素であり、人間を説明しようとする際に考慮から外すことのできるものではない。第二に、人間の自己理解は、自らの行為と行動に影響を与えるため、この変数〔人間の自己理解〕を除外するいかなる説明も十分ではない。したがって、研究対象となっている人たちが、自己の状況をどのように考えているのかを認識することは、彼らを理解するための重要な要素である。テイラーが述べるように、「私たちの説明言語を、主体である私たちの自己理解と対峙させるべきだという要求は、ほかでもない解釈学的理論のテーマである」(1998a : 228)。自然科学の対象物は、この存在論的特徴を共有していない。つまり、その対象物は自己解釈的存在ではない。したがって、惑星が自らの動きについてどのように考えているかは、天体物理学者にとっては関係のないことである[5]。研究対象における違いは、異なる方法と理解の仕方を必要とする。アリストテレスに従えば、自己の説明における正確さについては別種の期待が必要なのである。

テイラーは、社会科学者が、研究対象としている人びとの自己解釈を、最終判断や究極的真実として受け入れなければならないと主張しているわけではない。彼は、人びとの自己解釈には限界があり、間違っていることも、歪められていることもあると考える(*ibid.* : 228)。テイラーの主張は、より謙虚なものであり、社会科学者は、人びととその行動を説明しようとするとき、彼らの自己解釈を考慮に入れなければならないというものである。彼は特徴的な方法で、第三の中道を明確にしようとしており、この中道は、自然主義のように主体の視点を完全に無視する極端な立場と、主体の視点を単純に受け入れる立場とのあいだにある。彼は、後者の立場が「矯正不可能なテーゼ」にもとづいていると述べる。というのも、後者では、解釈者が、主体の自己理解を批判したり正したりすることはできないと示唆されるからである(1985b : 118, 123-4)。解釈者が主体の自己理解を、拒否できないものとして単純に受け入れなければならないという考え方に対して、テイラーは、社会科学者が、集団や社会の状況や行為についての、より明快で魅力的な説明を思いつくこともあると主張する。そうした場合、社会科学者の説明は、今度は、主体の自己認識にフィードバックされ、彼らの自己定義の語彙の一部になるかもしれない。フロイトの心理学は、この一例である。フロイトは、患者の行動を、彼らにとってなじみのない用語で説明したが、何人かの患者は、自らの行動についての正当な解釈として、やがてそれらを採用するようになった。

フロイトの心理学を、どのくらい正確で役立つと考えるかは別として、行動の説明として始まったものが、西洋社会における自己解釈の言語の一部になってきたということは否定できない。フロイトの著作を読んだことのない人たちでさえ、自分は自らの欲求を抑制しているとか、あるいはフロイト的失言をしているなどと述べるだろう。同じことは、マルクス主義についてもいえる。社会の理論として始まったものが、人びとが自己を解釈する方法を形成してきた。人びとは、社会階級や虚偽意識、イデオロギーなどについて自由に語る。ただし彼らは、そのように語るとき、マルクスが定式化した厳密な定義をかならずしも用いるわけではない。

自己理解が変化する可能性についての一般的な指摘が示唆するように、テイラーは人間を、十分には、あるいは最終的には、理解することはできないと考える。自己理解が変化するにつれ、人間の行動についての理論もまた、これに適応するために変わらなければならない（*ibid.*：3）。彼はまた、人文科学が必然的に、終わりのない解釈学的営みであるという結論を受け入れる。そして、人文科学が生み出す知識は、自然科学において求められる知識よりも、不可避的に、より不確実で不安定なものであるということを受け入れる。しかしだからといって、人文科学においては単に複数の解釈が競合しているにすぎないのだから、いかなる解釈も他のものと同じくらい良いものであるという結論に彼が達するわけではない。テイラーは、私たちが社会生活についての、より良い説明と、より悪い説明を認識することができると考える。しかし彼によれば、既存の複数の解釈の価値は、より良い解釈によって相対的にのみ挑戦されうるのであり、究極的な真理によって挑戦されるのではない。したがって、社会科学における諸理論の成功度と価値を評価するためには、自然科学の基準とは異なる一連の基準が必要になる。あるとき彼は、「どんな解釈学的説明にとっても、解釈のもっともらしさが究極的な基準となる」と述べている（*ibid.*：7）。この点はもちろん、ある説明を、他のものよりももっともらしくするものは何かという問題を提起する。テイラーの答えによれば、包括性を示す基準には二つの特徴がある。第一に、より良い解釈は、他のものよりも、研究対象となる現象のより多くの特徴を包含することができ、それらを説明できる。包括性は、他の点においても重要である。すなわち、理論は、競合する理論の洞察と欠点について説明できるかどうかによって評価される、とテイラーが主張する点である。より良い理論は、なぜその理論が、競合する理論の欠点を避けながら、競合する理論の強みを包摂できるのか、なぜ競合する理論の強みを基礎として形成されえたのか、あるいは競合する理論の強みをこえることができるのかについて説明できなければならない。

しかし、テイラーは、ある社会科学の理論を、他のものよりも優れたものとして確立することについては、ある種の循環論的な面があることを率直に認めている。社会生活のある側面についての特定の解釈が、議論の対象となっている行動を理解するときにはじめて、その解釈はもっともらしいということになる。その解釈が行動や社会をより理解できるならば、代替的解釈よりも、その解釈は優れているということになる。ここでの「理解」とは、行動や社会に対して、合理的な説明を与えるということを意味するわけではない。ある説明が、なぜ非合理的な行動が起こったのかを、よりうまく説明するならば、非合理的な行動については、それを合理的なものとして記述し直さなくても、理解することができる。彼が述べるように、何かを理解することは、それが道理にかなったものであることを示す必要性を含まない（*ibid.*: 24, 117, 124）。しかし、非合理的で、一貫しておらず、混乱した行動あるいは自己欺瞞的な行動について理解しうるときでさえ、何かを理解しているということがどういうことなのかについては、人文学の各分野のあいだで異なっている。テイラーは、もし、行為を理解するということが何を意味するのかについて、理論家たちのあいだで合意がなければ、競合する理論家に対して、自分の解釈が彼らのものよりも優れていると説得することはできないかもしれないということを受け入れる（*ibid.*: 24, 53）。たとえば彼は、人間の行動を理解するためには、強評価——たとえ、これらの判断が暗黙のものであり、定式化されていないとしても——についての何らかの理解が必要であると主張する（*ibid.*: 119）。しかし、道徳的生活と自己についてのテイラーの見解を拒否する人びとは、テイラーの見解が、ある説明が意味をなすかどうかを判断する一つの必要な基準であるということに同意しないだろう。テイラーの議論は、自然科学が仮説と発見を提示し擁護する方法と比べて、非常に主観的で混乱しているようにきこえるかもしれない。しかしテイラーが全体として言いたいことは、そもそも、このような比較は有効ではないということである。人間に関する事柄を扱う際に、ある程度の決定不可能性は避けることができない。政治学についてのアリストテレスの見解は、人文科学全体にとって適切である。前に言及した章において、アリストテレスは次のように述べる。

したがって私たちは、[政治学が研究するような]主題について語る際に、真実を大雑把で概略的に指し示すという前提に満足しなければならないし、大部分において正しい事柄について語る際には、より良いわけでもない結論に辿りつくという同様の前提に満足しなければならない。(Aristotle 1980 : 1, iii)

自然科学の諸理論が自らの妥当性を示すために伝統的にとってきた方法の一つは、予測である。予測は、ある状況から次の状況を推論する能力を前提とする。しかしテイラーは、人文科学における諸理論の価値を測る基準としての予測を否定する。「予測は……自然科学の目標ではあるが、社会科学の目標にはなりえない」(1958b : 48)。二つの理由がこの見解を特徴づける。第一に、そして最も根本的に、人間の行為とアイデンティティの可変的な性質がある。この可変的な性質は、自己解釈が変化しうるという事実と直接関係している。もし、一つの集団や社会が未来において自らの自己解釈を変えるならば、そのときは、彼らについての修正された説明、あるいはおそらく全く別の説明が必要となるだろう。その変化した語彙を説明するために、おそらく新たな概念や用語が必要とされるだろう。さらにテイラーは、どのような自己理解の語彙を人びとが新たに採用するかを予測することは不可能だと考える。なぜなら、これらの解釈は、説明されるべき現実の一部を形成するからであり、さらに彼らの行為は、これらの解釈によって影響を受けるかもしれないからである。したがって、未来を予測する確実な方法は存在しない

(*ibid.* : 55–6)。自然科学においては、ある時点でのある現象を正確に説明する用語は、未来においても、同じ目的に役立つだろうと想定されている。しかし、人間が自己を記述するための新たな言語を採用するとき、それにしたがって彼らの現実も変化する。テイラーは、人間に関する事柄における可変性と、その可変性が、人間に関する事柄を予測しようとする願望に対してもたらす帰結について説明する際、次のように述べている。

未来を本当に予測できるということは、人間の条件を非常にはっきりと明らかにすることを意味しているため、人はすでに、全ての文化的革新と変化を先取りしていることになるだろう。これは、ほとんど不可能なことである。(*ibid.* : 57)

第二に、いかなる領域における予測も、どの変数が変わらないままであり、どの変数が変化するかを、人は知ることができると想定している。あるいは、変化と安定性の十分な組み合わせや配列を思いつき、そのシステムにおける全てのありうる変化を説明することができると想定している。これは、閉鎖系のシステムについての考え方にもとづいており、どの力が未来において影響力をもつか、そしてその結果は何かといった点について、人は確認し予測できると想定している。これと対照的にテイラーは、人間に関する事柄については、比較的閉じられたシステムを正確に叙述することは難しいと言う。目立った変数が何であり、それらの変数が互いにどのように影響を与えあうかを知ることは難しい(*ibid.* : 55)。たとえば、心理学を研究している社会科学者たちは、政治的な力が主体の行動に将来影響を与えるのかどうか、そしてどのように影響を与えるのかを知ることはできない。また政治学者は、経済的な力が政治的な出来事にどのような影響を、いかにして与えるのかを予測することはできない、などとも言われている。人間に関する事柄についての研究領域の境界を定めるというこれらの問題は、グローバル化の影響も受けている。というのは、一つの国を、あたかも境界を定められた実体であるかのように扱うことは賢明ではないからである。ましてや、ある国に現在影響を与えている外的な諸力を前提として、将来その力がどのような影響を与えるかを予測することが賢明でないのは言うまでもない。

したがってテイラーは、人間の事柄についての説明に、予測的な力があると期待するよりも、人間に関する事柄は遡及的 *ex post facto* にしか理解できないというヘーゲルの見解を支持する。変化が生じたときにはじめて、そしてその当時者あるいは受け手が変化を理解したときにはじめて、私たちは、その意味を解釈しようと望むことができる (*ibid.* : 56–7 ; cf. 1979a : 122–3)。

「解釈と人間科学」でテイラーがとりあげる三人の思想家は、いずれも、人間に関する事柄を理解することは不可避的に解釈学的な仕事であるという点に同意している。その三人とは、ポール・リクール、ユルゲン・ハーバマス、ハンス＝ゲオルク・ガダマーである (1985b : 15 n. 1–3)。その約三〇年後の論文が、ガダマーの生誕百年を祝う論文集に収録されているが、この中でテイラーは、ガダマーの思想が彼自身にいかに影響を与えてきたかを詳しく論じている (2002a. ガダマーの重要性は 1995a : 148 でも示されている)。この論文は、「解釈と人間科学」以来のいくつかのテーマを繰り返し論じている。また、社会科学において追求される知識は、自然科学者によって求められる知識とは、いくつかの面で質的に異なるのだという基本的な主張を繰り返している。

ガダマーは、一九六〇年に出版された『真理と方法』*Truth and Method* において次のように論じている。読者の文化的伝統に帰属する歴史的なテキストを理解することは、科学的な理解とは異なる種類の試みである。その際に適切なモデルは、ある人が自分の通常の解釈を中立化しようと努力する際の、主体の観察や対象の説明のためのモデルではなく、その中で対話者が相互理解を目的としている会話に関するモデルである。この実践はまた、研究者が研究に持ち込む前提的理解を取り除こうと努力するのではなく、その前提的理解を基礎とする。テイラーは、ガダマーの洞察を、人間の事柄に関する全ての研究に拡大する。というのは、テイラーにとって、会話にそって解釈される必要があるのは、自分自身の経歴についての知識だけではなく、その他の社会や歴史についての知識でもあるからである。したがって、テイラーの著作においては、方法論についてのガダマーの考察は、歴史や文学の研究にとってのみ有効であるわけではなく、人文科学の範疇に入る全ての領域——社会学、人類学、比較政治、比較宗教学など——にとっても有効性をもつ。ガダマーの考えは、もともと親しみを持たれている事柄を理解するときだけでなく、当初は馴染みのなかった事柄を理解しようとする際に含意されていることを説明するのにも役立つ。

テイラーは、人間を理解するときに含まれる多くの要素を特定している。それらの要素は、自然科学が対象を理解するときに現れるものではない。会話との比較によって示されるように、人間を理解することは、自然を理解することよりも対話的な過程である。最初の段階においては、研究されている人びとは、研究者の見解や彼らの発見について知ることができる。彼らは、自分たちについての解釈に反論することもできるし、抵抗することもできるし、支持することもできる。このことは、研究対象が、遺伝子、岩、惑星、粒子である場合には、明白に当てはまらない。もちろん、この違いは、研究者が生きた人間を研究するときにのみ生じるのだと反論することもできる。亡くなった著者の作品や中世の社会の人びとは、人類学者や社会学者や心理学者が研究対象とする主体が応答するような仕方で、応答することはできない。研究者の解釈は、生きている人に影響を与えるのと同じようには、死者に影響を与えることはできない。しかし、この点についてテイラーはおそらく、歴史家の研究が、自然科学者の研究よりも、人類学者の研究に近いと述べることによって応答するであろう。テキストや社会を扱う歴史家は、自然科学者が必要としない方法で、自らが研究対象とする主体が、彼らに関する解釈について何と言うかを想像することができるし、想像すべきである（Taylor 1988a）。したがって、歴史家の研究もまた、この意味において対話的である。研究者と主体のあいだには実際の意見交換が生じるわけではないが、研究者は、想像上の会話をすることができる。その会話の中で、研究者は、主体がどのように答えるかについて推測するのである。第二章で示したように、対話についてのテイラーの概念は広く、内面化された他者との想像上の対話も含む。

第二に、テイラーは、人文科学においては、知識の最終目標は、自然科学における目標とは異なると考える。人文科学の研究者は、研究対象の主体についての最終的で決定的な知識を得ることは、不可能であると悟っている。それに対して自然科学者は、より正当な根拠をもって、あらゆる未来の状況における対象を説明するのに十分な理論を発展させたいと考える。だからといって、科学的理論が、議論の余地のないものであると言いたいわけではない。むしろ、研究対象を説明するための最終的な語彙を発見するという理想は、必ずしも荒唐無稽なものではない、と言いたいのである。それに対して、社会科学においては、社会や集団についての理解は、解釈される人が誰かという点に左右される。社会の異なる構成員は、彼らの社会的現実について異なる見解を持つであろうし、その社会についての解釈者の理解を変えるだろう。ここでテイラーは、論文「解釈と人間科学」以来の主張をそのまま繰り返している。それによれば、諸個人の自己理解は変化するのだから、彼らのいかなる理解もかならず、一時的で暫定的なものだということになる。〔自然科学と人文科学という〕二種類の研究のあいだの第三の違いは、自然科学においては、理解の目的が道具的だということである。科学者たちは、自然をより理解することが、自然の世界をコントロールする際に役立つだろうと信じている。人文科学においてはそうではないとテイラーは主張する。人文科学の目的は、〔人や社会を〕理解することであり、その結果、研究者と研究される主体とが、互いに理解し合うことができるようになり、協働できるようになることである。しかし、ここでテイラーは、とりわけ、規律社会の浸透において人間科学が果たした役割に関するミシェル・フーコーの主張を信じる人びとによって、あまりに素朴な考えをもっていると批判されるかもしれない。

近年の論文において議論された、自然科学と人文科学のあいだの最後の特徴的な違いは、研究者の視点が解釈の過程において果たす役割にある。人間を理解することは、必然的に解釈学的な営みである。だから、二人の読者は、同じテキストをまったく同じようには解釈しないし、二人の解釈者は、同じ現象をまったく同じように理解することもない。したがって、人文科学において得られる知識は、「〔研究する側の〕当事者に左右される」。テイラーは、研究者自身の知識、信念、価値観が、特定の社会、集団あるいは出来事についての自己の解釈を形成せざるをえないというガダマーの見解を受け入れる。テイラーによれば、「私たちの最良の説明の用語は、研究される人びとによって変化するだけでなく、研究者によっても変化する。ローマ帝国についての私たちの説明は、一八世紀のイングランドにおいて示された説明と同じではないだろうし、同じにはなりえない」(2002a)。同様に、たとえば、人類学者がソウェト地域を理解しようとする際の言語は、学者自身がもともと使っている言語によって影響を受けるだろう。研究者が、研究対象者の毎日の生活にどれだけ深く入り込み、精通しようとも、研究者は、研究対象となる人たちと同じ言語でその社会を経験することはできない。また、研究対象となる人たちと同じ解釈によってその社会を経験することはできない(1985a : 280–81)。異なる文化を背景とする人は、同じソウェト地域を解釈する際、微妙に異なる解釈の言語を発展させるだろう(2002a)。それに対して、自然科学においては、信頼できる知識は、研究の当事者に依存している知識ではない。同じ情報、道具、材料を使えば、どんな文化に属する人も、原則的には同じ実験を行うことができるし、同じ発見をすることができる。

人文科学と自然科学のあいだの違いを表現する一つの一般的な方法は、上述の第二の点と最後の点において明白なように、社会科学者が文化について真剣に考えなければならないという点に着目することである。社会科学者は、文化を、人間生活のもつ、単純化できない特徴として捉えるべきであり、自らの研究に必要不可欠な一面だと捉えるべきである。文化は、人文科学によって説明されるべきことの一つであり、調査している現象の主な特徴の一つとして考えられるべきである。さらに、文化は二重の役割をもつ。人びとが自らの状況に与える意味は、その状況を説明しようとする際に考慮に入れられなければならない。逆に、研究者自身がもつ文化的遺産は、他者を理解するときに重要な役割を果たすだろう。文化を真剣に考えることは、時と場所をこえた多様性を尊重することを意味する。さらに、人間の行為について、普遍的一般化や文脈を無視した一般化、そして法則のような一般化を提示しようとする野心を捨て去ることを意味する（*ibid.*）。こうした違いを表現するために、次のように言うこともできる。近代科学は最初から、世界を、人間の意味を縮減する方法で理解しようとしてきた、と。しかし、このような還元論は、人文科学においては想定できない。テイラーによれば、「人間的意味を人文科学の考慮から外すことは、何も理解していないことと同じである」（*ibid.*）。人びとを説明しようとするときに彼ら自身の自己解釈に重きを置くことは、自民族中心主義と戦うことでもある。なぜなら、人びとを説明するときに彼らの自己理解を重視すると、研究者が、自分が用いる理解の範疇が必然的に他者にも適用できると、単純に思い込むことはできなくなるからである（1985b : 140）。

しかし、このように、社会科学における文化と人間の重要な役割を強調すると、単に、極端な主観主義を認めることにもなるかもしれない。もし、私の文化的背景の重要な側面が、私が他の社会を解釈する仕方に対して重要な役割を果たすならば、さらに、もし私の研究の特徴が彼らの文化に焦点をあてることにあるならば、両方の文化が相互に影響を与えるため両者を区別することは非常に難しく、また、文化は各個人によって別様に解釈される。その場合、科学はどこに存在していると考えればよいのだろうか。このような分野において、学問的な研究は可能なのか。もし可能ならば、その研究はどのような形態をとるのか。テイラーは、ガダマーによる「地平の融合」のイメージが、人文科学の必要とする種類の理解を認めるために有益な方法を提供していると示唆する。地平の融合の議論はまた、抑制のきかない主観主義の危険性を制限する[6]。

テイラーは、ガダマーによる「地平の融合」の概念を、次のように理解する。地平とは、人が行動する際の意味の領域である。これまでの章で示してきたように、地平は、個人が属する文化によって大きな影響を受けており、単に当然と思われてきた多くの考えや、自然だと思われてきたこと、さらに論争の余地がないと思われてきた多くの信念を含んでいる。しかも、ある人の意味や重要性の地平は、十分に認識されたものである必要はない。ある人が、他者と出会い、対面して会話するとき、または、はじめてある文章を読むとき、あるいは、ある歴史的時代や出来事について勉強するとき、さらに、他の文化の人と交流するとき、異なる地平に出会うのである。観念的に言えば、ここから導き出されるのが、地平の融合である。異質なものに出会うとき、その異質なものにはじめて出会う人の意味の領域や意味の地平は、それ自体が挑戦を受けることになる。集団Aが明白に信じていることや、当然だと思っていることを、集団Bがそうは思っていないということもある。あるいはその逆もありうるだろう。たとえば、ソウェト地域の人びとは全員、魔女を信じているが、信じ方は様々であり、信じている程度も異なる。それに対して、アメリカ合衆国の人類学者は、魔女を信じない。魔女は存在せず、超自然的な力は、原始的状態に逆戻りしたうえでの想像の産物であるという考え方は、人類学者の知的基礎の一部をなしており、これは長いあいだ受け入れられてきた。最初は彼は、ソウェト生まれの人が、本当に魔女を信じているということが信じられない。だから彼は、彼らに質問し、彼らを注意深く観察し、彼らの会話に耳を傾けるなどする。いろいろな方法で彼は、彼らの世界に引き込まれ、その世界の一部になる。彼は、何人かと友好的で親しい関係を発展させ、その他の人びとには、多少の嫌悪あるいは強い嫌悪を感じるようになる。しかし、そこにはまだ、彼と彼らを隔てる、相容れない考え方がある。したがって、人類学者は、ソウェト生まれの人を説明し理解しようとする際には言うまでもなく、単に彼らに出会うときでさえ、自分自身の意味の地平とは非常に異なる意味の地平と接触してきたのである。その際、彼自身の地平の特殊性が、驚くほど説得的に示されることにもなる。彼が明白だと思っていたことや、当然だと思っていたことが、文化的な特殊性として現れる。彼は、自らの考えを彼らに押しつけないようなやり方で、魔女に対するソウェトの人の信仰を理解しようとし続ける。彼らの信仰を非合理的な迷信として退けるのではなく、彼らの視点から彼らの信仰を理解しようとする。他者についての歪められていない理解をしようと懸命に努力しながら、彼は、自らの考え方を彼らに押しつけることを最小限にしようとし、彼らについての最も十全で、最も一貫した説明をしようとする。彼は、魔女が存在するということについては、決して説得されないだろうが、彼の意味の地平は、他の地平との出会いによって変化していく。このことが示すように、地平は浸透しうるものである。他の人びとの意味や信念が採用されないとしても、地平は、他者の意味や信念を考慮するまでに広げられうる。

人文科学における理解の探求が、この種の地平の融合を伴うとき、人間生活における文化の中心性は、尊重され、探究の対象となる。異質な信念を吟味して理解しようとした後にはじめて、異質な信念についての、できるだけ歪められていない説明をしようとする試みがなされる。一風変わった信念は、そもそもの文化的な差異として受け止められるのではなく、解明すべき謎として考えられる。しかし、これらの聞き慣れない見解に当惑する中で、研究者は、彼らがこれまで当然だと思ってきたことや、問題にしなかったことから、距離を置くこともできる。したがって、当事者たちの当初の信念や価値観は、研究の可能な出発点を提供する一方、それらの信念や価値観は、吟味され疑われはじめることになる。他の見解を理解しようとする際に、研究者は、自らの見解について、より鋭い洞察力をもつようになる。研究する側でも研究される側でも、その文化的信念と価値観が吟味されることになる。テイラーが述べるように、「他の社会を理解することは、これ［自民族中心主義］から私たちを脱却させるはずである。他の社会を理解することは、私たちの自己理解を変えるはずである」（1985b : 129 ; cf. 131）。この過程を別の仕方で述べると、全く異なる文化との出会いを通じて、明晰な対比の言語を発展させることができると言えよう。その言語は、完全に解釈者自身の言語でもなく、理解される側の人びとの言語でもなく、二つの世界のあいだの差異と共通性を明らかにすることができるものである（*ibid.* : 125–6）。

これは、言うまでもなく、地平の融合についての極端な例である。日常会話で私たちが友人と異なる意見をもつとき、論争となっている問題は、魔女が実在するか否かと比べれば、ささいな問題であろう。意見が完全に食い違うことはあまりなく、たいてい合意に達する。私は、前の夫を、可能な場合には公然と非難するけれども、彼をまだ深く愛しているという点については、結局、私の友人に同意するかもしれない。しかし、この平凡な例でさえ、地平の融合を示している。私自身についての私の理解は、異質な他者との出会いを通じて変化している。しかし、これらの両方の例は、他者を理解するようになることが、自分自身についての私たちの理解も変えるというテイラーの論点を示している。この変化に含まれるコストや努力は、地平が衝突するときに現れる差異の大きさによって異なる。アメリカの人類学者は、魔女が存在するという点については説得されないまま大学に戻ることになるが、彼自身についての異なる理解を発見し、他の人たちや文化的差異をより深く認識できるようになっている。彼自身の意味の地平は彼にとってより明白になり、根本的に異なる世界観に出会う過程において、その地平が拡張されたのである。

もちろん、地平の融合が起きる場合は限られている。つまり、融合の過程が、一連の知的な美徳あるいは価値観によって支えられるときだけである。これらの美徳や価値観には、他者がどのような存在なのかを本当に知りたいという望みや意欲が含まれる。また、馴染みのないものを必然的に非合理的なものとして退けることのない能力が含まれる。さらに、差異の尊重、変化する能力、自分の想定を疑う勇気なども含んでいるのである。テイラーは、これらの知的な美徳を列挙しているわけではない。しかし、こうした傾向は、地平の融合についての彼の叙述において前提とされている。そして最後に、論文「解釈と人間科学」において述べられているように、テイラーは再び、この種の研究から生じる様々な解釈を序列づけることは可能だと主張する。そのとき、包括性が一つの重要な基準となる。というのは、解釈が、さらなる地平を説明しようとすればするほど、その説明はより強力になるからである（2002a）。

しかし、人文科学において解釈学的アプローチが必要であるというテイラーの考え方を共有する人びとでさえも、テイラーが、自然科学と人文科学のあいだの違いを誇張していると批判している。あるいは彼らは、テイラーが、それらのあいだの類似性を無視するだけでなく、一つの差異のみを具体化し、その他の差異を無視していると非難する。たとえば、クリフォード・ギアーツは、テイラーが、自然科学と人文科学の関係を、過度に二項対立的に理解していると示唆している。その結果、様々な自然科学のあいだの違いが覆い隠されてしまう。テイラーは「自然科学」の理念型を想定して議論を進めていくので、彼のアプローチは、自然科学の多様性についての認識を欠いているし、それぞれの自然科学の内部における特殊な発展を見落としている。ギアーツは、自然科学そのものについての包括的な主張をするのではなく、その多様性を認識することを提唱する。様々な自然科学は、それぞれに異なる対象、方法、手続き、作業仮説、文化、歴史をもつ。このことが示すように、ギアーツは、テイラーが、これらの科学に対して、非歴史的なアプローチをとっていることを批判する。すなわちテイラーは、あたかも自然科学者たちが一七世紀に確立された単一の論理を用いてきたかのように考えている、と。自然科学と人文科学についてのテイラーの過度な二分化がもたらす、もう一つの不運な帰結は、自然科学の様々な部門における発展が人間の自己解釈に与えてきた影響を、彼が認めることに失敗しているということである（Geertz 1994：83–95）。ジョゼフ・ラウズ（Rouse 1991）も、テイラーに対してこのような批判をしている。ラウズの主張によれば、多様な自然科学の歴史を認めることは、それらの自然科学がどのようなものであるか、またどのように互いに異なるのかを理解するために重要である。この種の歴史をふまえた視点からすれば、自然科学は、「自然種」として扱われるべきではない。ラウズもまた、様々な自然科学の内部における発展が人間の自己解釈に与えた影響をテイラーは無視していると指摘する。この文脈においてラウズは、テイラーが自然科学と人文科学を二分することについて、さらなる疑問を投げかける。では、どこに分割線が引かれるべきなのか。生物学と霊長類学は、人間と人間の行動について私たちに教える科学ではないのだろうか。この疑問は、人間は身体化 embodied された存在として理解されるべきだというテイラーの観点からすれば、とりわけふさわしいように思われる（以下を参照）。

テイラーは、これらの点の多くについて考え、自然科学と人文科学のあいだの分離を彼が強調する意味について明確にしている。第一に、彼は、二つの領域のあいだの違いが、それぞれの領域内部における専門分野の違いを曖昧にしてしまうことを望んでいるわけではない。それどころか彼は、ラウズが述べるように（Rouse 1991 : 55–6）、自然科学のもつ統一的なイメージは神話である、と常に主張してきた。とはいえテイラーは、自然科学の多様な部門内における歴史的な発展に、ほとんど注意を払ってこなかったことを認めている。第二に彼は、人文科学と自然科学のあいだの区別が、人間と自然の根本的な分離を暗示しているという考え方には反対していた。それどころか、彼の目的は、人間を自然の中に置き直すことである。しかしながらテイラーにとって、二つの研究領域のあいだの重要な違いは、結局それぞれにおける成功を測る基準にある。私たちがこれまで見てきたように、彼にとって、成功した人文科学は主体の自己解釈を考慮に入れなければならない一方で、成功した自然科学は、主体の自己解釈を考慮に入れる必要はないし、実際に考慮に入れることはできない（Taylor 1994d : 233–6）。

実践理性

近代西洋文化においては、科学的推論《リーズニング》が最も高次のまたは唯一の有効な推論の様式であると考える傾向が続いてきたが、この規範が通用しないところでは、理性《リーズン》は人びとから支持されていない。テイラーが述べるように「近代哲学は、そしてある程度まで近代文化は、実践理性の適切な形態を捉えることができなくなっている。それゆえ道徳に関する議論は不適切なモデルによって理解されることになった」(1995a : 59)。テイラーは、人間の推論力の全てを古典的な科学的推論様式に含めることを拒否したうえで、彼が実践理性と呼ぶものの分野と機能の輪郭を示す。実践理性は、倫理や宗教や文化さらには政治のような領域で見解が衝突するとき、その差異を合理的に調停する可能性を提供する。彼によれば「理性に、批判的に考えて一致を目指す力があり、何らかの『とっかかり』があるならば、私たちは、世界観のあいだの重要な問題が、妥当性を目指す理性的な議論によって調停可能だと認めなければならない」(1990b : 262 ; cf. 1991a : 23, 41, 53, 73)。テイラーは、この〔実践理性の〕概念を彫琢するときにも、解釈学的伝統の諸要素に立脚する。しかし、地平の融合が、対話者たちのあいだの差異についての、より深い洞察力をもった理解に帰結するのに対して、実践理性の目的は、論争している複数の立場のあいだで合意に達することである。そのような解決策は、いつも得られるわけではないかもしれないが、これがその目的である。そのために実践理性は、規範的な差異を和解させる公平で合理的で偏見のない方法は存在しないとする主観主義や相対主義に陥らないために、代替案を提供する(1985a : 12 ; 1995a : 34, 38, 55)。

社会科学者の解釈的活動のように、実践理性による推論は、一つの会話の文脈にそって進む。そして社会科学の活動を評価する場合のように、その過程は循環的な議論になる。なぜなら、実践理性は、論争中の二つ(あるいはそれ以上)の見解に共通する地点から出発するからである。この共有されている要素は、双方において明示的あるいは暗示的であるかもしれないし、あるいは片方において明示的であり、もう片方において暗示的であるかもしれない(1995a : 50–51, 55)。どちらにせよ、実践理性は、対立している者同士が、自分たちが合意しつつあると思えることに依拠する。何らかの共有される出発点がなければ、あるいは彼らの見解が収斂する領域がなければ、実践理性の活動は孤立する(*ibid.* : 53 ; cf. 1995b : 18)。実践理性は、対立する者たちをこえた地点から進むことはできない。この点では、自然科学とは劇的なコントラストをなす。自然科学は「何にもとらわれない視点」を採用する(Nagel

1979 : 208)[7]。そこから、状況づけられておらず、利害に左右されず、部分的でもない自然を説明する。ところが、実践理性は常に、何らかの視点から見た見解とともに始まる。しかも、その視点は、争点にからむ複数の当事者によって認められたものでなければならない。したがって、テイラーはこの推論のスタイルを、特定の視点をふまえるものだと考えている。このスタイルは、対話に参加している人たちに向けられ、彼らが断定する物事や彼らが評価する物事に向けられているのであって、当事者たちの立場の外から中立的で独立した基準を導入するわけではない（Taylor 1989a : 505）。このことは、自然科学の文脈にそって規範的推論をモデル化しようとする人びとを、怒らせたり、失望させたりするかもしれない。自然科学は、異なる立場に対する判断を下すために、中立的な基準と独立した標準の探求を奨励するからである。テイラーが述べるように、「論理を提供するというまさにその概念は、何らかの外的考察を提供するというようなニュアンスをもっており、私たちの道徳的直観に根差したものではない」（*ibid.* : 75）。彼は、自然科学的推論の様式を定言的と呼ぶ。すなわち定言的理性は、独立した出発点から始まり、中立的手続きを用い、最終的で確かな結論へと邁進する。しかしテイラーは再び、この種の推論を規範的議論において用いたり期待したりすることは、カテゴリー錯誤であると考える。この種の推論は、自然科学のある部分においては機能するかもしれないが、議論が主として倫理的な性格をもつ領域にこれを移植することはできない（1995a : 36, 38, 40）。実践理性による推論は、自然科学と結びつく推論とは異なる様式になる。両者のあいだで問題となっている論争や争点の存在する分野が異なるため、これは避けられないことだとテイラーは考える。

定言的な推論様式と比べて、実践理性は、諸見解を比較し、疑問視し、再び明確化することを通じて、差異の何らかの和解へ向けて努力するか、あるいは、片方の立場がより良いという合意に達するように対話者たちを説得するよう努める。説得的な説明は、議論において、双方の立場のうちの片方によってもともと採用されていた立場かもしれないし、双方の見解あるいは全ての立場の見解を統合するものかもしれない。テイラーは実践理性を、変化しつつある推論とみなす。実践理性は、本来、比較の営みである。実践理性は、全ての当事者たちが受容できるような言葉で、特定の一つの見解が他の見解よりも強い理由を示して、段階的に進む。以前の見解における矛盾や過ちが、後の見解で取り除かれる様子を示すことによって、より強い見解へと進むことになるだろう。あるいは、一方の見解において明示的である主張に、もう一方の見解が暗示的に依拠しているということが、明るみに出るかもしれない。より弱い見解では解決することができないが、より強い見解においては解決されるような、例外があるかもしれない。どんな戦略が用いられようとも、他方が合理的に拒絶あるいは否定できないような「間違いを減らす動き」を、片方が採用することによって、議論は進展する（*ibid.*: 15, 48, 50–51, 53–5）[8]。間違いを減らすという言葉が示唆しているように、弱い見解から強い見解に移行する際の根拠は、認識論的なものである（1989a: 72）。それゆえテイラーは、これを、レトリックや力や不明瞭化ではなく、理性の行使であると考えている。彼が述べるように、

私たちは、一つ目から二つ目への移行を、知識の進歩として、すなわち、問題となっている現象についての、不十分な理解からより良い理解への一歩として、説得力のある物語的な説明をすることができる。このことによって、それらのあいだに非対称的な関係が作られる。二つ目から一つ目への移行が起こりうるという、同様のもっともらしい語り方をすることはできない。……その移行を、理解における喪失として描くことはできない。（1995a: 42, 強調はテイラー）

しかし、そのようなより強い見解が確立され、複数の関係者から同意を得るときでさえ、せいぜい「最良の説明」が生み出されるだけであり、最終的な、あるいは決定的な真実が生み出されるわけではない（1989a: 74）。その結果は、その時点での最良の説明にすぎない。なぜなら、その説明は将来、より優れた、より包括的な考え方によって凌駕される可能性が常にあるからである。実践理性の産物を暫定的なものとしつつも、テイラーは、アラスデ

ア・マッキンタイアの研究に依拠して、とりわけ次のように主張する。

私たちは、ついに真理を獲得したとか、今や完全に合理的であるなどと主張できるような立場に置かれることは決してない。私たちが主張できる最大のことは、それが、ある人がこれまでにできた最良の説明だということである。「これまでで最良の説明」の指標が何であるかについての私たちの考え方は、それ自体、その時点では予測できない仕方で変化するだろう。(MacIntyre 1977 : 455, この部分は Taylor 1995a : 54 で引用されている)[9]

したがって、人文科学において獲得できる知識のように、実践理性は終わりのないものである。なぜなら、実践理性は、人間に関する事柄を扱うため、その結果は、何らかの究極的あるいは決定的な地位を望むことはできないからである。第一章で示したように、テイラーは、このように実践理性による推論の有用な側面を道徳理論家としての仕事に組み込んで、自らの道徳的実在論を擁護する。実践理性が、認識論を克服するための彼のアプローチのモデルも提供するという点については、後に述べることにする。

実践理性についてのテイラーのコンセプト全体を支えているのは、通常の形式的な要求――矛盾を避けるべきだという要求や、一貫性への要求――をこえた、理性の定義である。テイラーは、合理的であることは説明能力をもつことだという古いプラトンの概念に依拠しながら、理性を明確化と関連づける。この明確化とは「問題となっていることが何かについて、明確に述べることができること」である(Taylor 1985b : 136-8 ; cf. 1995a : 12)。もちろん、何かについての明確な説明をすることは、通常、ある現象を描く際に、矛盾や不整合性を避けることを含んでいる。とはいえそれは、行動または思考の矛盾あるいは非一貫性について、明確に説明できることでもある。したがって、ここで重要なのは、テイラーが、理性と通常関連づけられる形式的な特徴を排除するのではなく、そのような理性よりも広い、明確化としての理性を提起していることである。

テイラーが提唱する実践理性のモデルは、科学的推論についての伝統的モデルとは、四つの重要な点で異なっている。第一に、理性は中立的であるべきであり、直観や通常の倫理的生活に関与しないものであるべきだという従来の理念は、ある主張を、特定の人物に帰したり、その立場の始点とみなす考え方を不合理だと思わせる。この考え方は、理性にとっては進むことの困難な特殊な道である。テイラーが述べるように、特定の立場に訴える議論は、理性の定言的なスタイルにおいては、ほとんど信用されてこなかった。テイラーは、特定の立場に訴える理性の全ての使用を正当化しようとするわけではないが、規範的な議論として彼は、そのような理性の救済が重要だと考える。第二に、実践理性は、論争中の当事者たちが受け入れることのできる評価基準を用いる。それに対して、科学的推論は、ある見解を判断するのに外在的な基準に訴える。第三に、古典的な科学的推論は、それ自体が、完全に明白な見解を扱っていると考えており、その見解の前提を明確に説明することができ、検討し評価することができると考える。他方で実践理性は、直観や暗黙の論理に訴えるので、道徳的、政治的あるいは精神的な見解における、明確化されていないままの主張や信念を呼び起こすことがある。しかしそれにもかかわらず、明白になっていない主張や信念は、その一貫性や信頼性にとって本質的なものである。そうした主張や信念について推論する過程において、これらの暗黙の見解は明らかにされなければならないが、実践理性の仕事は、十分に表現された明白な知識の要求とともに始まる必要はない。最後〔第四〕に、得られる結果の種類が、理性の二つのスタイルのあいだで異なっている。前述のとおり、実践理性は、暫定的で、比較にもとづく、より強い結論（1994f : 36）を生み出す。それに対して、伝統的な科学的推論は、相対的な評価ではなく、絶対的な評価を伴う結論を求める（1995a : 59–60）。

しかし、推論についての正統な科学的諸概念と実践理性とのあいだにこれらの特有の違いがあるにもかかわらず、科学的な理解における主な革新のいくつかは、このモデルによって明らかにされるように思われる。たとえば、ガリレオ以前からガリレオ以降への科学の変化は、独立した評価基準で、二つの、閉じられた、一見共約不可能な理論を比べることによって理解するよりも、推論のあり方が変化しつつあったと考えるほうが、より良く理解することができる。おそらく、その理由は、この種のパラダイム・シフト——トマス・クーンの著作によって知られるようになった——が、規範的な論争にみられるような、二つの世界観のあいだの衝突と似ていることにある（*ibid.*: 46–9)。実践理性が、自然の世界についての異なる見解のあいだを調停する方法を提供するように見える理由は、テイラーの実在論とも直結している。実践理性のモデルは、解釈学的伝統に影響を受けているが、このモデルは、ある説明が、それと競合する説明よりも良いものとして現れうるということを想定している。自然科学の話になると、テイラーは多少なりとも、伝統的な実在論者の立場をとる。彼は、自然現象についての何らかの説明が、他のものよりも単純に良い、あるいは正しい、ということを受け入れる。彼は、「近代科学は、宇宙《ユニヴァース》についての——あるいはこう言うほうが良ければ、物理的宇宙についての——より優れた理解を提示する」ということを受け入れる。そして、「近代科学の優位性は……物質的世界についての私たちの理解を大きく前進させてきた」ということを受け入れている（1985b: 148–9; cf. 150, 129; 1980a)。テイラーによれば、近代科学の興隆を純粋に認識論的な観点で説明する際、その認識論的な説明は、近代科学が、自然の世界の働きについて、それ以前の説明よりも良い、あるいはより真なる説明を提供するという事実に言及することによってなされる。

> 生命なき自然について、形相に応じた様々な性質の現実化という観点から説明しようとした科学は衰退し、効果的な因果律によって説明する科学、つまり数学的な公式によって組み立てられた科学が登場した。この点において、アリストテレスは、ガリレオとニュートン〔の登場〕によって忘れ去られてきたのであり、ふりかえられることはない。そうした見解は、もはや取り戻すことができない。今となっては誰も、それらを信じるための、たしかな基礎に近づくことさえできない。
>
> （1990b: 262; cf. 1994d: 221)

したがって、二つの科学的なパラダイムが衝突するとき、自然の世界についての「最良の説明」を与えるように思われるほうが、より優れたものとして現れるのである。

テイラーの実在論が、ここでは、人文科学と自然科学のあいだの差異についての彼の見解と齟齬をきたす。前に述べたように、彼は、これら二つの研究分野のあいだの違いを誇張していると言われてきた。そのもう一つの帰結として、自然を解釈することもまた解釈学的な試みであることを、彼が理解できていないとされた（Rouse 1991；Kuhn 1991；Rorty 1994）。テイラーは、自然を解釈することが、そのような試みであることを受け入れるだろう。他方で、自然科学と社会科学の違いは、自然科学が一つの意味の網の内部で行われるのに対して、社会科学は二つの意味の網を含む点にある、とテイラーは考えるだろう（Warnke 1985：346）。しかしながら、自然科学も実践理性と同じように、解釈学的営みの一種だと考えられる必要がある。なぜなら、ある解釈が、その他の解釈よりも優れたものとして、あるいはよりもっともらしいものとして登場し、自然についての「最良の説明」が行われるからである。前述のように、テイラーの見解では、一七世紀に開始されたアプローチは、自然の世界について非人間中心的な説明をしようと努め、西洋の文化と非西洋の文化の両方において、自らが他のものよりも優れていると証明してきた。したがって、クーンの例を用いて言えば、異なる文化は「天体」を別様に解釈するかもしれないが、テイラーは、西洋社会において発展してきた惑星系についての説明は、その他の説明よりも、より事実に合致した、より正確な説明だと主張するだろう。この分析は、天体に関する文化的理解の全てと両立するわけではないかもしれないが、それは、この自然のシステムがどのように動いているのかについての、より良い説明として、今なお認められている。ここで問題となるのは、異なる文化が天体をどのように解釈するのかを説明することではなく——それは地平の融合を必要とするだろう——、どの説明が、こうした自然の実体の動きについての、より優れた説明なのかを決めることである。クーンは以下のように述べる。

人びと――その目的あるいは行為のどちらであれ――を記述できるような、中立的で、文化から独立した一連のカテゴリーは、人文科学において存在しないのと同様、自然科学においても存在しない。(Kuhn 1991 : 21)

しかし、このような考えは、テイラーの主張と相容れないように思われる。一七世紀の科学の言語は、文化から独立してもいないし、中立的でもなかった。その言語は、自然の世界に関して特定の見解を表現していたが、他方で、〔自然の世界から〕距離を置いた方法によって、その自然の世界を想像しようと努めた。これは、文化によって成し遂げられたものであり、決して文化なしで達成されたものではなく、自然に対する、特定の、独特で、そして反直観的なアプローチである。このアプローチは非常に有益であることが示されてきた、とテイラーは考えている。したがって、人文科学と自然科学のあいだの違いは、人文科学が解釈学的であり、自然科学がそうではないという点にあるのではない。というのも、自然の世界についての競い合う複数の解釈は、実践理性の介在する過程によって仲裁されるからである。しかし、鍵となる点は、人文科学が、主体の自己解釈を考慮に入れなければならないということである。テイラーによれば、人間的な意味を欠いた自然についての特定の見解を得ようと努力することは理解できるが、それが社会と人間の行動に応用されるなら、これは愚行である。[10]

自然科学についてのテイラーの見解を理解するためには、理論的なアプローチを、非理論的なアプローチから区別することが必要である。彼は、合理的であることと、理論的であることは、近代西洋文化においては密接に関連しているが、その二つは、同一の広がりをもつわけではないとみなす。このような考えからテイラーは、文化は理論的でなくとも合理的でありうると主張する。彼が示す一つの例は、魔法を信じるアザンデ族の文化である。しかし、実践理性についての議論で示したように、彼による理性の概念、すなわち確かな明確化を含む理性によって、異なる推論を比較判断できるようになる。これは、単に物事に関して異なる推論方法があるとする相対主義ではない。もし、一つの文化が、物理的宇宙の動きなどについて、より明瞭な説明を提供するなら、私たちは、その文化が、より合理的な説明をしたと言うことができる。テイラーは、近代の西洋科学が、自然の世界についてのより良い説明を提供していると考えており、それが、魔法への信仰よりも優れた推論形式であると捉える。前に述べたように、全ての文化が、世界についての、この種の距離を置いた理論的な理解をしようと努力してきたわけではないし、西洋文化それ自体も、必ずしもそのように努力してきたわけではない。一七世紀の科学革命は、この発展における転換点であった。科学革命以前は、自然を理解したいと強く望むことは、自然と調和するという目的と結びついていたとテイラーは主張する（Taylor 1985b : 128-9 を参照）。近代科学が自然について、より優れた理論的な理解をすることを可能にしたものは、自然の世界についての距離を置いた理解を作りだそうとする野心であった。なお、その理解は、技術を通じて自然を管理する能力という点で、巨大な副産物を生み出した。

科学革命

これまで述べてきた主な二つのテーマ——人文科学の性質と、実践理性の性質および目的——において、テイラーは、西洋思想における、理性の科学的なモデルのヘゲモニーに注目し、それを押し返そうとする。なぜ彼がそうする必要があると考えたのかを理解するためには、一七世紀の科学革命とその遺産に関する彼の解釈を見ることが重要である。テイラーにとってこの時期は、とりわけ認識論において、そして哲学一般において、重大な分岐点であり、その影響力は、真理、知識、方法論と手続きについての議論をこえて広がった。たとえば、彼は「近代文化に対する認識論の巨大な影響力」（1995a : 40）に言及する。これが何を意味しているのかを理解するためには、彼が科学革命特有の特徴をどう考えているのかを理解する必要があり、その大きな影響力をどのように説明するのかを知る必要がある。

一七世紀の科学革命に対するテイラーの関心の焦点は、自然科学者たちというよりも、新たな科学に関与した哲学者たちにある。すなわち、デカルト、ベーコン、ホッブズ、そしてロックである。このことは、テイラーが、哲学者として、自然についての理解の発展を説明し正当化するために用いられる理性や真理や知識などの概念に関心を持ち、科学を実践した人たちよりも、新たな科学を明確化した人びとに関心を持ったということを示す。もちろん多くの場合、科学の実践は哲学者たちによってもなされた。デカルトは、科学に関する哲学者であると同時に、数学者でもあった。ベーコンは、科学的方法の理論家であるだけでなく、自然科学者でもあった。ホッブズは、政治学者であり、幾何学者でもあった。しかしテイラーが関心を向けるのは、これらの人たちがいかに科学への関与の意味を解釈し擁護したかである。

テイラーは、一七世紀に認識論的革新が起きたときの広範な背景と、その背景に対して認識論的革新が果たした役割を把握するために、「世界の脱魔術化」というマックス・ヴェーバーの概念を用いている。第二章で述べたように、近代世界を脱魔術化されたものとして描くことによってテイラーが意味しているのは、コスモス〔従来の体系的世界観〕が、もはや最終的目的や直観的な道徳的価値を提供するわけではなくなったということであり、その結果、人間がコスモスの中に、あらかじめ定められた意味や秩序を求める必要がなくなったということである(1985b : 256–60 ; 1989a : 18, 160, 395)。人間生活の規律に浸透していた本来的な意味のコスモスへの信仰の衰退は、主意主義と唯名論についての古い宗教的な議論の影響も受けつつも、科学革命がもたらした、自然についての機械論的な見解とともに始まった。テイラーによれば、このとき以来、「世界は、人間がそれまで本質的に関係していたコスモスの秩序を反映するものとはみなされなくなり、相関関係の探求によって解明され、最終的には、人間の目的達成のために操作される、中立的で偶発的な事実の領域とみなされるようになった」（1975a : 539 ; cf. 7)。

こうした世界観の変化は、近代の科学的思考における最も影響力のある発展の一つ、つまり距離を置いた客観的知識の探求を説明するのに役立つ。これは、世界を、人間の意味と重要性を欠いたものとして理解しようとする試みを含んでいる。その野心は、物事の本質的あるいは主要な性質を、人間が知識を獲得する過程に持ち込んだものから区別することによって、明らかにすることであった（1985b : 136, 143 ; 1995a : 65 ; 2002a)。これは、テイラーによれば、人間の知識がもつ人間中心主義的な側面を特定して、それを中立化しようとする試みである。たとえば「色」のような人間中心的な視点から捉えられた特徴は、二次的な性質として考えられるようになった。そうした特徴は、人間がそれらを注視する中で——あるいはそれらと人間が接触する中で——得られた性質であるが、それらは物それ自体にとっては重要ではない（1980a : 48 ; 1985a : 2, 106 ; 1985c : 267–8 ; 1989a : 130 ; 1995a : 40, 148)。テイラー自身が認めるように、このような世界の解釈の仕方は、自然科学における知識の発展においては大きな利点があることがわかってきたが、前述のように、彼は、それを人文科学に拡大するのは全く不適切だと考える。

世界から切り離された人間としての、この新たなイメージは、科学革命による認識論的革新におけるさらに固有の特徴を生み出した。それが表象主義 representationalism である。この概念によれば、知識は、人間が、外界についての内的かつ精神的な像や表象を形成するときに生まれる。こうして得られた知識の真実性または正確さは、内的な表象と、それが描く独立した現実とのあいだの合致がどれくらい正確であるかという点に依存する（1985a : 200 ; 1995a : 3–4 ; 2000c ; 2002b)。たしかに、知識に対する表象主義者のアプローチは、明らかにデカルトの二元論と両立しており、たとえば、精神は内的なものとして考えられ、物質的身体と自然的世界は外的なものとして考えられていた。しかしテイラーは、表象主義者のアプローチを、二元論に閉じ込められたものとしては考えていない。実際、彼は、知識についての表象主義者のアプローチは、どの認識論的理論よりも広いものであると主張する。一般的な表象主義的な見解によれば、「知識は、独立した現実を正確に表象するものとして考えられている」(1995a : 3 ; cf. 4 ; 1991c : 308 ; 2000c)。

しかし、内的な精神的表象と外部の現実とのあいだの一致は、知識についての表象主義者の見解の一部にすぎない。というのは、そのような合致が、もともと偶然であるリスクが常にあるからである。自らの知識の信頼性に確信をもつためには、その知識が、信頼できる手続きを経て獲得される必要があった。デカルトとの関連がよく知られている、この発展においては、正しい知識を得ることを重視するためには、知る過程や方法に注目しなければならなかった。ここには、知識が正しい方法で追究されてはじめて、その結果が信頼できるものになるという信念がある。それゆえ、知識が信頼できるものであるという確信は、正しい方法に従い、思考を順序良く秩序づけることによって、精神が自ら獲得できる何物かだということになる。これは、テイラーが呼ぶラディカルな内省(第二章)あるいは「自己監視的な理性」(1996d : 6) の発展と関連している。それによって思考は自らの手続きを考察するようになる。精神は、外界を知る自らの能力を信じる前に、自らとその機能を内側から精査し、これらを注意深く吟味しなければならない (1989a : 144 ; 1995a : 4-5 ; 64)。テイラーは、実質的理性から手続き的理性へのこの変化を、西洋の思考にとって重要な変化だと考える。この変化を、より古い見解と比較して述べる際、彼は以下のように、デカルトの認識論についての議論を踏まえながら述べている。

もはや合理性は、存在における秩序の観点から実質的に定義されるわけではない。むしろ手続き的に、私たちが科学や生活の秩序を構築する際の基準という観点で定義される。プラトンにとって、合理的であるためには、私たちは物事の秩序について正しく把握しなければならない。しかしデカルトにとって、合理性の意味するところは、特定の規準に従って思考することである。今や判断は、思考という活動の性質に依存しているのであり、そこから生じてくる実質的信念に依存しているわけではない。……今や合理性は、主体的思考の内的な性質となり、現実のヴィジョンを構成するものではなくなった。このような変化を起こす中で、デカルトは、標準的な近代的見解となってきたものを明確化している。手続きの性質をめぐって大きな意見の不一致があるにもかかわらず、……理性の概念は手続き的なままである。（1989a : 156 ; cf. 121 ; 1995a : 40）

テイラーも認めるように、デカルトは、正しい手続きが適切に進められたとき、その手続きは実質的な真理を生むだろうということを示そうとした。したがって、手続きが、実体に対して、絶対的優位を確立したわけではないとしても、より強調されるようになったと言うことはできる（1989a : 156 ; 1994d : 214–19）。

しかし、正しい知識を求める際に、その目的は知識それ自体にあるわけではなかった。そうではなく、科学革命は、次のような信念をもたらしたものとして、注目すべきである。すなわち、自然の世界を正しく理解することの利点の一つは、自然の世界を秩序づけ直すことができ、再組織することができる能力を得ることにあるという信念である。この知識に対する道具的アプローチは、フランシス・ベーコンの著作において、とりわけ明白である。ベーコンは、知識とは力であり、科学的な学習を進歩させたいと思う人は、日常生活を改善するための多くの方法を生み出すだろうと主張した（1975a : 8 ; 1989a : 232）。さらに、世界をコントロールする人間の能力で、この新たな知識から利益を得ることができるだろうという考え方は、この新たな知識、およびその知識を可能にした、世界に対して距離を置く立場の、価値と正しさを強化した。

一七世紀から受け継がれた、知識に対するアプローチの最後の固有の特徴は、基礎づけ主義である。これは、マクロとミクロの二つの側面をもつ。第一のマクロな側面は、本章の最初で言及したものである。というのも、その側面は、認識論を、哲学の出発点に置いたからである。その考え方とは、何かを理解するためには、認識論を最初に正しく把握しなければならないというものである。つまり、信頼できる知識を生み出す手続きを正しく理解することが重要だという考え方である。この立場からすれば、知識の性質は常に、優先的な問題である。第二に、基礎づけ主義のミクロな側面は、知的な結論はそれ以上縮減することのできない根本的な基礎に到達するまで、徹底的に吟味されるべきだという要求に現れる。いったん、知識の基礎が、確固たる信頼できるものとして確立されれば、正しい方法に従うことによって、その基礎の上に安定した構造が作られ、その構造は間違いを許容しないものであることがわかるだろう。テイラーは、こうした基礎づけ主義のミクロな側面について次のように述べる。

基礎づけ主義の目的は、推論と解釈の全ての層をはがすことであり、それら全てに真に優先する重要なもの、すなわち、むき出しの事実へと立ち戻ることである。その次に、解釈の鎖のあいだの関係を調べながら、それを組み直す。基礎づけ主義は、この二重の動き、つまり剝ぎ取って確固たるものへとたどりつく動きと、それを組み直す動きによって成り立つ。(2002b ; cf. 1995a : 2, 40)

したがって、テイラーの見解では、科学革命の主な認識論的遺産は、距離を置くことへの切望、客観性、中立性、表象主義、手続主義、道具主義、そして基礎づけ主義である。テイラーは実在論者として、こうした自然科学における知の様式に対して、とりたてて異議を唱えるわけではない(1985a : 291)。しかし、ヘゲモニーについての前述の言及からもわかるように、彼が異議を唱えようとするものは、特定の領域の知的活動を、他の領域へと持ち込むことである。彼は、この拡張を、知識についての理論に持ち込まれた規範として特徴づけることもある。表象主義者の規範は、以下のとおりである。

科学的な実践にとって本質的なこと、すなわち、私たちが知識の正しい探求として理解しているものにとって本質的なことは、私たちが自分自身に対して、物事の正確な表象を形づくるという目標を設定することである。これが意味することは、私たちを古い考え方から自由にすることである。その古い考え方においては、コスモスと結びつき交信し調和すべきだという要求が、物事の正しい状態について適切な理解を獲得したいという要求に、複雑に入り込んでいた。(*ibid.*: 291)

しかし、科学的知識の追求をいかに促進するかという点に関するこうした規範は、全ての知識に関する理論の中に浸透してきた。理解に対する特殊で限定的なこのアプローチは、知識へのアプローチとして規範化された。テイラーの別の角度からの理解では、この過程は、距離を置いた観点を、精神それ自体の構造として読み込むことによって存在論化するものである(1995a: 61, 66)。言い方は異なるが、要点は同じである。つまり、この存在論化の過程を通じて、知識を得るための一つの特殊な方法が、知識を得るための全ての方法へと拡大されるようになるということである。理性の一つの特殊な行使が、理性それ自体と同義になり、精神活動の一つの形態が、知的活動それ自体と同一の広がりをもつものとなるということである。

テイラーは、この移行あるいは存在論化がなぜ生じるのかという点について、いくつかの理由を提示する。自然科学において提供される知識は、物事を再び秩序づけることを保証し、その力は、人間に関する事柄を研究する人びとによっても切望された(1985b: 130)。政治学に関するホッブズの著作は、自然科学を模範とした好例である。科学革命以来、自然科学は、世界を解釈し変化させることに関して偉大な成功をおさめ、この種の知識は非常に高い評判を得た。しかしテイラーは、その認識論の魅力は、単に力の保証と道具的コントロールのみに由来するのではないとも主張する。いわば、人間であるということの意味をめぐる、特定の倫理的な概念が、世界を知る方法にこのように組み込まれたのであり、これが魅力的に思われたのである。すなわち、知識についての距離を置く〔＝

解放された〕アプローチと結びついた、解放された自由の概念が存在すると、テイラーは主張する。たとえば、人間は脱魔術化された社会に生きているという考え方は、彼らが、自由に自分の目標と目的を発展させることができ、あらかじめ定められた目的に従わなければならないわけではないということを意味する。また、自己責任の信念と、人間の尊厳についての特定の概念が、知識についてのこのアプローチに内在している。したがって、テイラーが認識論的モデルと呼ぶものの大きな魅力には、いくつかの源泉があり、それらは互いに強めあう。というのは、認識論的モデルが前提としている、人間のアイデンティティと主体性のイメージがいったん受け入れられれば、知識へのアプローチも、よりいっそう説得的になると思われるからである。ある社会制度と実践が、自己についてのこの見解を強化する、などということもある（1975a : 9 ; 1985a : 5–6, 12 ; 1985b : 5–7 ; 1995a : 4, 7–8）。テイラーは、相互に強めあうこの過程について、以下のように述べる。

ある時点におけるある社会では、支配的な解釈や実践が所与のモデルと強く結びついているため、そのモデルはいわば、あたかも当たり前であるかのように、構成員たちに常に投影されているかもしれない。私は、このことは認識論的モデルにも当てはまると思う——直接的にであろうと、個人についての、そしてその自由および尊厳についての、影響力のある近代的理解との関連を通じてであろうと。（1984a : 21）

認識論的モデルの位置が理論的想像において非常に有力になり、その魅力が非常に多面的になったので、逆説的に、倫理的な考え方や他の考え方が、事実上、認識論的なものを圧倒するようになったと思われる。テイラーは、次のような疑問を抱くよう、私たちを導く。すなわち、一体いかにして、社会科学者は、彼らの課題にとって明らかに不適切な方法やモデルを採用するような気にさせられたのか、という疑問である。認識論的な動機と倫理的な動機が重なることによって、知識に対するこのアプローチが有力になったとテイラーは考えるが、これは次のことを意味する。つまり、それを真に理解するためには、認識論をこえて、この見解の精神的源泉を、および、人びとを導く価値についての強評価や背景的特徴を考える必要がある。認識論的な主張がもっている力は、認識論的な用語だけでは理解することができない（1980b）。しかし、テイラーがすすんで認めるように、この種の分析を行うためには、知識に対するこのアプローチの暗黙の背景を明らかにしなければならない。つまり、認識論的な主張の中で大々的に扱われるわけではないが、それにもかかわらず、その力を説明するために本質的なものを明らかにしなければならないのである。

認識論を克服する

現代の哲学者の多くは、科学革命の認識論的遺産に挑戦する必要性についてのテイラーの確信を共有している。しかし、議論が、単にその挑戦が何を指し示しているのかという点に関して向けられるのであれば、彼らの合意は弱まるだろう。ある人にとっては、この遺産に挑戦することは、基礎づけ主義を批判することを意味する。しかし、基礎づけ主義を批判するということが意味する内容について、全ての人が同意しているわけではないし、そこからどこへ向かうのかについても、合意があるわけではない(11)。テイラーの考えによれば、より広い批判が必要である。なぜなら、前に述べたように、認識論的モデルについての彼の理解は、基礎づけ主義以上のものを含むからである（1995a : viii, 13, 15, 19 ; 2000c）。さらに、基礎づけ主義を批判することは、テイラーが考える、このモデルの核心部分に到達するわけではない。彼にとってその中心的特徴とは、知識についての表象主義的な解釈、距離を置くことについての想定、それに内在する倫理的見解である。

テイラーが批判するのは認識論的モデルの優位性であるがゆえに、認識論を克服する際の彼の目的は、知識についてのこのアプローチを、完全に捨て去ることではなく、適切な一定の位置におくことにある。彼は、認識論的モデルを否定したいのではなく、それを位置づけ直そうとするのである。彼が述べるように、

距離を置いたアイデンティティは、単なる誤謬から、あるいは間違った方向への誘導から離れているだけではない。実は、私たち全員が、そのアイデンティティにあまりにも深く染まっているので、それを真にかつ誠実に批判することが困難な状態にある。そこで、私たちが必要とする種類の批判は、そのアイデンティティが行為主体としての私たちの生全体を定義づけることができるという幻想を壊すもの——とはいえ、そのアイデンティティを完全に拒否するという、無駄で究極的に自己破壊的な試みをすることなく——である。(1985a : 7 ; cf. 1994f : 21, 43)

認識論的モデルを位置づけ直す際に、テイラーは、二〇世紀の三人の大陸系の思想家たちに依拠する。すなわち、マルティン・ハイデガー、モーリス・メルロ＝ポンティ、そしてルートヴィヒ・ヴィトゲンシュタインの後期の著作である(1991c : 304 ; 1993c ; 1995a : 9, 21, 61–78, 165–80 ; 2000c)。テイラーは彼らから、参与的 engaged で身体化された embodied 主体についての考え方と、暗黙の背景についての重要な意味を引き出す。テイラーによれば、知識に対する認識論的モデルのアプローチは、参与的で身体化された主体についての、より根本的な存在論の内部に埋めこまれている。この主体性にもとづいて、認識論的モデルは自らを抽象化しようとする。このことが示すように、知識に対する近代の科学的なアプローチは、世界と向き合っている日常的な人間の存在様式から切り離して「何にもとらわれない視点」を獲得しようとする一方で、知識に対するテイラーのアプローチは、身体化された、日常的な参与という事実およびその重要性から出発するのである。テイラーがハイデガーから引き継ぐ教訓の一つによれば、

人間は、

私たちが表象しようと試みる以前から存在している、独立した事物の世界と対峙している。……ハイデガーがしばしば「前理解」と呼ぶ枠組的理解は、……それ自体が、世界における私たちの位置を表象しているわけではない。前理解は、私がそれに照らしながら、それについての自分の表象を形成するものである。さらに、それによって、事物のあり方を根拠にしながら、その表象が真か偽かを知るものである。[12]（1990b : 270）

身体化された、参与的主体についての考え方によってテイラーが注目する事実は、世界における私たちの日常的な存在の仕方において、人間は、身体をもち、自分自身を世界の中に発見する生き物であるということである。しかも、私たちはこの世界で活動しなければならず、実践的な要求に応えなければならない。これは、当たり前のことのように聞こえるかもしれないが、テイラーにとって、人間存在の原初的な特徴である。その特徴は、理論的想像を認識論的モデルが掌握することによって、覆い隠されてきた。知識についての表象主義的な見解は、何かを知る際の、参与的身体化の役割を過小評価して乗り越えようとするので、テイラーにとっては、参与的身体化の重要性を思い起こさせることが必要になってくる。テイラーの認識論のこの側面は、ヘーゲルにも依拠している。というのも、テイラーの理解によれば、身体化は主体性にとって根源的なものだとヘーゲルは述べているからである（1975a : 567, 571 ; 1979a : 162–4）。また、メルロ＝ポンティの影響も、ここではとりわけ重要である。テイラーによれば、メルロ＝ポンティは、世界に関して人間が知識を獲得する際の、身体の必然的な役割を擁護しているとされる（1989e）。

身体化とは、私たちが、身体をもたない存在とは質的に異なる仕方で、世界を経験するということを意味する。身体は、私たちが知識を得ることを可能にもするし、制約もする。たとえば、身体は、私たちが世界を知覚する方法を制約する。さらに、私たちは常に、身体化されることによって空間の中に方向づけられるので、空間的な志向性は、人間の経験の重要な構成要素である。身体化された主体とは、

まっすぐの姿勢を維持するために行為できる人であり、急に自分に接近してきたものに対処することができ、それを遠ざけるために動くことのできる人である。さらに、ある種の物は容易につかむことができるが、その他の物は容易につかめない人であり、ある障害は取り除くことができるが、他の障害は取り除くことができない人であり、眺めを良くするために動くことのできる人などである。(1995a : 62 ; cf. 1991c : 309)

物理的空間における身体化された自己の位置についてのテイラーの示唆は、次のような主張を補うものになる。すなわち、自己の存在論的特徴の一つは、自己が道徳空間に位置づけられていることだという主張である。彼によれば、「自己であることは、諸問題の空間に存在することである。そして、自己がどうあるべきか、あるいは、どのように正しいものと善なるものを比較するのか、真に価値あることは何か、といった点に向き合うことである。つまり、その空間における自己の位置を見つけられるということ、その空間を占めることができ、その空間全体を把握できるということなのだ」(1988c : 298 ; 第一章と第二章を参照)。したがって「地形図は、自己についての私たちの言語にとって重要である」(1988c : 301)という彼の主張は、個人性の道徳的側面と同じくらい、物質的側面にも当てはまる。

空間における身体化された自己の方向性は、自己を取り巻く世界に対処する能力と直接的に関係している。病気や、慣れない環境が原因となって、方向性を失う徴候の一つは、自分がいつも行っているようにうまく行動することができないという感覚であり、いつもは自然にできることを意識しなければできないという感覚である。実際のところ、テイラーが述べるように、対処行動ができるということはそれ自体、方向性の一形態なのである。彼は次

のように記述している。

私たちが方向性として考えるのは「何を知っているか」ということではなく、「どのように知るか」ということである。つまり、知識の内容は、その環境について知られている一連の事実のリストでは表現されえない。知識とは、さらに一般的な能力であり、その環境の中を広く動き回ったり、ある地点から他の地点へと移動したりする能力である。（1964a : 165 ; cf. 1989a : 74–5）

いったん学習すれば、多くの対処行動は、意識せずにできるようになる。私たちは、いつも行っている事柄については、自分がしていることについて考えなくとも、行うことができる。そこには、知識や、知識を得る方法、および習得された技術の主要部分がある。それらは、日常の実践的活動に埋めこまれており、非常に慣れ親しんだものであるがゆえに忘れられている。いわば、私たちの意識の背景に溶け込んでいる。それに失敗するときだけ——石に躓くとき、あるいは電気スタンドにぶつかるとき——いかに日常的な知識と能力を当然のものだと思っていたかを思い出させられる（1995a : 11–12 ; 2000c）。このような実践的な日常的対処行動は、意図とも関係する。第二章で見たように、人間は、目的を持つ存在として、世界に向けて方向づけられている、とテイラーは考える。私たちの日常的努力は、私たちが自らの目標を達成しようとするときに生じる。そして、物事は、より広い背景に照らして、私たちの目的に対する関係によって明らかになる（2000c ; 2002b. 参与的で身体化された主体についての一般的な見解については、1991a : 105–7 ; 1995a : 21–25, 61–3）。

参与的で身体化された主体についてのこの見解は、日常的な知識の獲得の仕方に対して身体が与える影響を最小化しようとする傾向に挑戦するだけでなく、知識に対する表象主義的なアプローチを特徴づける、内と外を分離させる可能性にも挑戦している。日常的な対処行動の中で自己を表現するときの認識方法は、自分の頭の中だけに存在するものと考えることはできないし、自分の身体の中だけにあるものとしてさえ考えることはできない。そのような認識方法は、世界の中で実践される中で、自らを表すのであり、自己を世界から切り離すいかなる考え方も、不自然で人為的になってしまう。この点から考えると、「主体が置かれている世界への言及なしに、主体について十分に記述できる（あるいは、主体について多くを語らずに、世界を世界として記述できる）という考え方は、ひどく誤っている」（2000c ; cf. 1995a ; 26–7 ; 2002b）。

しかし、テイラーがこのように描くのは、世界についての知識だけではない。自己認識や自己解釈もまた、身体化されている。これが意味するのは、人びとが自分について考える際の考え方、空間を占める仕方やその空間の中での動き方は、自らが誰であるのかという感覚について重要な点を伝えているということである。顔を上げて、自信を持って人混みを通り抜ける人は、自己についてのある感覚を身体化している。また、他の人たちと急いですれ違うときに、目を伏せる人は、自己についての全く異なる感覚を身体化している。非常に多くの、微妙な文化的知識は、そのように身体に埋めこまれており、表出されている。たとえばテイラーによれば、人びとは、服従しなければいけないように感じる人といるときと比べると、自分と対等な人を前にするときは、違ったように振る舞うし、より気楽に話すことができる。これらの例は、身体化された自己の社会的状況も示している。つまり、これらの異なる振る舞いは、人が自己についてどのように感じるかだけでなく、人が他者を通じて自分をどのように見ているかということも伝えている。身体化の仕方と振る舞い方が、自らの社会関係に関する個人の感覚について重要なことを伝えるという議論の中で、テイラーは、ピエール・ブルデューの「ハビトゥス」の概念に言及する。「身体的な特徴は、ある文化的理解をコード化するときにハビトゥスとなる。この意味でのハビトゥスは常に、表現の次元を持つ。それは、物事や人びとが自分に対して持っている意味に対して、表現を与えるのである」（1995a : 178 ; cf. 170–71）。

テイラーが、参与的で身体化された主体について彼の見解によって描きだすものは、認識論的モデルによって自明のものとみなされている種類の知識とは、明白に異なる。しかし彼は、単に知識についての代替的な説明をするよりも、もっと先に行こうとする。彼にとって、参与的で身体化されたアイデンティティは、知識の表象以前のものであり、知識の表象の前提条件である。参与的で身体化されたアイデンティティの重要性と正常さが、いったん認められたならば、知識に対する表象主義的アプローチは、世界の中でのより広い存在の仕方や、世界についてのより広い知り方に、内包されたものとして考えられなければならない。認識論に対する、限定された、距離を置いたアプローチは、世界における日常的な存在についてのより広い背景に照らしてはじめて可能になる。そして、そのアプローチは、このより日常的な存在の仕方や行動の仕方と比べるとき特徴的なものとして現れる。テイラーの説明によれば、

物事を中立的な対象として把握することは、世界における存在の仕方の背景に照らすことではじめて、私たちにとって可能なことの一つとなる。その存在の仕方の中で、物事は、人間に理解されうるものとして、姿を現す。物事を中立的に理解することは、物事に対する私たちの立場を修正することを要求する。その立場は、もともとは物事に関わることから生じなければならなかった。……距離を置いた〔＝参与を離れた〕視点から描きだされる物事に対する態度は、それが明晰であるためには、その世界に対して枠組みを与え続ける姿勢の内部――その態度とは正反対のところ――に、位置づけられていなければならない。それゆえ、この態度は、本来のものではありえないし、根本的なものでもありえない。中立的であるための真の条件は、この中立的な立場に対して、距離を置いた見解が想定するような、私たちの生活におけるパラダイム的な地位を与えることを禁じる。(Taylor 1995a : 73 ; cf. 11-12, 21, 70 ; 1991c : 308 ; 2000c ; 2002b)

さらに、テイラーの示唆によれば、知識を認識論的モデルで描くことによってはじめて、人工知能についての研究課題が信頼を得るようになる（1995a : 4, 63, 67 ; 2000c）。ある主体の知識は、コンピューターにプログラムすることはできないから、知識が参与的主体と暗黙の背景の両方によって定着し、認識可能になったとき、人工知能についての研究課題は不自然なものではなくなるように思われる。

表象主義的な概念によって隠されてきた、このような実践的認識方法の重要性についての指摘が示すように、参与的で身体化された主体について説明する際のテイラーの目的の一つは、表象主義的な認識論の暗黙の背景に光をあてることである。知識に対するこのアプローチは、それ自身の背景的条件、それ自身の可能性の条件を見落とし、曖昧にしている。しかし、表象主義的な認識論を批判する際のテイラーの関心は、より日常的な知識の獲得の仕方や行動の仕方に内在している、それ自身を可能にしている条件を明らかにすることだけではない。彼の関心は、暗黙の背景それ自体の概念に注目することにもある。この二重の考え方が必要である。なぜなら、表象主義的な認識論は、その認識論を可能にしている暗黙の背景についての認識だけでなく、背景についてのいかなる概念の認識も妨げるからだ（1999c : 173）。

この「暗黙の背景」という言葉、あるいは単に「背景」という言葉は、あらゆる活動を支える重要な想定、能力、実践――これらはあまり明らかにされておらず、認識されていない――を指している。表象主義への批判において、テイラーは、反省的な概念的理解を可能にするものについて語っている。とはいえそもそも全ての活動が、このような暗黙の背景によって基礎づけられている――言語はそのもう一つの例である。テイラーの思想における言語の側面は、ヴィトゲンシュタインの後期の主張についての彼の解釈に大きな影響を受けている。とりわけ、『確実性の問題』（一九七二）における、懐疑主義に対するヴィトゲンシュタインの批判、『哲学探究』（一九五八）における、言語を明白な定義をもつものとして考えることに対する彼の批判、そして、ルールに従うとはどういうことかについての彼の説明に影響を受けてきた（Taylor 1995a : 165–80）。暗黙知の次元についてのマイケル・ポランニーの議論もまた、この点におけるテイラーの思想に影響を与えてきた（Taylor 1985a : 146 n. 2 ; 1995a : 294 n. 7 ; 1999c : 165）。人が知識を得る場合も、また活動する場合も全て、想定、実践、能力の暗黙の背景をもとにしている。何らかの重要な要素——指示、言葉、行い、身振り手振り、象徴や目的——は、それ自身の意味だけに頼っているのではなく、その意味が現れる際の背景的な環境にも依拠しているのである。(13)

このような言葉や行いを可能にしている背景は、たいていは知覚できないかたちで機能する。その背景は、通常は認識されず反省も理論化もされない状態にあるにもかかわらず、永遠に不明瞭なわけではない。背景の中でも、ある要素は、ときどき思い起こされ、明白なものになり、反省され、問題化される。しかし、背景全体が同時に明白になることはありえない。理解と活動は、意識の焦点には持ち込まれえない物事に常に依存している（1975a : 467 ; 1995a : 11, 69, 74–5 ; 1999c : 165）。ヴィトゲンシュタインも述べるように、「私たちが提起する問題と、私たちが抱く疑問は、いくつかの命題が疑いの対象から外されているという事実に依拠している。そうした命題は、いわば、これらの問題が回転する蝶番のようなものである」（Wittgenstein 1972 ; #341 強調はテイラー。cf. #163, #167, #337, #344, #354, #519）。逆に、意識の前景の一部を占めていた物事が、しだいに、背景へと滑り込んでいくこともある。このことは、新たな技術を身につけるときによくわかる。車の運転を習うときのことを考えてみよう。まず私は、自分のすること全てに意識的に集中しなければならない。たとえば、いつギアを変えるのか、いつライトを点滅させるのか、ブレーキのペダルからアクセルのペダルにどのように切り替えるのかなど、全てに注意しなければならない。しかし、時が経ち、慣れてくるにつれて、非常に苦労して習得した多くの能力を自動的に使うことができるようになり、私は、自分の運転技術の向上について考えることもできるし、あるいは、ほとんど思考したり注意したりしないで運転ができるようになる。別の車をはじめて運転するときには、自分の意識の後景に退いていたものに再び注意しなければならなくなるだろう。しかし、それは、私が新しい車に慣れてくるまでのことであり、そのあとは、いったん注意しなければならなくなったものは、暗黙の背景における元通りの位置を占めるだろう。

暗黙の背景と、反省的かつ理論的に知ることとのあいだの関係について考えるとき、テイラーは、知識の連続体に注目する。知識の連続体は、一方の極では、参与的な身体化および日常的な対処行動から、もう一方の極の、非常に抽象化され距離を置いた科学的理論化にまで、広がっている。知識がこの連続体の中でどこに位置づけられるのかを決めるものは、意識のレベルである。活動それ自体を知っているという意識のレベルのみならず、自分の信念もまた、意識のレベルの上に置かれる。距離を置いた知識は、高度に自覚的であり、高度に人工的である。その知識は、容易には得られない、特殊な種類の理解を得ようと努力する。参与的身体化は、その反対である。参与的身体化の場合、知るということは、ほとんど非反省的かつ無自覚的な行いとして、自らを表出する。しかし、これらの二つのタイプの理解がどれだけ異なっていようとも、それらは必然的に調和しないわけではない。距離を置くモデルは、実際にはその実現のために、参与的身体化に依存する。距離を置くモデルは、距離を置いた第三者的な方法で世界について考えようとするが、世界に対処する日常的な能力にやはり頼っており、その能力にもとづいている。この連続体の中で知識について考えるなら、テイラーが認識論的モデルに帰するところの存在論的な誤りを避けることができる。なぜなら、知識を連続体の中で考えることは、距離を置いた理論が、知識の唯一のタイプではなく、知識の一つのタイプであることを示し、世界における、より根源的で日常的な存在の仕方や行動の仕方に依拠していることを認めるからである（Taylor 2000c）。

表象主義的アプローチは、常に、独我論と懐疑主義に陥る危険性をもっている。外界についての私の像は本当に正しいとどうやって確信をもてるのか。いかにして、内と外を、確かな方法で関係づけられるのか。外界が本当にそこにあるということを、私はどのように確かめることができるのか。これらの疑いに対して、テイラーは、身体化された主体性のもつ、不確実ではない実在論について指摘する。知識についてのこのアプローチは、表象主義的認識論を悩ませているような根本的な不安定性を免れている。あるいは、参与的で身体化された見解には、信頼できる知識についてのアプリオリな前提がある。彼が述べるように、「非実在論は、それ自体、［認識論的］伝統に関する、繰り返し生み出される難問《アポリア》の一つである。……その難問から逃れるということは、徹底的な実在論に到達することである」（1990b : 258）。もちろん、この見解においても、世界についての主体の知識の一定の部分は、疑われることもあるし、誤ったり訂正されたりすることもある。私は、家を出る前にコーヒーポットの電源を切ったかどうかが心配になることもあれば、自分の腕時計をどこに置いたか忘れることもある。しかしながら、私が、意識的で身体化された存在として参与している世界があるという根本的な実在性は、有意義に疑われることはない。

これらの［特定の］疑いは、私の関わりを全て内包する場としての世界の背景に照らして、はじめて生じうる。私が、この世界の背景を真剣に疑うならば、私のもともとの心配事の定義も溶解してしまうだろう。私のもともとの心配事は、この背景に照らしてはじめて意味をもつのだから。（2000c）

さきほどの例を続けるならば、私は、私が机の上に腕時計を置いたと思ったとき、本当に置いたのだろうかと疑うことができる。あるいは、私は、自分が単にそのような夢を見ていたのだろうか、とさえ疑うことができるし、私の腕時計が知らないうちに手首から滑り落ちたのだろうか、と疑うこともできる。しかし私は、机が存在するのかどうかを有意義に疑うことはできない。あるいは、私が、いったんは腕時計を持っていたということや、ましてや自分に手首があるということを、有意義に疑うことはできない。テイラーは、こうした文脈において、このような根本的な疑問には意味がないというメルロ＝ポンティの見解を引用している。「もし、あなたが自分自身に、世界が実在するのかどうかを問うなら、あなたには、自分の言っていることが聞こえていないのだ」（2000c に引用されている)[14]。

もちろん、身体化された参与の場が共有された世界であり、他者もまた、別様に世界に関わり、世界の中で身体化されているという事実は、議論と論争の余地を生むだろう。したがって、テイラーが、このような実在論を問題のないものとして特徴づけるとき、彼は、「世界は本当はどのようなものか」とか、「何が本当の事実なのか」について議論の余地がないと言っているわけではない。彼は、この世界の根本的実在性は、決して疑うことができないと言っているのである。前述の議論と論争は、限定的なものである。それらは、当然のものと思われている実在論の背景に照らしてはじめて起こっているのである。さらに、世界が共有されているという事実は、論争の当事者たちが、彼らの議論にとっての、共通の参照点を持っているということを意味している。そして、彼らは、主体として世界に実践的に関与してきたので、どの見解も、完全に間違っているということはありえない。参与する者たちによる世界についてのいかなる理解も、全くの思い違いであるはずはない。人びとの見解の中には、部分的に歪められているものや、誤っているものもあるだろうし、他の見解よりも、より歪められているものや誤っているものもあるだろう。しかし、知るということが、行うということと非常に密接に関係しているという事実は、私が他の人と論争するときに、その人の見解にも何らかの妥当性があると想定しなければならないということを意味する(2002b ; 2000c)。

世界についての他者の考えを尊重するというこの原則は、異文化にも拡大していき、他の生活様式や信念の体系を理解しようとする際の地平の融合についてのテイラーの議論を、さらに根拠づけている。ある文化の実践が、どれだけ異様に思えたとしても、その構成員もまた、自分たちなりに行動し、彼らの世界を理解しようとしている参与的で身体化された主体であるという事実は、共通理解の基盤を提供する(2002b)。テイラーは、認識論に対するジョン・マクダウェルのアプローチについてふれる中で、「人間が知ることは、有限であり、状況づけられており、社会的な意味をつくることである」と述べる（2000a : 249）。テイラーはここで再び、自らの見解を提示している。私たちが人間についてのこの事実をいったん理解するならば、私たちは、世界についての異なる理解について知覚できるようになるだけでなく、相互理解の基礎を得ることができる。

認識論についてのテイラーの考え方を形成してきた思想家たちのほとんどは、二〇世紀に著作を残したが、イマヌエル・カントもまた、重要な源泉である。実際、テイラーによれば、これらの二〇世紀の思想家たちは、「超越論的条件からの議論」についてのカントの思想に影響を受けている（1995a : 9 ; cf. 2002b）。この議論の仕方は、根本的で否定できないような存在の特徴と思われるものから議論を始めて、この確固とした出発点からさかのぼって推論していく。このような推論の正当化は、論理的なものである。たとえば、Bについての推論は、Aが否定できない存在の特徴であるとき、BはAの可能性の一つの条件であるという事実に依拠しているかもしれない（1979a : 32-4 ; 1995a : 20-21）[15]。カントは、認識論に役立つようなこの種の議論を、次のような基本的事実から始める。すなわち主体は、時と場所などに限定された、特定の経験をしているという事実である。彼は、ここから「遡及」し、このような経験をしたことのある認識主体の構造について推論する。テイラーが述べるように、ヴィトゲンシュタイン、ハイデガー、メルロ＝ポンティらは皆、テイラーの言う「世界についての主体の知識」から議論を始めて、この強固な出発点から、世界と行為主体についての結論を導き出していく。これまで見てきたように、ここでの行為主体の明白な特徴は、彼らが身体化されており、環境に深く参与しており、意図的だということである。そして、ここから現れてくる、自己およびその世界の知識についての考え方、および世界との関係についての考え方は、表象主義的な認識論と結びつく考え方とは大きく異なっている（1995a : 10-11, 22, 72）。

しかし、最終的には、超越論的な議論のもつ力は、その出発点に左右されるのであり、その出発点がどれだけ確固たるものかに拠る。テイラーも述べるように、「哲学の仕事は、問題を適切に定義することである」（*ibid.* : 11）。

仮に、議論の余地のないものとして提示された、日常的経験についての一つの考え方が、実際には論争的なものであった場合、超越論的な議論は進展しないかもしれないし、誤った推論を生むかもしれない。このような議論の仕方は、その議論が根本的な現実に対して与える説明がどれだけ明快で説得的かに依拠している。テイラーが認めるように、これらの議論は「経験の性質にもとづいているため、排除することのできない、究極的で存在論的な問題が残る。……そうした議論は、私たちが明白にするのが最も難しいことは何なのかを明らかにしなければならないのであり、それゆえ終わりなき議論に開かれている」(*ibid.*: 33)。もちろん、認識論的な伝統の優勢と、日常的な経験の次元をこえようとするその試みは、私たちが、これらの出発点を明らかにすることにほとんど慣れていないということを意味している。しかしながら、このような弱点は、テイラーが自ら支持する知識へのアプローチと関連づける、疑問の余地のない事実を出発点とする実在論によって、軽減されうる。というのは、日常的な存在の特徴についての議論は、広く、かつ実り豊かに、追求されうるものだからである。

カントに影響を受けた、超越論的演繹をテイラーが用いることと、知識に対する「最良の説明」アプローチを彼が提唱することとのあいだには、強い親和性がある。知識についての「最良の説明」アプローチは、認識論についての彼の省察において認められるだけでなく、彼の道徳理論でも用いられている。どちらの場合も、理論的な重心は、日常生活がどのように営まれており、日常生活を理解する際に役立つ概念は何かということである。しかしテイラーは、「日常生活を営んでいくために私たちが前提としなければならないものについて、最良の説明をするための切り札があるわけではない」と断言する(1988d: 57)。

道徳的生活に関する理論であれ、知識に関する理論であれ、その理論の価値を評価する際には、このような議論が重要になる。ある理論は、それが、日常生活の営まれ方を明らかにする限り、そして、それらの用語が必要不可欠であるか否かを示す限り、多少なりとも役立つと思われる。超越論的演繹の議論の仕方と、最良の説明とのあいだの関係は、次の一節において明らかである。

いったん私たちが、自らの生を実際に生きるために真剣に考えなければならない諸問題について、可能な最良の説明をしたならば、別の言葉でいえば、私たちが生きていくために実践しなければならない存在論的な想定が何であるかをいったん明らかにしたならば、私たちが間違っているということを私たちに説得できるような認識論的な議論は、一体どこからやってくるのだろうか。実践と切り離すことのできないものや、実践に不可欠なものについての最良の自己理解を、どのような議論が覆すことができるのだろうか。（*ibid.* : 56）

認識論的伝統に対するテイラーの批判から生じる重要な問題は、彼が、どの程度、そしてどのような意味において、認識論的伝統を本当に克服しているのか、という点である。彼の議論に対する一つの可能な応答は、彼は認識論的モデルの基礎づけ主義を克服しているのではなく、単に、それを別の種類の基礎づけ主義に置き換えたのだ、というものである。彼のアプローチは、「反基礎づけ主義」（2000c）をとっているわけではない。彼によれば、知識の基礎は、今や、環境に深く関与する身体性と日常的な対処行動の中にあるということが明らかにされたのである。この主張には、重要な点が含まれている。というのもテイラーは、距離を置いた知識および全ての人間の知を基礎づける新たな方法を提唱している、いるからである。しかしながら、その新たな方法は、前に述べた複数のレベルにおいて、認識論的モデルの基礎づけ主義とは異なっている。さきにミクロレベルの基礎づけ主義と呼んだものとは異なり、テイラーのアプローチでは、知識の要求は、これ以上縮減できない根本的な基礎にまで到達しなければならない、と提唱しているわけではない。彼は、知識の確固たる基礎にたどりつきたいという切望は、非現実的だと考える。というのは、知るといういかなる行為も、反省的に考えてもわからないことや、定式化できないものを前提としなければならないからである。一定の物事が明確に意識されるようになり、吟味されるようになるためには、その他の物事が、暗黙の、問題化されていない背景の一部として残らなければならない。それに対して、基礎づけ主義には、「明白さを自らもつことへの……誘惑がある」(1995a : viii ; cf. 11–12)。

マクロレベルの基礎づけ主義と比べると、知識に対するテイラーのアプローチは、認識論に対して優先的な位置を与えない。彼の支持するモデルにおいて最も重要なのは、知識について知ることではなく、存在や行為について知ることである。つまり、優先されるべきは、認識論的な知識ではなく、存在論的な知識である。したがって、知識はやはり中心的であるが、知識それ自体の性質は、もはや最も重要な問題ではない。それは、二次的な問題であり、人間が世界に存在する仕方や人間の行為について私たちがいったん認識した後で、扱われるべき問題である。テイラーが述べるように、「その伝統の大いなる欠陥は、認識論が存在論を規定することを許したことにある」(1990b : 264)[16]。彼のアプローチは、認識論的モデルを特徴づける方法や手続きを、固定されたものとして想定しない。本章のはじめに示したように、正しい方法という問題は、研究対象に応じて変化する。正しい方法についての問題は、あらかじめ結論を出すことはできないのである。

したがって、テイラーは、認識論的モデルの手続主義を認めないのであり、基礎づけ主義についての、その特定の理解を退ける。彼は、表象主義的アプローチと関連した、内面と外面の二分法も否定する。彼が支持するのは、世界に対する身体化された参与を第一に考えるアプローチである。テイラーは、距離を置いた知識と知識それ自体が融合することに対して異議を唱え、距離を置いた知識を、例外的で従属的な理論的達成として位置づけなおす。彼は、その背景にある実践と想定の重要性に光を当てる。そして、その重要性が、認識論的モデルによって曖昧にされ、否定されていると考える。このことは、知識が、十分かつ明白に変動するものであるという信念を示している。テイラーが、人間の知識の有限性を強調する議論において述べるように、「私たちの信念の基礎を、完全かつ反省的に明らかにしようと望むのではなく、私たちは今や、この自己理解を、私たちの知の限界と条件についての自覚として考えることができるだろう」(1995a : 14)。

このことは、ヘーゲル的な意味において、認識論的伝統を克服することに相当する。つまり、認識論的な遺産の全ての側面を捨て去ろうとするのではなく、その遺産において価値のあるものは残し、その遺産を、知識についての、より良い包括的な理解へと近づけようとするのである。テイラー自身は、次のように主張することによって、知識についての彼の思考における継続性を強調する。すなわち、彼のアプローチは、「知る能力を持った主体としての私たちの本性についての自己明晰さ」(*ibid.* : 14 ; cf. 15, 17) の探求を推し進めるものだ、という主張である。この明晰さは、認識論的モデルの動機の一つである。より古いモデルの実践者たちは、次のように考えた。つまり、この明晰さは、人が知の探求の中に取り入れたもの――つまり、もともとは物の中には存在しない特徴――を特定し抽出することによって高まるだろう、と考えた。テイラーは、そう考えるのではなく、その同じ物事に対する認識と再関与、およびそれに伴う知識の再概念化によって、この探求〔明晰さの追求〕を進めようとする。

したがって、テイラーの認識論と伝統的なモデルとを統合しようとする試みは、知識をより明白なものにしていこうとする大望をもつ。彼は、「理性についての近代的な課題をもう少し先に」進めたいのである (*ibid.* : 15)。この共通の特徴は、二つのアプローチに関する実践理性の基礎を与える。実際に、テイラーによる認識論批判が実践理性についての彼自身のいくつかの考え方を実行に移す、いくつかの方法がある。テイラーは、認識論に対する彼のアプローチをほかの方法と比較し、伝統的な理解よりも彼の理解の方が優れているとして、自らのアプローチの優位性を示そうとする。たとえば、彼のアプローチは、伝統的なアプローチよりも包括的なものだと主張する。それは、参与的で身体化された主体のみならず、距離を置いた知識についても説明し、さらに両者の関係についても説明できる。それに対して、認識論的モデルは、距離を置いた知識と表象主義的な知識のみを視野に入れている。テイラーの議論には、感情に訴える要素もある。というのも、彼は、より古いモデルの基礎にある動機を引き出すことができると考えるからである。彼によれば、認識論的な教訓は、理性、自由、そして尊厳のような道徳的概念についての特定の解釈と結びついており、人間についての特定の原子論的な概念と関連している。このモデルはまた、自然に対する、さらなる道具的支配の魅力をもたらした。したがって、実践理性を用いる人のように、テイラーは、対立するアプローチの暗黙の背景を徹底的に掘り下げていく。そして、通常は暗示的であるが、それが現れるときには現実に重要な力となるような物事を指摘することによって、その暗黙の背景を理解しようとする。最後に、参与的な身体化についての彼の議論の出発点を明確に述べることが難しいということを、テイラーは妥協的に認めているが、このことから私たちは、このアプローチが認識論についての「最良の説明」を提供する議論であると推論することができる。ある人が、日常的な経験について、より明敏で体系的な議論を発展させたときは、その議論が、知識と主体性についての全く異なる推論に至ったとしても、その推論を受け入れるべきであろう。

言　語

「人は、なりよりもまず、言語を使う動物である」(1985a : 216)。この言葉が示しているように、そしてこれまでの章で述べたように、テイラーの哲学における言語の重要性は、認識論についての議論をこえて広がっている。というのも、言語の問題は、道徳、人間性、そして政治についての彼の分析に浸透しているからである。たとえば、言語は、決して完全に個人的なものではない。言語は常に、自己をこえて、会話における他者の存在を想定している。この対話的な視点は、承認の政治についてのテイラーの分析においても中心的であり、自己のあり方と自己解釈についての彼の主張においても中核的なものである。これら全ての主張において、テイラーは、言語についての表出主義的見解を用いており、この見解を、より古い道具的見解と対比させる。道具的見解では、言語を、より効果的なコミュニケーションや精神構造を維持するという目的のための、単なる道具として考える（第二章を参照）。さらに、この道具的見解は、表象主義的な認識論と密接に結びついている。なぜなら、表象主義的な認識論が言語に与える役割は、独立して存在する外部の現実をできるだけ十分に表現することだからである（1985a：224-6, 252-5, 282）。これに対して、表出主義的アプローチは、言語を、独立して存在する現実を表現する媒体とは考えない。このアプローチは、言語の領域に入ってきた物事を形成し、あるいは変化させる力を言語が持つことを認める。〔言語が〕何かをはじめて明確化すること、あるいは違ったものとして明確化することこそ、テイラーが道徳的生活における〔言語による〕明確化を重要だと考える理由である（第一章参照）。言語を、現実の単なる表象ではなく、現実を構成するものとして考える表出主義的理解は、近代的自己についての彼の分析においても中心的であり、自己解釈が自己を部分的に生み出すという彼の議論においても枢要なものである（第二章）。

本章が示してきたように、実践や想定の暗黙の背景を回復させることは、知識についてのテイラーの理解におけるいくつもの点において、重要性を帯びている。また、それらの回復は、複数の地平がどのように融合するのかについての彼の叙述においても現れる。さらに、知識についての表象主義的見解を退ける方法としての、環境に深く参与した身体性に彼が注意を喚起する点においても現れている。この回復の中で、人間にとっての言語の重要性と、共有善として理解される言語が現れてくる。言語を、人間生活の全ての局面にとって中心的なものとして見ることは、原子論的な存在論をおびやかす。というのも、原子論的な存在論では、言語を、人間生活における還元できない共有された力として説明することはできないからである（1995a：77）。

しかしながら、テイラーが、背景的な実践と想定のきわめて重要な役割に注目して、人間生活における言語の中心性に光を当てたと言うだけでは、不十分である。重要なのは、背景についての彼の分析が、言語についての彼の理論をもとにしているということである。たとえばテイラーは、暗黙の背景と言語の、両方の全体性を主張している。言語の全体性について彼が語るとき、三つの特徴を知る必要がある。これらの特徴を、視野の広いほうから順に挙げてみよう。第一に、言語は、文化に埋めこまれている、あるいは、生活様式に埋めこまれている。したがって、言語を本当に理解するためには、言語が反映し形づくっている生活様式について知る必要がある。ラウズが述べるように、テイラーにとって、「言語的な特性と、その特性の用い方は、より広い社会的実践の文脈に埋めこまれている。逆に言えば、より広い社会的実践の文脈は、適切な言語的資源なしには存在しえない」(1991 : 47)。言語と生活様式あるいは文化のあいだに関係があるということは、次のことを意味する。言語が原子論的な方法では理解できないように、暗黙の背景もまた、原子論的な見方では理解できない。背景は、共有された意味の網の目から成り、その網の目は、間主観的に創造され、再生産される。この網の目は、諸個人によってはじめて活性化され、そして諸個人を通じてこそ活性化されるが、いかなる特定の個人からも独立している。

第二に、テイラーは、言語についてのフェルディナン・ド・ソシュールの影響力のある分析をもとにして、ラング langue とパロール parole〔言語の運用。ある言語の話者により実際の発話において身体化されたレベルでの言語〕に類似した区別を用いる。このことが意味するのは、言語の構造と、特定の場面における日常の話者による言語の日常的使用とのあいだの弁証法的な関係である。パロールという行為は、ラングという広い背景に照らして生じるのであり、その背景によってはじめて可能になる。パロールは、言語という、より広い背景を支え、より広い背景の中に暗黙裡に存在する、あるいは、より広い背景によって方向づけられている。しかし、だからといって、ラングがパロールを完全に決定づけるわけではない。発話者は、創意工夫を通じて、より広い言語構造に寄与し、言語構造を修正することができるのである(Taylor 1985a : 233 ; 1995a : 134 ; 2000c)。このことが示すのは、部分と全体のあいだの相互作用である。部分は、より広い暗黙の全体に照らしてはじめて立ち現れる。テイラーが述べるように、次のことは、意味の全体性にあたるものである。すなわち、個々の言葉は、明確化された言語の文脈の内部においてのみ言語たりうる。言語は、ある時に一つの言葉ができあがる、というようなものではない。成熟した言語能力は、このようにしては獲得されないし、獲得されえない。なぜなら、どの言葉も、その言葉に言葉としての十全な力を与える、全体としての言語を想定しているからである。

(1995a : 94)

第三に、ある語彙のうち複数の言葉は、それらの言葉を区別する差異からその意味を引きだしている、という主張である。したがって、意味は互いに関連しており、関係にもとづいている。ある言葉は、その意味を、その指示対象からのみ引きだしているのではなく、その言葉と、語彙内の他の要素との類似性や差異からも引きだす。部分と全体のあいだの類似した関係は、身体化された主体の暗黙の背景についてのテイラーの叙述にも含まれている。この全体における特定の項目は、個人の目的や意図にそって現れる一方、全体のより広い背景に照らしてはじめて現れる。したがって、私が朝、ベッドからよろめきながら出るとき、私の注意を引くのは、コーヒーポットとコーヒーである。しかし、適切に理解するならば、これらの物は、台所と食器棚とストーブなどの、より広い関係的な文脈に位置づけられなければならない。これらの他の物すべては、私の意識にのぼってはいない。なぜなら私は、それらを当然のものと思っているからである。いわばそれらは、背景へと滑り込んでいる。しかし、それらのうちの一つが壊れたり無くなったりするとき、それは私の注意や関心の焦点となる。

したがって、言語に対するテイラーのアプローチは、全体性と表出主義によって特徴づけられる。言語の全体性の側面と表出主義的な側面は、ともにヘルダーの著作に現れていたものだった。テイラーはヘルダーを、言語哲学における中心的な人物として描く。ヘルダーにとって言語の全体性は、二つの側面をもつ。一つは、言語が作動するあり方である。もう一つは、言語が、なによりもまず集合的な財であり、そのうえで諸個人の財となるという事実である（*ibid.*: 79–99）。テイラーによれば、ヘルダーは、言語が理解されうる重要な方法を見いだし、その方法は、今日においてもなお研究され議論されている。

本章から明らかになるのは、テイラーにとって、認識論の克服についての議論は、真理、知識、方法、そして確実性といった問題以上のことに対する帰結を生み出すということである。これらの問題についての議論は、言語、個人性、社会、そして倫理についての見解と結びついている。知識について別の仕方で理解することは、私たちが道徳を説明する仕方、自己を解釈する仕方、そして政治を理論化する仕方に影響を及ぼすのである（*ibid.*: vii, 3, 15; 2000c; 2002b）。

第五章　結び——世俗性の源泉

一九九九年の四月と五月に、テイラーは、年に一度のギフォード講義の一部として、エディンバラ大学で一〇回の授業を行った。ギフォード講義は、「最も広い意味での自然神学——別の言葉で言えば、神についての知識——の研究を促進し広める」(1)ことを目的としたものである。テイラーの前任者には、ウィリアム・ジェイムズ、ジェイムズ・フレイザー、アルフレッド・ホワイトヘッド、アーノルド・トインビー、ポール・リクール、アイリス・マードックがいる。テイラーの講義のテーマは、世俗性であった。彼は、世俗の時代に生きることが何を意味するのかという問いに、いくつかの視点から答えようとした。以下では、その講義の概略と主な主張を述べ、彼が公刊してきた著作とのいくつかの連続性を指摘する。その講義はまだ出版されていないため、また、それはテイラーにとって現在進行中の研究であるため、ここでの説明は暫定的かつ一般的なものにとどまらざるをえない(2)。しかし、その試みは『自我の源泉』に匹敵するほど巨大なものであるため、本書の結びにおいて、その試みが暗示しているものについて指摘することは重要だと思われる。テイラーのような精力的な思想家を扱うときには、彼の研究の概観を、その将来の方向性を指摘することで「結び」とするのはふさわしいだろう。

テイラーが取り組む最初の問いは「世俗性とは何か」である。この点についての一般的な答えとしては、西洋社会における宗教的信仰の衰退、教会と国家の分離、公的領域からの神の消滅あるいは後退があげられる。この問題

についての以前の著作の中でテイラーが指摘するように、

「世俗化」について人びとが語るとき、様々な物事を意味しうる。ある意味においては、その言葉は、現代世界における宗教的な信仰と実践の衰退を指し、教会に通う人数の減少、あるいは自分が信者であると言う人数の減少を指す。もう一つの意味においては、世俗化は、公的空間からの宗教の後退を意味しうるのであり、宗教的アイデンティティをそぎ落とした、宗教的かつイデオロギー的な中立性に向かって、私たちの制度が着実に変化することを意味しうる。（1997c : ix）

これらの記述のどれも、テイラーにとっては十分ではない。宗教的信仰の衰退という第一の点に関して、彼は、宗教的信仰が直線的に衰退しているというよりも、むしろ、実際には、宗教的信仰や精神的信仰の多元化が起きていると主張する。宗教についての以前の論文における彼の見解は、次の文章において、さらに展開されている。

〔宗教の将来についての〕懐疑論者たちは、直線的に展開する像を提示することが多い。その像においては、より多くの人びとが、宗教的な信念を次第に失ってきており、いつかは、宗教的な信念と実践が周辺的な現象になるという状況に達するとされる。しかし、そうなるとは思えない。その理由の一つとして、現代社会においては、多くの人が教会から離脱しているように思われるが、このことは、神への信仰の喪失、死後の世界に対する信仰の喪失、あるいは何らかの精神的《スピリチュアル》な原理に対する信仰の喪失と同じではない。信仰告白を軽視する傾向は、主な現象ではあるが、それは決して単なる不信仰を示しているわけではない。教会が衰退するからといって、宗教が衰退するわけではないのである。（1990a : 105）

彼は、世俗的社会の第二の描き方——宗教が公的領域から切り離された社会——については受け入れようとするが、その描き方ではまだ不十分である。その理由の一つは、少なくともアメリカ合衆国において、宗教と国家の分離はもともと、社会を構成する異なる信仰をもつ者たちに対して、単一の信仰が押しつけられることを防ぐ方法として考えられていた点にある。その目的は、宗教を公的領域から追い出すことにあったのではなく、宗教の多様性を守ることにあった。公的生活から宗教が後退することは、この見解の必然的な一部ではなかった。ここにおいてテイラーは、教会と国家の分離と、宗教的信仰の私化とを区別するのである。世俗性を理解する際の難問の一つは、第一の考え方〔世俗化を宗教的信仰の衰退として理解する〕が、どのようにして第二の考え方〔世俗化を公的領域からの宗教の後退として理解する〕に包含されるようになってきたかについて説明することであり、いかにそれらのあいだの区別が失われてきているかを説明することである（*ibid.*：102-3, 104, 111）。さらに彼の示唆によれば、われわれが目にしてきたものは、公的生活からの神の完全な消滅ではなく、〔公的生活に対する〕神の関与の仕方における変化である。かつては、政治的な権力と権威は、神によって授けられていると想定されていたが、今ではそれらは、人びとの合意によって、個々人の目的を推進するために創造されると考えられている。このことは、各集団や各個人が、政治的議論において、神や宗教的価値観に訴えることを妨げるわけではない。しかし、政治において、まさに神がどのように現れるべきなのかについての広範な合意は、もはや存在しない。これは、今日では、討議と話し合いが必要な問題である。

テイラーは、世俗性の第三の定義を提示する。これは、第二の定義と必ずしも相反するわけではないが、宗教的信仰の条件が変化しているということに関する、より広い文化的な展望と焦点をもっている。この視点によれば、世俗の時代に生きるということの最も重要な特徴は、宗教的信仰への忠誠心が、多くの人にとって疑わしいものになっていることであり、有神論者にとってさえ、彼らの信仰は、合理的な複数の選択肢のうちの一つになっているということである。しかし、無神論者たちもまた、この圧力が交錯する状況の中で存在している。テイラーによれ

ば、

今日において、なんの疑いもなく、キリスト教徒、無神論者、あるいはその他の者であることはできない。私たちの状況は、この不安定性によって特徴づけられるのであり、世俗性が宗教を一掃してきたという考え方によっては特徴づけられない。

(1998b：11)

宗教的信仰の現代的文脈は、西洋世界の前近代における文脈とは著しく異なる。前近代においては、神への信仰は単に、文化的に備えつけられていたものの一部であった。したがって、世俗性を理解するために、テイラーは、一五〇〇年から二〇〇〇年のあいだに何が変化してきたのかを歴史的に探究する。それは、神への信仰が、西洋文化において受け入れられた背景と前景の一部であった時代から、神への信仰を自由に選択できる時代への推移である。彼は、次のようにさえ主張する。すなわち、学問的世界のような一定の環境においては、有神論は批判にさらされる選択肢であり、常に弁解しなければならない選択肢である、と。

このように、有神論の周辺化、すなわち有神論が当然だと思われていた状況から、複数の選択肢のうちの一つへと後退したことは、世俗の時代における特徴の一つと密接に関連している。それこそ、テイラーの用語では、排他的人間主義あるいは尊大な人間主義の力と影響力である。(3) この道徳的かつ精神的な見解が、神や神聖さ、および超越的善あるいは来世への言及なしに、世俗的な用語のみによって人間の繁栄を考える態度をもたらした。テイラーは、このような教義が前例のないものであると主張しているわけではない。古代エピクロス主義者の見解のいくつかは、このような排他的人間主義に似ているからである。前例があるかどうかではなく、テイラーが注目に値すると考えるのは、この見解の広範な普及であり、その影響力と優位性である。人間の視点から——そして人間の用語のみで——理解された人間の繁栄こそ、多くの人にとって、生の究極的目標となっている。逆に、このことが、神への信仰をもち続けている人びとや、あまりに人間的なものをこえた目的を重んじる人びとにとって意味しているのは、彼らの精神的見解の文脈における重要な変化である。

この変化がどのようにして生じてきたのかを説明することは、簡単なことではない。テイラーは、多くの複雑に絡み合った糸を引き寄せながらも、彼の豊かではあるが複雑な説明が不十分だろうということを認める。これらの限界を認識しつつも、彼は、現在の歴史を再構成することが非常に貴重なことであると言う。その理由の一つは、歴史を知らずに現在を理解することができないという点で、すなわち、過去は現在の中に沈潜しているという点で、彼がヘーゲルに基本的に同意していることにある。しかし、世俗性についての歴史的視点は、より独特の理由によって重要となる。テイラーは、有神論に対する多くの批判者は、彼ら自身のために、一種の啓蒙の物語を書いていると示唆する。その物語では、有神論からの自由は進歩とみなされ、宗教的信仰を克服することは、人間の合理性と成長への一歩であると考えられる。有神論に絡め取られたままの個人や文化は、遅れているとみなされる。このように現代の有神論を、昔への先祖がえりとして解釈する傾向は、テイラーがこれまで指摘してきた点のいくつかを指し示している。たとえば最も総合的なレベルでは、テイラーは、「ある可能性を、他の可能性と比較することによって定義する、普遍的な人間の必要性」(1978b：22) に言及しながら、人間にとって、この種の対比的な自己理解は避けられないと主張する。より具体的には、彼の観察によれば、現代世界において、その対比は、過去の時代とのあいだで行われてきており、私たちの祖先の生活様式と自己理解とのあいだで行われてきた。

われわれの文明は歴史的な文明である。それは、私たちが、以前の諸文明と比較したうえで、進歩、発展、あるいは成長という概念によって自分たちを定義してきたという点においてである。私たちの文明の中心的な特徴は、自らを定義する際、比較の重要な要素が歴史的なものだということである。つまり、私たちは、自分たちが合理的であり、自律というある種の理想をもった近代人であると考えるが、このように定義するのは、部分的には、以前の諸文明との対比によってである。以前の諸文明には、重要なあり方において、これらの概念が欠如している、と私たちは考えている。

(*ibid.* : 22 ; cf. 23 ; 1978a : 135-6)

第三に、テイラーの歴史的なアプローチは、西洋人における文化的な自己認識を促進することに関する、彼の継続的な関心から生じている。このことは、啓蒙の物語についての、前述の第二の点に由来している。啓蒙の物語は、有神論からの解放を進歩とみなし、有神論を保持している個人や文化を遅れていると考える。世俗性の歴史をたどりながら、テイラーは、自然だと思われていることや、当然だと思われていることは、実際には歴史に根差しており、特殊なものであるということを示している。人びとは、常にそのように考えたり生活したりしてきたわけではないし、多くの人びとはまだそのように考えているわけではない。そこで再び、彼は、自己についてのより十全な知識は、複数の他者における差異を承認し尊敬する能力を強めると主張するのである。しかしテイラーは、西洋文化において有神論が、どのようにして文化的背景の一部から論争的な選択肢になってきたのかを跡づけながらも、かつての優位を取り戻そうとするいかなる願望も退ける。実際に彼は、西洋文化において、世俗性が信仰の文脈を絶えず変化させてきたと認識している。特定の文脈において有神論がどれくらい攻撃にさらされているかは別として、それは、近代およびポストモダンの時代において生じている複数の代替案によって、必然的に、より脆弱なものになるだろう。

こうした概略を述べるだけでも、テイラーの最近の研究課題が、『自我の源泉』を多くの方法で補うものであることは明らかである。実際、彼の現在の研究は、『自我の源泉』の次のような一節を詳しく論じるものと考えることができる。

英米系の諸国における不信仰の拡大とともに、一九世紀後半において、重要かつ不可逆的なことが生じた。そのときこそ、人びとが、ある地平から離れたときであった。その地平においては、何らかの形態における神への信仰が、実質上、確固たるものであった。そこから、有神論が複数の選択肢のうちの一つとなり、私たちの今日の苦境へと移行したのである。

（1989a : 401 ; cf. 408）

『自我の源泉』のように、新しい著作は、自己理解および道徳についての諸概念における大規模な文化的変化に取り組んでいる。ここからはテイラーが道徳を、何をすることが正しいかに加えて、何が善であり、愛する価値のあるものは何かという点をも含むものとして、広く考えていることが想起される。いずれの研究も、歴史的な転換に取り組んでおり、それらの研究は、現代の文化を理解するためには、その生成と発展、およびこれまで周辺化されてきた複数の見解と可能性について認識する必要があると主張している。どちらの場合も、テイラーは、近代が、古い世界観や道徳の単なる喪失をあらわしているのではなく、善についての新たなヴィジョンを与えているという確固たる見解をもっている。そして両方の研究は、ともに現象学的なものを強調する。すなわち、その目的は、どのようにして人びとが近代の自己あるいは世俗性を経験しているのかを理解することであって、いずれかの現象〔近代の自己あるいは世俗性〕を説明していると称する諸理論を単に評価することではない。人びとの経験は、双方の研究において解釈されるが、そのような解釈の対象となっている人びとは、西洋社会に生きる人びと――テイラーが言う、北大西洋世界に生きる人びと――である。ただし、彼は、オーストラリアやニュージーランドのような国に住む人びとを、自らの説明から除外したいわけではない。また、地理的かつ文化的に焦点を定めることは、世俗性が世界の他の地域に影響を及ぼしてきたということを否定するわけではない。むしろそれは、次のような事実を強調することを意図している。つまり、宗教的な信仰が今なお日常生活で共有された構造の一部である社会に生きる人びとの経験と、西洋社会の人びとの経験とが、質的に異なるという事実である。したがって、テイラーが記述し解釈しようとしている世俗の時代は、単純な境界をもたない。その境界は、地理的、社会的、文化的かつ時間的な考慮を念頭においたうえで、はじめて定めることができるものである。そして最後に、どちらの研究も、西洋の読者たちに、自らについてのさらなる文化的な知識を自覚させることを期待している。

テイラーは、世俗性を説明するための、二つの支配的なアプローチを区別している。第一は、一種のゼロサムの方程式で、世俗性を、科学の興隆と結びつけるアプローチである。つまり、科学的知識が増えると、神への信仰が減ると考える。このような議論によれば、

> 科学……は、宗教に取って代わってきたのであり、古い信条を信用できないものにしてきた。そしてそれが、公的生活を変化させてきた。ダーウィンの理論が公表された後の一九世紀に、キリスト教を信じていた多くの人びとが感じた危機は、現在進行中の過程を典型的に現しているものと考えられる。（1997c : x）

テイラーは、このアプローチに対して、いくつかの理由で不満をもっている。第一に、自然の作用についての自然科学の説明と、あらゆる形態の有神論とのあいだには、必然的な矛盾はない。彼は、そのような衝突についての認識は、以前から存在する道徳的感覚から生じると説明する。つまり、これらの精神的態度〔自然科学と有神論〕は、両立しえないものだという感覚である。しかし、自然科学と有神論のあいだに衝突があるという認識は、それぞれの認識論的な真価をよく考えたうえで導かれた結論ではない。彼は、「西洋近代における信念に対する障害は、主に道徳的かつ精神的なものであり、認識論的なものではない」と確信している（1996d : 24–5）[4]。第二に、テイラーは、信仰をもつ者あるいはもたない者としての人びとの経験と自己理解への自らの注目を前提として、議論と理論のみに焦点をあてる説明を受け入れようとはしない。彼は、この変化の意味が理解されるためには、別種の説明が必要

だと主張する。その説明とは、世俗性と関連する理想の誘因力を真剣に考えるような説明である。このことは、標準的な説明に対してテイラーが不満をもつもう一つの理由を示唆している。科学的知識の成長が世俗性の説明としてあげられるとき、倫理的な理想は通常、補助的役割を果たすことになる。このことは、次のことを示している。すなわち科学は、人びとに対して、世界を理解するための認識論的な進歩をもたらす。そして、認識論的な進歩を受け入れるためには、ある程度の勇気と誠実さが必要となる、ということである。かつての信仰をもつ者たちは、彼ら自身が、科学によってあらわになった脱魔術化した世界の真実を受け入れるほど、たくましく大胆なのかという難題に直面した。正しい情報で武装した人びとと、必要なたくましさと洞察力をもった人びとは、有神論者であることをやめるだろうと想定された。

テイラーによって提示され疑問視されている、世俗性についての一般的で伝統的な説明は、宗教が近代的な人間主義に取って代わられ、古い幻想と迷信は失われたという説明である。この説明と結びついているのが、宗教についての心理学である。この心理学は、有神論には、子供じみたニーズがあると考え、現実についての頑強で確固たる見解をもつ能力が欠けていると考える。このような全体的な見解を支えているのが、テイラーが「減算説 the subtraction thesis」と呼ぶ考え方である。これは世俗性を、主に喪失の観点から説明する。喪失とは、神への信仰の喪失、神の必要性の喪失、古い幻想と迷信の喪失、子供じみたものの喪失である。テイラーは、このアプローチが、世俗性への転換に含まれるものを捉えていることを否定はしないが、独特な語り口で、それが不十分な説明であると述べる。道徳的な説明よりも認識論的な説明を優先させることに抗う一般的な傾向は、ここにも現れている。というのは、世俗性について彼が好む説明は、世俗的態度についての知的な関心よりも、道徳的な関心を強調するものだからである。彼は、『自我の源泉』でなされるような、距離を置いた知識への熱望を伴う理想の魅力について議論しながら、そのような理想が約束するところの、力、主体性、落ち着き、そして尊厳は、支持者を引きつけると考える。したがってテイラーは、変化を、主に知的な内容の変化という観点からは考えない。むしろ、科学的世界観と、自然についての古い見解とのあいだの衝突において、より優れた別のモデルが勝利したと考える。彼は、自然の科学的理解における変化が、世俗性の発展にとって、まったく無関係であると考えるわけではない。そうではなく、彼は、いかに進化論が、宇宙の新しい見方に大きな刺激を与えたかについて議論している。古い見解がコスモスを、固定的で、限定された、不変のものと考えた一方で、一七世紀以来の近代科学の発展とともに、世界は、巨大で、おそらく無限で、常に発展するものとして考えられるようになってきたとされる。ここで彼は、科学的な知における進歩が価値のないものだと言っているのではなく、その進歩は、世俗性についての十分な説明を提供しないと主張しているのである（Taylor 1989a : 402–3）。

世俗性を説明するための、二つ目の有力なアプローチは、フランスの社会学者エミール・デュルケームによって開拓された。その議論はまず、個人的な信仰および神への信仰の衰退が、世俗性を牽引する原動力だと考える。他方で、個人的な信仰の衰退を、社会生活における宗教の制度的位置づけの変化への応答と考える。デュルケーム的アプローチは、宗教を以下のようにみる。

〔宗教は〕私たちの社会的想像に一定のかたちを与える実践のパターンである。宗教――あるいは、デュルケームが好む表現では、聖なるものについての感覚――は、より大きな社会的全体を経験する仕方、あるいは社会的全体に帰属する仕方である。明確な宗教的教義は、宇宙における私たちの場所や、他の人びとの中における私たちの場所についての理解を与える。なぜなら、宗教の教義は、この場に生きるということがどういうことなのかを反映しているからである。デュルケームにとって、宗教は、まさに社会の基礎であった。いかにして社会が団結しているかを研究することによってはじめて、そして歴史における社会の凝集性の変化を研究

することによってはじめて、私たちは、世俗化の力学を発見することができるだろう。（Taylor 1997c : x）

テイラーは、このデュルケーム的アプローチに対して、より好意的である。宗教的信仰の現代的文脈と、前近代的世界とのあいだを対比させる前述の議論では、前近代的世界における神への信仰が、受容された文化的背景（そして前景）の一部であった。

世俗性の興隆と、そしてとりわけ排他的人間主義の興隆についての彼自身の説明を導き出す際に、テイラーは中世の時代、とりわけ中世後期へと旅をする。この点は、彼の現在の研究課題と『自我の源泉』のあいだの主な違いである。というのも、『自我の源泉』は、中世の時代に最小限の注意しか払っていないからである。中世に目をつぶることによって、内面の深みについてのアウグスティヌス的説明からデカルト的説明へと移行できる（Adeney 1991 : 208を参照）。テイラーは、彼の最近の著作において、旧来の社会、すなわち神への信仰を不可避とし、信仰を守る防波堤を提供していた社会の、三つの特徴をあげている。それらは、〔第一に〕神が自然の世界を創ったという見解、〔第二に〕神が政治に関与しているあり方、および神が現に社会全体の秩序と作動に関与しているあり方、〔第三に〕精霊や超自然的力に満ちた魔術的世界においては、神は善のための力であったという信念である。時代を経て、これらの防波堤が全て崩れた。〔第一に〕現代世界では、自然は、距離を置いた科学的用語において説明される。〔第二に〕宗教は、公的生活から撤退し、あるいは、公的生活の中に自らを位置づけなおしてきた。そして〔第三に〕コスモスは脱魔術化された。すなわち、科学が、コスモスの力学に関して、徹底的に自然主義的な説明をしようとしたということである。魔術的あるいは超自然的な力への訴えは、西洋の文化に今なお響き渡っている。しかし、そのような訴えは、多くの人によって、魔術的世界においては考えられなかったようなやり方で、迷信的で無意味なものとして片付けられている。

世界のゆるやかな脱魔術化を分析しながら、テイラーが、世俗性についての探究の中で繰り返し主張する点がある。彼が強調するのは、脱魔術化の過程は、宗教的な見解の内部において始まったということである。宗教的信念を合理化しようとする動機から、キリスト教は、教会によって管理された魔術に対する批判と、神聖な儀式に対する批判を自ら生み出した。テイラーのテーゼは、排他的人間主義を導いた衝動の多くは、宗教的な動機と切望に由来しているというものである。このテーゼを証明するために、彼の議論の多くは、カトリックの内部および宗教改革以降のキリスト教における、宗教的な信仰と実践を改革しようとする動機を詳述することに力を注いでいる。たとえば、彼がかなりの重要性を見いだしたのは、カトリック教会における改革への後押しである。その改革は、一一世紀に、教皇グレゴリウス七世とともに始まった。また、彼が重視したのは、一二一五年の第四ラテラノ公会議の目標であった。つまり、全ての一般信徒に年一回の懺悔と聖体拝領を要求するという目標である。このことは、『自我の源泉』とのもう一つの違いをあらわしている。というのも、〔『自我の源泉』にみられるような〕古典的な哲学書の探究は、現在の研究においてはより小さな役割しかもっておらず、より直接的に、歴史的な説明がより大きな役割を担うようになっているからである。排他的人間主義を導いた衝動の多くは宗教的な動機と切望に由来しているというテイラーの主張は、次のことも意味する。すなわち、世俗性についての彼の物語は、実際に歩まれなかった多くの話の道筋、意図されない話、予期されない話を含んでおり、また矛盾する複数の帰結さえ含んでいるということである（Taylor 1997 c : xi を参照）。

世界がますます脱魔術化されるにつれて、テイラーが呼ぶ「守られた自己 the buffered self」が生まれてくる。これは、聖霊と悪魔のいる魔術的な世界における自己よりも、自らのコントロールの及ばない力に対して脆弱ではない自己を指す。この、守られた自己にとって、自己と世界、内と外のあいだの境界は、魔術的世界に生きる人びとの場合よりも通過しにくいように思われた。「守られた自己」という言葉は、自らコントロールできない運命の歯車の人質ではないという意味で自己の概念を捉えているだけでなく、自己のあり方についてのより明確で厳格に境界づけられた概念を捉えている。テイラーが述べるように、

五〇〇年前の魔術的世界においては……精神のまわりの境界は、もともと透過的であった。明白に人間の外側にある物事や行為主体は、私たちの精神状態や感情を形づくり変化させることができた。私たちの肉体的状態（それゆえ間接的に私たちの精神状態や感情）だけでなく、両方を一度に変化させた。これらの行為主体は、単に「精神」の外側から作用するだけでなく、私たちを、感情的かつ精神的に形成することを助けたのである。

（ギフォード講義より）

世俗性のもう一つの決定的な特徴は、時間についての見解の変化である。世俗 secular という言葉は、一つの世紀や一つの時代を意味する世代 saeculum に由来しており、文字通りの意味である。テイラーによれば、伝統的に、世俗の時代に生きることとは、日常の生を生きることを意味していた。日常の生は、自らを神や高次の物事に捧げた人びとの生や、永遠という時間の枠組みの中で生きようとした人びとの生とは対照的である。したがって、世俗という言葉はかつて、日常的なものと、高次あるいは永遠のものとのあいだの対比を示していた。世俗の時間は、規則的で直線的であり、この意味で高次の時間とは異なる。世俗の時間は、今日のほとんどの西洋人における時間についての通常の考え方と同じように、一定の均一な量と、順番に続いていく出来事によって測られうる。それに対して、高次の時間においては、日常生活の力学は一時停止される。この視点からすれば、復活祭の日のような特定の日は、二か月前の日曜日よりも、キリストの復活の日に時間的により近いものと考えられた。高次の時間の序列は、出来事の本質と重要性と質によって決められていたのであり、太陽が昇った回数で決められていたわけではなかった。しかし、世俗的な時間と高次の時間という二つの時間の枠組みは、互いに完全に独立していたわけではな

かった。世俗の時間におけるある出来事は、高次の時間との関係しだいで、新たな意味を帯びることがある(Taylor 1998a : 31-2)。

時間についての、このように異質な意識と比較すると、現代の西洋文化は、単一で均一な時間の概念によって支配されている。そのような時間を、テイラーは、ヴァルター・ベンヤミンにならって、「均質で空虚な時間」と呼ぶ。しかし、キリスト教が、時間に対する、このような直線的なアプローチの支配への道を準備したともいえる。というのも、キリスト教は、日常的な時間と高次の時間とのあいだの関係を描くことによって、時間に対する、旧来の循環的なアプローチを目立たなくしたからである。旧来の循環的な見解においては、パターンと出来事は、季節のようにめぐると思われていた。歴史への神の介入に対するキリスト教の信仰は、時間に対するこのアプローチがもはや適切ではないことを意味していた。顕現の例をとれば、イエスが人間になることは、自己循環的な出来事として考えることはできないからである。それは、予期できず、繰り返すことのできないものとして理解されるようになった(Taylor 1995a : 269-71 ; 1997b : 38 ; 1998a : 42)。

世界の脱魔術化と時間の均質化とともに、世俗性の第三の主な要素が、新たな秩序の概念になってきた。テイラーは、世俗の社会についての社会的想像を、次のようなものとして描く。それは、財とサービスの交換を通じた相互利益のために協働する諸個人という像によって構成され、この一体となった協働によって生み出された自発的な秩序と調和をともなったものである。この概念は、社会、経済、そして政治についての私たちのイメージの奥深くに入り込み、そのイメージを形づくる。またこの概念は、人間の相互作用がどのようなものであるかについての見解を与えるだけでなく、人間の相互行為がどのようなものであるべきかについての見解を与える。この社会的想像は、明白に、一八世紀に生まれた経済的生活のイメージをもとにしている。そして、この社会的想像は、経済的取引に、人間の生活における至高の重要性を与えている。自ら維持される社会的な秩序と安定性についてのこの見解は、しだいに、ヒエラルキーと命令にもとづく社会的凝集性についての古い概念を侵食した。また、その見解は、神を、平和と繁栄の維持にとって不必要なものにした。中世の社会的想像は、神の力と恩恵が社会生活の多くの領域に関係していると考えたが、新たな見解は、人間の慈善、さらには秩序の再生産のための単なる自己利益にさえ、焦点をあてた。

この新たな社会的想像の形成を理解するために、テイラーは、教会の歴史に立ち戻る必要があると主張する。そして彼は、どのようにして教会内部の運動が、社会秩序の増強を求めたのかを理解する必要があると考える。一五〇〇年ごろから、キリスト教の中の諸集団が、エリートと大衆のあいだの障壁を壊そうとし、一般大衆の生活をより文明化しようとした。これには、二重の目的があった。というのは、文明化された人びとが、社会を再形成するレベルだけでなく、個人的なレベルにおいても自らの生を作り直すことを意味していたからである。このような初期の秩序形成の試みは、世俗的な社会的想像の基礎を築くものであったとテイラーは考える。なぜなら、文明化された人びとは活動家であり、介入主義者であり、画一性と同質性を求めており、自らの行いを合理化していたからである。彼らは、一貫した一連の決まりを適用することによって、社会秩序を強めようとした。旧来の世界観は、秩序と無秩序を、物事のより広い枠組みにおける相互補完物として考えた一方、様々な改革は、社会生活から混乱をなくそうとした。それは、まず、暴動的な大衆活動からエリートのメンバーを排除することによって、そして次に、これらの活動全体を徐々に縮小していくことによってである。結局、私的な領域は、背信が許された唯一の場になった。すなわち、テイラーが呼ぶ「反コード」的あるいは「反構造」的な活動のための唯一の場となったのである。

このような宗教史に依拠した叙述が示すように、人びとの行動を文明化しようとする試みは、宗教的動機にもとづくことが多かった。人びとをより信心深くすることは、彼らをより文明化することであり、その逆もまたしかりであるという感覚があった。たとえば、日常生活を倫理的に肯定することは、『自我の源泉』やその他の著作において跡づけられたが、それがここでも重要な役割を果たす。というのは、日常生活を倫理的に肯定することは、大衆とエリートのあいだの隔たりを架橋することを目的とすると同時に、毎日の生活の日常的な活動が実践される方法を改善することをも目的としていたからである。とはいえテイラーは、文明化の使命のもう一つの動機は、国家のための軍事的かつ経済的資源を動員することであったという点を認めている。だが、基本的に彼は、キリスト教の文明化の使命は家庭で始まったと論じている。テイラーは、この使命を、家庭の領域の中でたどり、社会に対するさらなる秩序の押しつけについて描く。その中で彼は、マックス・ヴェーバー、ノルベルト・エリアス、ミシェル・フーコー、アルバート・ハーシュマンがかつてたどった道を進むことになる。結果として、宗教的信仰は道徳と関連するようになり、今度は、道徳が振る舞いと関係するようになる。したがって、宗教的使命として始まったものが、どのようにして、やがて神と超越的なものを遮断し、宗教的使命それ自体をもっぱら人間の行動と結びつけるようになったのかを理解することは難しくない。

人間についてのこのような考え方は、個人的なレベルと社会的なレベルで、規律と自己形成の価値を維持した。こうした考え方を促したもう一つの刺激は、新ストア派の伝統に源泉をもっており、とりわけ、ユストゥス・リプシウスの著作に起源をもつ（Taylor 1988c : 308）。テイラーは、人間的主体の発展についての新たな見解を認めている。その見解では、自己が自らの意思によって、自己とその世界を変えることができるとされる。主体についてのこの新たな見解は、守られた自己についての考え方にもとづいている。というのも、この自己は、自らのコントロールをこえた外的な力に対して強靱なだけでなく、自らの情熱や願望を支配することをも切望するからである。テイラーは、このような自己と、自らの情熱を支配しようとする熱望についての新たな見解の例として、デカルトの著作をあげる。こうした全体的な過程において、自己は、より厳密に境界づけられるようになり、外の世界からますます隔離され、内的な非合理的世界からも分離されることもある。ここにおいてテイラーの見解は、『自我の源泉』において示された、距離を置いた点的自己についての見解と結びつく。というのは、これらの発展の中核において、道具的で合理的な自己支配に力点が置かれているからである。しかし、世俗性の文脈においては、彼の関心は、次のことを示すことにある。それは、自己についての、このようにますます制限された概念が、自己を周囲の世界からさらに隔絶することによって、いかに排他的人間主義の発展に寄与したかということである。この隔絶の過程は、次の事実によって強固になった。すなわち、人びとの文明化とは、かつては公に共有されていた特定の主題と行動をタブーに、あるいは少なくともプライベートなものにすることを意味していたという事実である。ここでテイラーは主に、エリアスの描く歴史に依拠している。しかし彼は、文明化された行動の要求が、親密な関係を制限し、自分自身の身体的な機能や力強い感情から距離をとって関与しないことを奨励していたという点に注目する。この過程において、より厳しい隔離線までもが、守られた自己のまわりに引かれたのである。

人間が、世界における秩序と善き行いの唯一の保証人であるためには、自己とその世界を変化させるための技術的な能力についての見解だけを必要としているのではなく、動機についての議論もまた必要としている。動機は、究極的あるいは潜在的には、慈悲深いものとして表現されなければならなかった。ここにおいて、テイラーは、彼が宗教についての司法刑罰的概念と呼ぶものの終焉をたどる。宗教についての司法刑罰的概念は、人間生来の堕落性と終末論的な審判と罰を強調する。ここにおいて、人間の潔白さと美徳に対する肯定が生まれる。この発展を示す際、彼は『自我の源泉』における理神論の役割についての議論と、人間には生来の慈悲心があると考えるロマン主義についての議論に依拠する。ここで再び私たちは、宗教的な始まりと動機をもつ人間本性についての教義が、どのようにして最終的に宗教的信念の抑圧を引き起こすのかを理解することができる。というのも、人間が、根本的に、はじめから善なる存在であるならば、そして自らの内部および他者との関係において、この善良さを保つことができるならば、神の恩恵は、社会を秩序立ったものにするために必要なくなるからである。このような人間本性についての見解が、非常に信頼できるものとなり影響力をもったということは、テイラーによれば、文明化の使命が成功した証である。

自己と社会についての新たな見解——排他的人間主義の発展に貢献した見解——は、政治についての新たな概念によって作られた。実際に、前述の経済についての概念と同時に、そして、人間生活の重要な領域として経済に認められたさらなる重要性と同時に、テイラーは、次のような一連の関連する発展——世俗の時代の形成にとって重要なもの——を認める。第一は、場所にとらわれない空間としての公共圏の概念と、市民社会の概念である。市民社会は、国家の力の及ばない領域であり、そこで人びとは、政治および権力の適切な行使について議論する。第二は、民主的自己統治のエートスである。第三は、権利の平等な享受者としての人間の概念である。[5] このような政治についての理解の変化は、相互に強めあうかたちで、世俗性を促進させた。たとえば、公共圏の考え方は、政治の外側の領域を指し、その領域では権力の行使は、理性によって吟味され、批判され、評価される。中世の世界と比べて新しいのは、この領域が、完全に社会の内部に存在するということである。超越的な領域に由来するいかなる資源も、政治に対する道徳的批判を始めるために必要ではない。社会と政治の両方が、自らに基盤を持ち、自己再生産するものとして考えられるようになったという事実は、さらに次の点を示している。すなわち、かつて超越的であったもの——社会秩序の源泉——が内在的になり、世俗性がより確立されるということである。

こうした権力と規則についての新たな見解を理解する一つの方法は、政治的な諸関係が、今や、主に水平的なものとして想像されていると考えることである。それは、伝統的な階層的かつ垂直的な概念とは対照的なものである。もちろん、このことは、全ての人びとが実際に平等であるということを意味するわけではないし、特定の人びとが他の人びとを支配しないということを意味するわけでもない。そうではなく、国家は、諸個人に奉仕するよう設計された道具であり、原則として、全ての人を平等に扱うべきだという考えを指す。誰しも、この点において、アプリオリな特権を享受してはならない。クレイグ・カルフーンの研究に依拠しながら、テイラーは、この種の政治を「直接的アクセス」として特徴づける。少なくとも原則として政体の全ての構成員は、国家のもとに平等に扱われるのであり、国家と直接向き合う。その関係は、社会の他の階層を通じて媒介されてはいない。対照的に、中世の世界においては、農民は、領主を介して君主と関係づけられていた。政治についての近代の見解では、そのような媒介項は不必要だと考える。諸個人は、あるいは少なくとも成人は、国家と直接的に結びついている。たとえば、西洋社会においては、媒介的アクセスの最近の形態は、男性を通じた女性のアクセスであったが、こうした形態はなくなってきた。女性は、市民として、少なくとも公的には、男性と平等な基礎に上に置かれている（Taylor 1998a：39を参照）。

今や、テイラーが、世俗性を、宗教と政治の分離に関連づけることを完全には拒否しない理由が明らかになったであろう。なぜなら、それは、このような政治についての新たな概念において生じていることの一部だからである。しかしながら、国家からの教会の分離によって理解できること以上のことが起こっている。すなわち、ラディカルな人間の自律性は、社会の領域に浸透しているのと同じくらい、そして自己の解釈に浸透しているのと同じくらい、政治の領域にも浸透している。これら全ての領域において、ますます神の存在と力は重要性を失い、それゆえ人間中心的な態度は、通用する空間を拡大し、その空間を満たしている。

世俗性についての「減算説」による説明に対してテイラーが不信感を抱く根拠は、これで明白になったであろう。彼は、世俗性を、完全に否定的な言い方で、失われたものや幻想の消失によって説明することはできないと考える。自己と社会および政治についての多くの肯定的な見解こそが明確にされ受容されてはじめて、神なき世界についての考え方が認知され、人を引きつけたのである。脱魔術化という現実が現れ始めたとき、これらの、より有望な諸見解が単に整合させられるのを待っていたわけではない。たとえ新たな人間主義者の諸見解が、ストア派のような古い考え方の傾向を含んでいたとしても、その新しい見解は、ある種のキリスト教に啓発された考え方の影響を受けている、とテイラーは述べる。その考え方の一つは、自己と世界が、より良いものに向かって積極的に再編成されうるという信念である。そのほかにも、人間の普遍主義の見解や、そのための源泉となる考え方がある。他方でテイラーは、キリスト教や組織的信仰に対する批判が、世俗性を促進した役割も認める。一八世紀と一九世紀には、キリスト教の司法刑罰的なモデルに対する怒りが表現されていた。そのモデルは、人間の堕落や、身体的かつ官能的な快楽一般への罰を伴っていた。ヴォルテールやマルクス、ニーチェのような人物は、宗教に対するこのような攻撃を体現し、世俗性の興隆が、宗教的動機と反宗教的動機の混合によって促進されたことを示唆している。

一八世紀の終わりには、キリスト教に対する有効な代替案として、排他的人間主義の考え方が生まれた。それは、神や聖なるものや超越的な関心にふれることなく、人間の繁栄、自己、社会、そして政治について説明することができた。排他的人間主義は、まず、西洋社会における知識人とその他の社会的エリートのあいだで発展し、次に、一九世紀と二〇世紀には社会全体により広く普及した。しかし、排他的人間主義の発展は、簡単なものではなかったし、直線的なものでもなかった。複数の国、地域、社会階層のあいだで、重要な違いがあった。そして、ある時期には、宗教的実践が増えることさえあった。そしてもちろん、誰もが、排他的人間主義の考え方をとったわけではなかった。それにもかかわらず、排他的人間主義の及ぶ範囲、魅力、説得力の拡大は、有神論者が今後、人間の目的と生の意味についての世俗的な説明と競合するだろうということを意味した。人びとの信仰の文脈は、取り返しのつかないほど変化してきたのである。

しかし、テイラーは、この新たな文脈を、信仰と不信仰という単なる二項対立の観点から体系化するわけではない。そうではなく、彼は次のように主張する。多くの異なる宗教的あるいは精神的な立場と可能性が生じてきた。

そして多くの人びとは、これらの間でさまよっているのであり、どれか一つだけに固執するわけでもないし、どれにも固執しないというわけでもない。このような精神的な可能性の複数性は、本来性の倫理によって育成されてきた。第二章で述べたように、本来性の倫理とは、諸個人が、現存する既成のモデルに単に従うのではなく、真に自分自身の生を形づくることを奨励するものである。したがってテイラーは、宗教的な信仰が直線的に衰退してきたと言うのではなく、次のように、世俗性について別の方法で説明する。

世俗性は、古い信仰の道を閉ざし、新たな信仰の道を開いた。とはいえ世俗性は、新たな「信仰の時代」を許していいるわけではないように思われる。「信仰の時代」とは、普遍的な信仰があった時代である。そこでは、誰も逃れることができない共通の経験が、何らかの共通に合意された精神的現実を示していた。世俗の時代においては、このようなことはもはや不可能であるように思われる。

（ギフォード講義より）

また、彼は排他的人間主義についての理解に対しても異議を唱える。テイラーは、ポストモダンの考え方が広まり、ニーチェの思想における反人間主義者的かつ反宗教的な側面を永続させてきたと指摘する。実際、反啓蒙の伝統は一九世紀から続いている。反啓蒙は人間存在の中の、暗く、非合理的で、暴力的で、罪を犯しやすい力を強調した。そして、全ての人の日常生活の諸条件を守り、改善していこうとする人間主義者の関心を嘲笑した。しかし、反啓蒙は、人間主義における啓蒙の合理主義的な潮流に挑戦しながらも、啓蒙以前の信仰に単に回帰することを提唱したわけではない。これをテイラーは、「内在的反啓蒙」と呼ぶ。なぜなら、反啓蒙の伝統は、人間主義の自然主義的展望の内部にとどまっているからであり、有神論や超越的領域に対するいかなる関心も否定するからである。したがって、テイラーは現代的状況を、有神論と無神論の単なる二項対立ではなく、三つの視点から考える。それらは、排他的人間主義、内在的反啓蒙、ゆるやかな有神論である。ゆるやかな有神論は、神に対する多様な信仰の仕方であり、スピリチュアリティの多様な実践を受け入れる。これら三つの立場は、異なる諸問題に対して、異なった対応をする。たとえば、排他的人間主義は、人間の苦悩への共感の観点からすれば、反啓蒙の立場よりも、多くのスピリチュアルな見解との共通点を見いだすだろう。人間存在における死の重要性に対する認識に関しては、反啓蒙とスピリチュアルな見解は、いずれも排他的人間主義と対立するというよりも、両者こそが互いに対立するだろう（Taylor 1996d : 25–7 ; 1999a : 25–30 ; 2000b を参照）。

テイラーは、有神論の存続と内在的反啓蒙が、人間の意味をあまりに人間的な用語で徹底的に説明しようとする排他的人間主義に孕まれるある種の病を示していると述べる。テイラーによれば、人間の心あるいは魂は、それ自体をこえた何ものかを切望しているが、この要求は、常に宗教的な用語で解釈される必要はない。彼は、一九世紀における崇高なものへの関心や、二〇世紀における未開の地への興味が、人間中心主義をこえて人間の力よりも大きな力と接触することの重要性を示していたと解釈している。芸術に認められた力と重要性、そして人びとがいわば精神的な滋養のために芸術を求めたあり方は、排他的人間主義の不完全性を示すもう一つの徴候だと考えられる。排他的人間主義の不完全性についてのこの議論は、テイラーの以前の論文にも現れる。そこで彼は、多くの人びとが、誕生、死、結婚といった人生の重要な節目で、あるいは人生の門出のときに、宗教的な考え方や実践に頼るあり方を指摘している。テイラーはこれを、以下のことを示す証拠として考える。

ほとんどの人びとにとって、不信仰が、彼らの人生の全ての間隙を満たすようになったわけではないし、宗教的信仰が公的に答えていた全ての問いに、不信仰が答えるようになったわけでもない。……人は、死についての問題に直面し、生の究極的意味についての問題に直面し、また、道徳的善性の最も深い源泉についての問題に直面する。このとき、自らが世俗的あるいは懐疑的であると思っていた多くの人びとは、彼ら自身や彼らの

家族の出発点である宗教に頼るのである。（Taylor 1990a : 106）

これらの瞬間は、〔人が〕弱気な状態に陥っている時を表しているという反論をテイラーは予想しながら、次のように主張する。問題は、そのような瞬間に置かれた人びとが、宗教への依存心や回帰をどのように解釈するかではない（ここで私たちは、テイラーが、当事者たち自身が認識できるような仕方で、行為や経験を説明することに力点を置いていることを再び確認できる）。より一般的なレベルでは、彼は次のように考える。すなわち、多くの人が自らの生において経験する味気ない感覚や意味喪失の感覚は、排他的に人間的な観点からのみ動機と達成感を与えようとする試みの徴候を示している、と。「ここにあるものが全てなのか」という問いは、あたかも、排他的人間主義の制限の内部で生きるという経験を示しているかのようだ。

このことが示しているように、テイラーの研究課題は、彼が「現代のスピリチュアルな経験」と呼ぶものについての解釈を含んでおり、「世俗的な近代性におけるスピリチュアルな飢餓感と緊張」に関係している。これを支えているように思われるものは、人間本性についての次のような見解である。つまり、人間は超越的なものと接触する一定の必要性を感じ、あまりに人間的なものをこえていきたいという永続的な願いを抱いている、という見方である。彼が以前の著作で述べているように、「私の観点からすれば、人間には、生をこえた何かに応答しようとする根強い傾向がある。このことを否定すると、息が詰まるように感じる」（1996d : 25）。このことは、自己のもう一つの存在論的特性を、彼のより最近の研究から推論できることを意味している。すなわち、人は何らかの超越的なものを切望するということである。こうしたことは、テイラーの道徳理論における有神論の基本的役割と密接に結びついているため、テイラーの思想においてまったく新しいものを示しているわけではないと言う人もいるかもしれない。しかし、彼の以前の著作においては暗示的にしか述べられていなかったことが、世俗性についての彼の分いてのテイラーの反証可能な実在論についての議論の中で述べたように、以前の著作で彼は、人間は、強評価された善が、個人的選択以上のものに基礎づけられていると感じると主張していた。しかし、これは、道徳経験についての彼の「最良の説明」の一部として示されており、反証可能なものとして提示されている。人は、人間中心主義をこえる必要があるという示唆は、〔以前の著作では〕後期の著作において獲得しているように思われる存在論的な地位をもっていない。

この点は、『カトリック的近代？』が示しているように、テイラーの最近の著作においては、彼の宗教的信念がより明白な存在感をもっているという事実と明らかに関連している。彼は、こうした信念が、世俗性の問題への彼の関心とアプローチに影響を与えてきたと認めている。しかし、信仰者として語るときでさえ、彼は自ら独りよがりの確信をもった立場から語っているわけではない。むしろ彼は、世俗の時代において有神論がいかに脆弱になっているかを深く理解している。また、有神論が、排他的人間主義からの挑戦と圧力をいかに受け続けるかについても深く理解している。テイラーが述べるように、世俗の時代に生きる全ての人にとって、すなわち信仰者にとっても非信仰者にとっても同じく、世俗の時代の生は「心地よい安住の地にはならない」のである。

謝辞

私がプリンストン高等研究所の社会科学部のメンバーだったときに、本書の半分以上が書かれ、その全体が修正されている。高等研究所には、学術研究にとって素晴らしく有益な環境を提供していただいた。また、同研究所で研究する機会を与えていただいたオーストラリアのノートルダム大学にも感謝したい。さらに、本書の研究の準備段階でご助力いただいたチャールズ・テイラーにも感謝する。また、マギル大学で指導していただいたジェイムズ・ブース、チャールズ・テイラーおよびジェイムズ・タリーにも感謝している。

本書の執筆段階で多くの面でお世話になった次の方々にも感謝する。クリフォード・アンドウ、フレデリック・アッペル、スー・アシュフォード、アダム・アシュフォース、オーブ・ビヤール、ナタリー・ブレンダー、シモーヌ・チェンバーズ、ダグラス・J・デン・アイル、レオ・ファルコーネ、スティーヴン・ジェラード、ゲイブリエラ・ホスキンズ、ウィリアム・ヒューズ、イアン・マルカム、ジョン・シャンド、イアン・トムスン、マーシャ・タッカーの各氏である。

最も感謝しなければならないのは、私が自分を信じ続けることを後押ししてくれた、夫のジェレミー・ムーンである。

ルース・アビィ

訳者あとがき

現代の英語圏において、最も多産な哲学者の一人であるチャールズ・テイラーは、哲学、歴史、言語から人工知能まで、きわめて多様な分野についての研究を蓄積してきた（彼の主な著作と邦訳については、本書の文献一覧を参照）。そのためもあって、各分野におけるテイラーの議論を扱う研究は、世界的に膨大なものになっている。

その中でもテイラーの思想の全体像を示そうとした簡潔な研究として定評があるのが、ここに翻訳した Ruth Abbey, *Charles Taylor*（Acumen, 2000）である。本書は、「今日の哲学」Philosophy Now シリーズの一冊として出版されており、邦訳されるまでに時間を経ているものの、現在でもよく読まれている。著者のルース・アビィは、テイラーのもとで博士号を取得した政治哲学者で、ケンブリッジ大学出版会による「現代思想」シリーズの一冊『チャールズ・テイラー』*Charles Taylor*（2004）の編者も務めている。またアビィは、二〇一六年七月にベルギーのアントワープ大学で開催された国際学会「倫理学と存在論――チャールズ・テイラーの道徳的現象学」において基調講演を行っている。これらの点からもわかるように、アビィは、テイラーの思想に関する総合的な研究について国際的にも中軸的な役割を果たしている。

本書は、アビィ自身によってもテイラーの思想に関する入門書として位置づけられているが、その内容はテイラーの思想の全体をカバーし、バランスのとれた概説書となっている。具体的には、道徳論（第一章）、自己論（第二章）、政治論（第三章）、知識論（第四章）、宗教論（第五章）が扱われている。

第一章の道徳論では、個人が、道徳的フレームワークの中で、自己が最も高く評価している善に方向づけられていることについて述べられる。自己の生活が、その善に近づいているかどうかという感覚を通じて、人はテイラーのいう「強評価」者になっていく。強評価とは、特定の善を、他の欲望や目標などよりも質的に高次のものとして位置づけ、その善によって自己の他の目標などを序列づけて整理し、自己解釈を行うことである。

自己解釈については、第二章の自己論で、別の角度から述べられる。人は、その自己解釈の仕方によって、そのアイデンティティの重要な部分を形成する。しかし他方で、このアイデンティティは、他者との対話と承認を通じて形成される。このような特徴は、いかなる人にとっても普遍的である。しかし他者による承認のあり方は、異なる価値観や歴史をもつコミュニティのあいだで違うだろうし、コミュニティが個人に与える影響も大きいことはテイラーも重視している。

したがって第三章の政治論で示されるように、テイラーはコミュニタリアンと呼ばれることもある。テイラーは、人の社会的性質を強調し、コミュニティに対して個人が負う義務を重視しているからである。しかし他方でテイラーは、個人の自由と権利が、コミュニティをこえていく面もあると考えている。

このように、コミュニティからの制約に対する個人の自由を重視するテイラーは、人間に関する研究においても、研究の対象となる人自身の自由な自己解釈を救済しようとしている。第四章の知識論でも示されているように、テイラーは人間についての研究に自然科学の方法を、そのまま導入する傾向を批判している。自然科学の研究では、研究の対象物が自ら自己解釈を行うことはないが、人間についての研究では、対象となっている人自身が自らについての自己解釈を行うのであり、この点の違いが強調される。テイラーは、自然科学的方法を全面的に否定するわけではないが、研究対象とされる人の自己解釈を視野にいれた研究が必要だとしている。

テイラーは、自己解釈の基礎にある「超越的なるもの」への志向性がきわめて重要であると考えているので、第五章「結び」の課題は宗教論になっている。アビィの原著が刊行された二〇〇〇年の段階では、テイラーが二〇〇七年に出版することになる大著『世俗の時代』*A Secular Age*（邦訳は名古屋大学出版会より近刊予定）は出版されていなかった。しかしアビィによる本書の第五章は、その内容を先取りしている。テイラーは、教会や宗教的組織が衰退してきたといわれる現代社会すなわち「世俗の時代」においても、人は、自分が関わる社会や自然を、聖なるものや超越的な領域に方向づけて理解していると考え、この点の探究を進めている。

以上、本書の各章の簡単な紹介と相互の関連について述べてきたが、アビィによれば、本書全体を貫くテイラーの思想の中心的な特徴は「統一性と多様性のあいだを調停」しようとする点にある。テイラーにとって、異なる文化は、市民が自己のアイデンティティを形成する際の一つの参照点を提供する力をもっており、文化的相違は尊重されなければならない。しかし他方、市民の側では、互いに衝突する文化やネイションの差異をこえて、同じ人間として、また市民として、連帯する力をもっている。このような文化と個人の両側面について彼は研究し、政治活動を行ってきた。アビィが述べるように、テイラーは、リベラリズムとコミュニタリアニズムのあいだに想定される対立を拒否し、社会的生活と政治に対する両方のアプローチの最善の特徴を保持しようとするのである。

アビィは、最初はテイラーの指導を受ける学生として、次に友人として、つねにテイラーの哲学に寄り添い、その理解に努めてきた。したがって本書は、テイラーに最も近い研究者が見いだした、彼の内側からの全体像を描き出すものとなっている。また、テイラーの抽象的な哲学を親しみやすいものにするために、アビィがおそらく自らの経験をもとにした具体的事例が随所に散りばめられている。本書は、彼女が、テイラーの巨大な哲学を理解しようとした努力の痕跡である。アビィは、このような作業を通じて、本書が示すような総合的なテイラー理解を作りあげたと思われる。

最後になるが、名古屋大学法学部・大学院法学研究科で指導してくださった田村哲樹先生、名古屋大学高等研究院でお世話になった安藤隆穂先生、研究内容について導いていただいた千葉眞先生、その他訳者を支えてくださった多くの方々に、深く感謝したい。名古屋大学出版会の橘宗吾氏と三原大地氏には、訳者の原稿についてのアドバイスをはじめ、本書出版の全般にわたってお世話になった。こころより御礼を申し上げたい。

なお、豊秋奨学会には本書出版のための研究助成をいただいており、そのあたたかいご配慮に深謝している。

訳　者

二〇一九年四月

《訳者略歴》

梅川《うめかわ》 佳子《よしこ》

名古屋大学大学院法学研究科博士課程（前期・後期課程）修了。

名古屋大学高等研究院特任助教および英国ウォリック大学法学部客員研究員を経て，現在，中部大学人文学部講師，博士（法学）。

日本カナダ学会研究奨励賞受賞（2016年）。

チャールズ・テイラーの思想

2019 年 5 月 20 日　初版第 1 刷発行

定価はカバーに
表示しています

訳 者　梅 川 佳 子

発行者　金 山 弥 平

発行所　一般財団法人　名古屋大学出版会

〒 464-0814　名古屋市千種区不老町 1 名古屋大学構内
電 話（052）781-5027/FAX（052）781-0697

印刷・製本 ㈱太洋社　ISBN978-4-8158-0947-8
乱丁・落丁はお取替えいたします。

索　引

ア　行

カ　行

サ　行

タ　行

ナ　行

ハ　行

マ　行

ヤ・ラ行

文献一覧

テイラーの著作

1957a. Can Political Philosophy be Neutral ? *Universities and Left Review* 1 (Spring), 68–70.

1957b. Socialism and the Intellectuals. *Universities and Left Review* 2 (Summer), 18–19.

1957c. The Politics of Emigration. *Universities and Left Review* 2 (Summer), 75–6.

1957d. Marxism and Humanism. *New Reasoner* 2 (Autumn), 92–8.

1957e. Review of *Les Democraties Populaires* and *La Tragedie Hongroise* by François Fejtö. *Universities and Left Review* 2 (Summer), 70–71.

1958a. (with M. Kullman) The Preobjective World. *Review of Metaphysics* XII (1), 108–23. Reprinted 1966. In *Essays in Phenomenology*, M. Nathanson (ed.), 116–36. The Hague : Martinus Nijhoff.

1958b. The Ambiguities of Marxist Doctrine. *The Student World* 2, 157–66.

1958c. The Poverty of the Poverty of Historicism. *Universities and Left Review* 4 (Summer), 77–8.

1958d. Alienation and Community. *Universities and Left Review* 5 (Autumn), 11–18.

1959a. Ontology. *Philosophy* XXXIV, 125–41.

1959b. Phenomenology and Linguistic Analysis. *Proceedings of the Aristotelian Society, Supplementary Volume* 33, 93–110.

1960a. What's Wrong with Capitalism ? *New Left Review* 2 (March/April), 5–11.

1960b. Changes of Quality. *New Left Review* 4 (July/August), 3–5.

1960c. Clericalism. *Downside Review* 78, 167–80.

1962a. L'Etat et les partis politiques. In *Le Role de l'Etat*, A. Raynauld (ed.), 111–21. Montréal : Editions du Jour.

1962b. La bombe et le neutralisme. *Cité Libre* 13 (May), 11–16.

1962c. L'homme de gauche et les élections provinciales. *Cité Libre* 13 (November), 6–7, 21.

1962d. Review of *The Phenomenological Movement* by Herbert Spiegelberg. *Mind* 71, 546–51.

1963a. Regina Revisited : Reply to Walter Young. *Canadian Forum* 43, 150–51.

1963b. L'État et la laïcité. *Cité Libre* 14 (February), 3–6.

1963c. Le Canada, ouvrier de la paix. *Cité Libre* 14 (April), 13–17.

1964a. *The Explanation of Behavior*. London : Routledge & Kegan Paul.

1964b. Left Splits in Quebec. *Canadian Dimension* 1 (7) (July–August), 7–8.

1964c. La révolution futile : ou, les avatars de la pensée globale. *Cité Libre* 15 (August/September), 10–22.

1964d. Review of *La Philosophie Analytique, Cahiers de Royaumont. Philosophie IV. Philosophical Review* 73, 132–5.

1965a. Nationalism and the Political Intelligentsia : A Case Study. *Queen's Quarterly* LXXII (1), 150–68.

1965b. What's Wrong with Canadian Politics ? *Canadian Dimension* 2 (4) (May–June), 10–11,

20–21.
1965c. La planification fédérale-provinciale. *Cité Libre* 16 (April), 9–16.
1965d. Bâtir un nouveau Canada : Compte rendu de *Lament for a Nation* par George Grant. *Cité Libre* 16 (August), 10–14.
1966a. Marxism and Empiricism. In *British Analytical Philosophy*, B. Williams & A. Montefiore (eds), 227–46. London : Routledge & Kegan Paul.
1966b. Alternatives to Continentalism. *Canadian Dimension* 3(5) (July–August), 12–15.
1966c. (with G. Horowitz) The End of Ideology or a New (Class) Politics ? *Canadian Dimension* 4(1) (November–December), 12–15.
1967a. Mind-Body Identity, a Side Issue ? *Philosophical Review* LXXVI(2), 201–13. Reprinted 1970. In *The Mind/Brain Identity Theory*, C. V. Borst (ed.), 231–41. London : Macmillan.
1967b. Relations between Cause and Action. *Proceedings of the Seventh Inter-American Congress of Philosophy* Vol. 1. Sainte-Foy : Les Presses de l'Université Laval, 243–55.
1967c. Nationalism and Independence. *Canadian Dimension* 4(3) (March–April), 4–12.
1967d. Review of *Signs* and *The Primacy of Perception* by Maurice Merleau-Ponty, *Philosophical Review* 76, 113–17
1967e. Teleological Explanation : A Reply to Denis Noble. *Analysis* 27, 141–3.
1967f. Psychological Behaviourism. *Encyclopedia of Philosophy*, vol. 6. P. Edwards (ed.), 516–20. New York : Macmillan.
1968a. Review of *History and Truth : Essays by Paul Ricoeur. Journal of Philosophy* 65(13), 401–3.
1968b. From Marxism to the Dialogue Society. In *From Culture to Revolution : The Slant Symposium*, T. Eagleton & B. Wicker (eds), 148–81. London : Sheed & Ward.
1968c. A Reply to Margolis. *Inquiry* 2, 124–8.
1968d. René Lévesque's New Party : A View from Montreal. *Canadian Dimension* 5 (4) (April–May), 12–13.
1968e. Review of *Explanation and Human Action* by A. R. Louch. *Journal of Philosophy* 65, 81–4.
1969a. Two Issues About Materialism : Review of *A Materialist Theory of Mind* by D. M. Armstrong. *Philosophical Quarterly* 19, 73–9.
1969b. A Socialist Perspective on the 70s. *Canadian Dimension* 5(8) (February), 36–43.
1969c. The 'America' Issue. *Canadian Dimension* 6(6) (December/January), 6–7.
1969d. Platform : Either We Plan Our Own Economy—or We Become a Branch-Plant Satellite. *Maclean's Magazine* 82 (December), 77.
1969e. Sauf vot' respect, vive le Canada libre ! *Le Magazine Maclean*, 9 December, 52.
1970a. *Pattern of Politics*. Toronto : McClelland & Stewart. Section reprinted 1971. In *Apex of Power*. T. A. Hockin (ed.). Scarborough : Prentice-Hall.
1970b. Explaining Action. *Inquiry* 13, 54–89.
1970c. The Explanation of Purposive Behaviour. In *The Behavioural Sciences*, R. Borger & F. Cioffi (eds), 49–79. Cambridge : Cambridge University Press.
1970d. Marcuse's Authoritarian Utopia. *Canadian Dimension* 7(3) (August/September), 49–53.
1970e. Behind the Kidnappings : Alienation Too Profound for the System. *Canadian Dimension* 7 (5) (December), 26–9.

1971a. The Agony of Economic Man. In *Essays on the Left*, L. Lapierre *et al.* (eds), 221–35. Toronto : McClelland & Stewart. Reprinted 1971. *Canadian Forum* (April–May), 43–9. Reprinted 1985. *Canadian Political Thought*, H. D. Forbes (ed.), 406–16. Toronto : Oxford University Press.

1971b. Les Cercles vicieux de l'alienation post-moderne. In *Le Quebec qui se fait*, C. Ryan (ed.) 161–5. Montreal : Hurtubise.

1971c. Review of *Psychological Explanation : An Introduction to the Philosophy of Psychology* by Jerry Fodor. *Philosophical Review* 80, 108–13.

1972a. The Opening Arguments of *The Phenomenology*. In *Hegel : A Collection of Critical Essays*, A. MacIntyre (ed.), 151–87. New York : Doubleday.

1972b. Conditions for a Mechanistic Theory of Behaviour. In *Brain and Human Behavior*, A. G. Karczmar & J. C. Eccles (eds), 449–65. Berlin : Springer.

1972c. A Response to MacIntyre. *Philosophic Exchange* 1, 15–20.

1972d. Is Marxism Alive and Well ? *Listener* 87 (May 4), 583–5.

1974a. Socialism and *Weltanschauung*. In *The Socialist Idea : A Reappraisal*. L. Kolakowski & S. Hampshire (eds), 45–58. London : Weidenfeld & Nicolson.

1974b. The Canadian Dilemma. *Canadian Forum* (May/June), 28–31.

1975a. *Hegel*. Cambridge : Cambridge University Press.

1975b. Force et sens : les deux dimensions irréductibles d'une science de l'homme. In *Sense et Existence : En Homage à Paul Ricoeur*, G. Madison (ed.), 124–37. Paris : Editions du Seuil.

1975c. Neutrality in the University. *In Neutrality and Impartiality : The University and Political Commitment*, A. Montefiore (ed.), 128–48. London : Cambridge University Press.

1976a. Responsibility for Self. In *The Identities of Persons*, A. Rorty (ed.), 281–99. Berkeley : University of California Press.

1976b. The Politics of the Steady State. In *Beyond Industrial Growth*, A. Rotstein (ed.), 47–70. Toronto : University of Toronto Press.

1976c. Reply to Soll and Schmitz. *Journal of Philosophy* 73, 723–5.

1977. On Social Justice : Review of *Understanding Rawls* by Robert Paul Wolff. *Canadian Journal of Political and Social Theory* 1, 89–96.

1978a. Hegel's *Sittlichkeit* and the Crisis of Representative Institutions. In *Philosophy of History and Action*, Y. Yovel (ed.), 133–54. Dordrecht : Reidel.

1978b. Comments on Ricoeur's History and Hermeneutics. In *Philosophy of History and Action*, Y. Yovel (ed.), 21–5. Dordrecht : Reidel.

1978c. Contribution to Panel Discussion on Is a Philosophy of History Possible ? In *Philosophy of History and Action*, Y. Yovel (ed.), 238–40. Dordrecht : Reidel.

1978d. Marxist Philosophy. In *Men of Ideas*, B. Magee (ed.), 42–58. New York : Viking Press.

1978e. Marxism : The Science of the Millennium. *Listener* (2 Feb), 138–40.

1978f. Feuerbach and Roots of Materialism : Review of *Feuerbach* by Marx Wartofsky. *Political Studies* 26, 417–21.

1979a. *Hegel and Modern Society*. Cambridge : Cambridge University Press. 〔渡辺義夫訳『ヘーゲルと近代社会』岩波書店，2000 年〕

1979b. Action as Expression. In *Intention and Intentionality : Essays in Honour of G. E. M.*

Anscombe, C. Diamond & J. Teichman (eds), 73–89. Ithaca, NY : Cornell University Press.

1979c. Sense Data Revisited. In *Perception and Identity, Essays Presented to A. J. Ayer*, G. F. Macdonald (ed.), 99–112. Ithaca, NY : Cornell University Press.

1979d. There is a Hidden Psychic Cost Involved in Having Constantly to Play One's Part in a Systematic Lie. *New Statesman* (6 July), 13–14. Reprinted 1979 as Pall Over Prague : The Psychic Cost of Unremitting Repression. *Atlas* 26 (October), 64.

1980a. A Discussion : Rorty, Taylor and Dreyfus. *Review of Metaphysics* 34, 47–55.

1980b. Minerva Through the Looking-glass : Review of *Philosophy and the Mirror of Nature* by Richard Rorty. *Times Literary Supplement* (26 Dec.), 1466.

1980c. The Philosophy of the Social Sciences. In *Political Theory and Political Education*, M. Richter (ed.), 76–93. Princeton : Princeton University Press.

1980d. (with A. Montefiore) From an analytical perspective. Preface to *Metacritique : The Philosophical Argument of Jürgen Habermas*, G. Kortian, 1–21. Cambridge : Cambridge University Press.

1980e. Understanding in Human Science. *Review of Metaphysics* XXXIV (1), 25–38.

1980f. Les Sciences de l'homme. *Critique* 36 (August–September), 839–49.

1980g. Leader du NDP-Quebec. In *Robert Cliche*, A. Rouleau (ed.). Montréal : Les Éditions Quinze.

1980h. Formal Theory in Social Science. *Inquiry* 23, 139–44.

1980i. *Le Centre du débat s'est déplacé. Relations* 40 (May), 149–50.

1980j. A Voice for All in a Wider Labour Debate. *The Guardian* (17 Nov.), 9.

1980k. Review of *Karl Marx's Theory of History : A Defence* by G. A. Cohen, *Canadian Journal of Philosophy* 10, 327–34.

1980l. Review of *Public and Private Morality*, S. Hampshire (ed.), *Mind* 30, 623–8.

1980m. Review of *Linguistic Behaviour* by Johnathon Bennett. *Dialogue* 19, 290–301.

1981a. Understanding and Explanation in the *Geisteswissenschaften*. In *Wittgenstein : To Follow a Rule*, S. Holtzman & C. Leich (eds), 191–210. London : Routledge.

1982a. Review of *Selbstbewusstein und Selbstbestimmung : Sprachanalytische Interpretationen* by Ernst Tugendhat. *Journal of Philosophy* 79, 218–22.

1982b. Consciousness. In *Explaining Human Behavior*, P. F. Secord (ed.), 35–51. Beverly Hills : Sage.

1982c. Réponse à Jean-Marie Beyssade's *La Classification Cartesienne des passions. Revue Internationale de Philosophie* 37, 288–92.

1982d. Table ronde sur Hegel. *Revue de l'Université d'Ottawa* 52 (October–December), 593–607.

1983a. *Social Theory As Practice*. Delhi : Oxford University Press. Reprinted in one section Taylor (1985a : 97–114) and as two sections of (1985b : 91–133).

1983b. Dwellers in Egocentric Space : Review of *The Varieties of Reference* by Gareth Evans. *Times Literary Supplement*, 11 March, 230.

1983c. The Significance of Significance : The Case of Cognitive Psychology. In *The Need for Interpretation*, S. Mitchell & M. Rosen (eds), 141–69. London : Athlone.

1983d. Political Theory and Practice. In *Social Theory and Political Practice*, C. Lloyd (ed.), 61–85. Oxford : The Clarendon Press.

1983e. Use and Abuse of Theory. In *Ideology, Philosophy and Politics*, A. Parel (ed.), 37–59. Waterloo : Wilfrid Laurier University Press.

1984a. Philosophy and Its History. In *Philosophy in History*, R. Rorty, J. B. Schneewind, Q. Skinner (eds), 17–30. Cambridge : Cambridge University Press.

1984b. Aristotle or Nietzsche : Review of *After Virtue* by Alasdair MacIntyre. *Partisan Review* 51 (2), 301–6.

1984c. Review of *Kant's Political Philosophy* by Howard L. Williams. *Bulletin of the Hegel Society of Great Britain* 9, 44–7

1985a. *Philosophical Papers I : Human Agency and Language*. Cambridge : Cambridge University Press.

1985b. *Philosophical Papers II : Philosophy and the Human Sciences*. Cambridge : Cambridge University Press.

1985c. The Person. In *The Category of the Person: Anthropology, Philosophy, History*, M. Carrithers, S. Collins, S. Lukes (eds), 257–81. New York : Cambridge University Press.

1985d. The Right to Live : Philosophical Considerations. In *Justice beyond Orwell*, R. S. Abella & M. J. Rothman (eds), 237–41. Montreal : Les Editions Yvon Blais.

1985e. Connolly, Foucault and Truth. *Political Theory* 13, 377–85.

1985f. Table ronde sur temps et recit, vol. 1 par Paul Ricoeur. *Revue de l'Université d'Ottawa*, 55 (October–December), 311–16. English translation. 1991. Ricoeur on Narrative. In *On Paul Ricoeur : Narrative and Interpretation*, D. Wood (ed.), 174–9. New York : Routledge.

1985g. Humanismus und moderne Identität. In *Der Mensch in den modernen Wissenschaften*, K. Michalski (ed.), 117–70. Stuttgart : KlettCotta.

1986a. Human Rights : The Legal Culture. In *Philosophical Foundations of Human Rights*, P. Ricoeur (ed.), 49–57. Paris : UNESCO.

1986b. Leibliches Handeln. In *Leibhaftige Vernunft : Spuren von Merleau Pontys Denken*, A. Metraux & B. Waldenfels (eds) 194–217. Munich : Fink-Verlag.

1986c. Zur Uberwindung der Erkenntnistheorie. In *Die Krise der Phenomenologie und die Pragmatik des Wissenschaftsfort-schritts*, M. Benedikt & R. Burger (eds). Vienna : Osterreichischen Staatsdruckerei.

1986d. Sprache und Gesellschaft. In *Kommunikatives Handeln : Beitrage zu Jurgen Habermas' Theorie des kommunikativen Handelns*, A. Honneth & H. Joas (eds), 35–52. Frankfurt : Suhrkamp. English Translation. 1991. Language and Society. In *Communicative Action*, Honneth A. & Joas H. (eds), 23–35, Cambridge : Polity Press.

1986e. Die Motive einer Verfahrensethik. In *Moralität und Sittlichkeit : Das Problem Hegels und die Diskursethik*, W. Kuhlmann (ed.), 101–35. Frankfurt : Suhrkamp. English translation. 1993. The Motivation Behind a Procedural Ethics. In *Kant and Political Philosophy : The Contemporary Legacy*, R. Beiner & W. J. Booth (eds), 337–60. Cambridge, MA : Harvard University Press.

1986f. Les pourquoi d'une philosophe. *L'Actualité* 11 (June), 13–14, 16–17.

1986g. Uncompromising Realist : Review of *The View from Nowhere* by Thomas Nagel. *Times Literary Supplement* (5 September), 962.

1986h. Lost Belonging on the Road to Progress. *Listener* (20 March), 16–17.

1987a. Dialektika segodnya ili struktura samootritsaniya. In *Philosophia Gegelya : Problemy dialektiki*, T. I. Oiserman & N. V. Motroshilova, (eds). Moscow ; Nauka. Originally published in 1986 as Dialektik heute, oder : Strukturen der Selbsnegation. *Hegels Wissenschaft der Logik : Formation und Rekonstrucktion*, D. Henrich (ed.), 141–53. Stuttgart : Lett-Cotta.

1987b. Social Science in Relation to Practice. *Social Science* 72, 110–12.

1988a. The Hermeneutics of Conflict. In *Meaning and Context : Quentin Skinner & His Critics*, J. Tully (ed.), 218–28. Cambridge : Polity.

1988b. Reply to de Sousa and Davis. *Canadian Journal of Philosophy* 18, 449–58.

1988c. The Moral Topography of the Self. In *Hermeneutics and Psychological Theory*, S. B. Messer, L. Sass, R. L. Woolfolk (eds), 298–320. New Brunswick, NJ : Rutgers University Press.

1988d. Wittgenstein, Empiricism, and the Question of the "Inner" : Commentary on Kenneth Gergen. In *Hermeneutics and Psychological Theory*, S. B. Messer, L. Sass, R. L. Woolfolk (eds), 52–8. New Brunswick, NJ : Rutgers University Press.

1988e. Critical Notice of *The Fragility of Goodness* by Martha Nussbaum. *Canadian Journal of Philosophy*, 805–14.

1988f. *Negative Freiheit : Zur Kritik des Neuzeitlichen Individualismus*. Frankfurt : Suhrkamp.

1988g. Algunas condiciones para una democracìa viable. In *Democracìay Participaciòn*, R. Alvagay & C. Ruiz (eds). Santiago : Ediciones Melquiades.

1988h. Le Juste et le bien. *Revue de Métaphysique et de Morale* 93(1), 33–56.

1988i. Review of *Logics of Disintegration : Post-Structuralist Thought and the Claims of Critical Theory* by Peter Dews. *New Left Review* 170 (July/August), 110–16.

1988j. Foreword to *Social Action and Human Nature*, A. Honneth & H. Joas, vii–ix. Cambridge : Cambridge University Press.

1989a. *Sources of the Self : The Making of the Modern Identity*. Cambridge, MA : Harvard University Press.〔下川潔・桜井徹・田中智彦訳『自我の源泉——近代的アイデンティティの形成』名古屋大学出版会，2010 年〕

1989b. Balancing the Humours : Charles Taylor talks to the Editors. *The Idler Magazine* 26 (November & December), 21–9.

1989c. Marxism and Socialist Humanism. In *Out of Apathy : Voices of the New Left Thirty Years On*, R. Archer *et al.* (eds), 59–78. London : Verso.

1989d. The Rushdie Controversy. *Public Culture* 2(1), 118–22.

1989e. Embodied Agency. In *Merleau-Ponty : Critical Essays*, H. Pietersma (ed.). Washington, D. C. : University Press of America.

1989f. Taylor and Foucault on Power and Freedom : a Reply. *Political Studies* 37, 277–81.

1989g. Où est le danger ? *Liberté* 31(3), 13–16.

1990a. Religion in a Free Society. In *Articles of Faith, Articles of Peace*, J. Davison Hunter & O. Guinness (eds), 93–113. Washington, D. C. : The Brookings Institution.

1990b. Rorty in the Epistemological Tradition. In *Reading Rorty*, A. Malachowski (ed.), 257–75. Oxford : Blackwell.

1990c. Modes of Civil Society. *Public Culture* 3(1), 95–118.

1990d. Exploring 'l'humaine condition'. In *Fermentum Massae Mundi*: Jackowi Wozniakows-

kiemuw Disdem Sziesata, R. Urodzin, N. Cieslinska, P. Rudzinski (eds), 199–207. Warsaw : Agora.
1990e. Our Therapeutic Age. *Compass* 8 (November), 6–10.
1990f. A Free, Independent Quebec in a Strong, United Canada : Review of *The Challenge to English Canada—Le Défi Québécois*, Christian Dufour. *Compass* 8 (May), 46–8.
1991a. *The Malaise of Modernity*. Concord : Ontario. Reprinted 1992 as *The Ethics of Authenticity*. Cambridge, MA : Harvard University Press.〔田中智彦訳『「ほんもの」という倫理——近代とその不安』産業図書，2004 年〕
1991b. Civil Society in the Western Tradition. In *The Notion of Tolerance and Human Rights*, E. Groffier & M. Paradis (eds), 117–36. Ottawa : Carleton University Press.
1991c. The Dialogical Self. In *The Interpretive Turn : Philosophy, Science, Culture*, J. Bohman, D. Hiley, R. Shusterman (eds), 304–14. Ithaca, NY : Cornell University Press.
1991d. Comments and Replies. *Inquiry* 34, 237–54.
1991e. Hegel's Ambiguous Legacy for Modern Liberalism. In *Hegel and Legal Theory*, D. Cornell, M. Rosenfeld, D. Gray Carlson (eds), 64–77. New York : Routledge. Originally published 1989. *Cardozo Law Review* 10 (5–6), 857–70.
1991f. Comprendre la culture politique. In *L'Engagement intellectuel : Mélanges en honneur de Léon Dion*, R. Hudon & R. Pelletier (eds), 193–207. Sainte Foy : Les Presses de L'Université Laval.
1991g. Philosophical Gadfly : The Original Socrates and Plato's Version. *Review of Socrates : Ironist and Moral Philosopher* by Gregory Vlastos. *Times Literary Supplement* (7 June), 3–4.
1991h. N. Halmer. *Von der Macht der Sprache : Interview mit* Charles Taylor. *Mesotes* 1, 85–7
1991i. Die Beschwörung der Civil Society. *In Europa und die Civil Society*, K. Michalski (ed.), 52–83. Stuttgart : Klett-Cotta.
1992a. *Multiculturalism and The Politics of Recognition*. A. Gutman (ed.). Princeton, NJ : Princeton University Press.〔佐々木毅他訳『マルチカルチュラリズム』岩波書店，1996 年〕
1992b. Inwardness and the Culture of Modernity. In *Philosophical Interventions in the Unfinished Project of the Enlightenment*, A. Honneth, T. McCarthy, C. Offe, A. Wellmer (eds), 88–110. Cambridge, MA : MIT Press. German Original. 1988. In *Zwischenbetrachtungen : Im Prozess der Aufklärung*, Honneth *et al.* (eds), 601–23. Frankfurt : Suhrkamp.
1992c. *Rapprocher les solitudes : Écrits sur le fédéralisme et le nationalisme au Canada*, G. Laforest (ed.). Sainte-Foy : Les Presses de l'Université Laval. English translation : 1993. *Reconciling the Solitudes : Essays in Canadian Federalism and Nationalism*, G. Laforest (ed.). Montreal & Kingston : McGill-Queen's University Press.
1992d. Quel principe d'identité collective ? In *L'Europe au soir du siècle*, J. Lenoble & N. Dewandre (eds), 59–66. Paris : Éditions Esprit.
1992e. Can Canada Survive the Charter ? *Alberta Law Review* XXX (2), 427–47.
1992f. Review of *Ideals and Illusions : On Reconstruction and Deconstruction in Contemporary Critical Theory* by Thomas A. McCarthy. *Ethics* 102, 856–8.
1992g. Un choix de somnambules. *L'Actualité* 17 (1 May), 3.
1993a. Hegel and the Philosophy of Action. In *Selected Essays on G. W. F. Hegel*, L. Stepelevich

(ed.), 168–86. New York : Humanities Press.

1993b. Modernity and the Rise of the Public Sphere. In *The Tanner Lectures on Human Values*, G. B. Peterson (ed.), 203–60. Salt Lake City : University of Utah Press.

1993c. Embodied Agency and Background in Heidegger. In *The Cambridge Companion to Heidegger*, C. Guignon (ed.), 317–36. Cambridge : Cambridge University Press.

1993d. The deep challenge of dualism. In *Quebec : State and Society*, A. Gagnon (ed.), 82–95. Toronto : Nelson.

1993e. The Dangers of Soft Despotism. *The Responsive Community* 3, 22–31. Reprinted 1994 as Between Democracy and Despotism : The Dangers of Soft Despotism. *Current* 359 (January), 36–9.

1993f. Nietzsche's Legacy. *Lonergan Review* 2, 171–87.

1993g. Wieviel Gemeinschaft braucht die Demokratie ? *Transit* 5 (Winter), 5–20.

1993h. Der Begriff der 'Bürgerlichen Gesellschaft' im politischen Denken des Westens. In *Gemeinschaft und Gerechtigkeit*, M. Brumlik & H. Brunkhorst (eds), 117–48. Frankfurt : Fischer.

1993i. *Liberale Politik und Öffentlichkeit*. In *Die Liberale Gesellschaft*, K. Michalski (ed.), 21–67. Stuttgart : Klett Cotta.

1993j. It is Strange and Wonderful that We Exist. *Compass* 11 (September/October), 21–2.

1994a. Reply to Braybrooke and de Sousa. *Dialogue* 33, 125–31.

1994b. Can Liberalism Be Communitarian ? *Critical Review* 8, 257–62.

1994c. Précis & Reply to Commentators in Symposium on *Sources of the Self. Philosophy and Phenomenological Research* LIV (I), 185–6, 203–13.

1994d. Reply and Rearticulation. In *Philosophy in an Age of Pluralism : The Philosophy of Charles Taylor in Question*, J. Tully & D. Weinstock (eds), 213–57. Cambridge : Cambridge University Press.

1994e. Philosophical Reflections on Caring Practices. In *The Crisis of Care*, S. B. Phillips & P. Benner (eds), 174–87. Washington : Georgetown University Press.

1994f. Justice After Virtue. In *After MacIntyre : Critical Perspectives on the Work of Alasdair MacIntyre*, J. Horton & S. Mendus (eds), 16–43. Cambridge : Polity Press.

1994g. Canadian Reality, a Little at a Time. *Compass* 14, 47–8, 52.

1994h. Human Rights, Human Differences. *Compass* 12, 18–19.

1994i. *Ne pas choisir : construire un Québec français et liberal. Nuit Blanches* (June/August), 48–50.

1995a. *Philosophical Arguments*. Cambridge, MA : Harvard University Press.

1995b. A Most Peculiar Institution. In *World, Mind and Ethics : Essays on the Ethical Philosophy of Bernard Williams*, J. E. J. Altham & R. Harrison (eds), 132–55. Cambridge : Cambridge University Press.

1995c. Response to Bromwich's "Culturalism, The Euthanasia of Liberalism". *Dissent* 42 (Winter) 103–4.

1995d. On "Disclosing New Worlds". *Inquiry* 38, 119–22.

1995e. Federations and Nations : Living Among Others. In *States of Mind : Dialogues with Contemporary Thinkers*, R. Kearney (ed.), 23–32. New York : New York University Press.

1995f. Nationalismus und Moderne. *Transit* 9 (Summer), 177–98.

1995g. *Identitet, Frihet och Gemenskap*. Göteborg : Daidalos.

1996a. Why Democracy Needs Patriotism. In *For Love of Country*, M. Nussbaum, J. Cohen (ed.), 119–21. Boston : Beacon Press.

1996b. A World Consensus on Human Rights ? *Dissent* 43 (Summer), 15–21.

1996c. Communitarianism, Taylor-made : An Interview with Charles Taylor (with R. Abbey). *Australian Quarterly* 68 (1), 1–10.

1996d. Iris Murdoch and Moral Philosophy. In *Iris Murdoch and the Search for Human Goodness*, M. Antonaccio & W. Schweiker (eds), 3–28. Chicago, IL : University of Chicago Press.

1996e. Sharing Identity Space. In *Quebec-Canada : What is the Path Ahead ?* J. Trent, R. Young, G. Lachapelle (eds), 121–4. Ottawa : University of Ottawa Press.

1996f. Deep Diversity and the Future of Canada. In *Can Canada Survive ? Under What Terms and Conditions ?* Transactions of the Royal Society of Canada, sixth series, vol. 7. Reprinted. 1997. In *Can Canada Survive ? / Le Canada peut-il survivre ?*, D. Hayne (ed.), 29–36. Toronto : University of Toronto Press.

1996g. Drei Formen des Säkularismus. In *Das Europa der Rligionen*, O. Kallscheuer (ed.), 217–46. Frankfurt : Fischer.

1996h. L'interiorità e la cultura della modernità. *Fenomenologia e Società* XIX (1–2), 4–24.

1996i. Spirituality of Life - and Its Shadow. *Compass* 14 (May/June), 10–13.

1996j. Les Sources de l'identité moderne. In *Les Frontières de l'identité : modernité et postmodernisme au Québec*, M. Elbaz, A. Fortin, G. Laforest (eds), 347–64. Sainte Foy : Les Presses de L'Université Laval.

1996k. Der Trend zur politischen Fragmentarisierung : Bedeutungsverlust demokratischer Entscheidungen. In *Demokratie am Wendepunkt : Die demokratische Frage als Projekt des 21. Jahrhunderts*, W. Weidenfeld (ed.), 254–73. Berlin : Siedler.

1996l. Introduction to *Qu'est-ce qu'une nation ? / What Is a Nation* ? Ernest Renan. W. R. Taylor (trans.). Toronto : Tapir Press.

1996m. Review of *Multicultural Citizenship* by Will Kymlicka, *American Political Science Review* 90, 408.

1996n. *De politieke Cultur van de Moderniteit*. The Hague : Kok Agora, Kampen.

1997a. Leading a Life. In *Incommensurability, Incomparability, and Practical Reasoning*, R. Chang (ed.), 170–83. Cambridge, MA : Harvard University Press.

1997b. Nationalism and Modernity. In *The Morality of Nationalism*, R. McKim & J. McMahan, (eds), 31–55. Oxford : Oxford University Press. Reprinted in a modified version. 1988. In *The State of the Nation*, J. Hall (ed.), 191–218. Cambridge : Cambridge University Press. Reprinted 1999. In *Theorizing Nationalism*, R. Beiner (ed.), 219–46. Albany, NY : State University of New York Press.

1997c. Foreword to *The Disenchantment of the World : A Political History of Religion*, M. Gauchet, ix–xv. Princeton, NJ : Princeton University Press.

1997d. Identity and Modernity. Paper presented to the conference "Twenty-five years : Social Science and Social Change", Institute for Advanced Study, Princeton, NJ, May 8–11.

1997e. The Distance between Citizen and State. (in Chinese translation). In *Twenty-first Century*

40 (April), 4–20.
1997f. Was ist Liberalismus? *Hegelpreis 1997*, 25–54. Frankfurt: Suhrkamp.
1997g. Demokratie und Ausgrenzung. *Transit* (Winter), 81–97.
1997h. Die immanente Gegenaufklärung. In *Aufklärung Heute*, K. Michalski (ed.), 54–74. Stuttgart: Klett Kotta.
1997i. *La Liberté des Modernes*. Paris: PUF.
1998a. Modes of Secularism. *In Secularism and its Critics*, R. Bhargava (ed.), 31–53. Delhi: Oxford University Press.
1998b. From Philosophical Anthropology to the Politics of Recognition: An Interview with Philippe de Lara. *Thesis Eleven* 52 (February), 103–12.
1998c, The Dynamics of Democratic Exclusion. *Journal of Democracy* 9 (October), 143–56.
1998d. Interview with Professor Charles Taylor, M. Ancelovici & F. Dupuis-Deri. *Citizenship Studies* 2(2), 247–56.
1998e. Globalization and the Future of Canada. *Queen's Quarterly* 105(3), 331–42.
1998f. Living With Difference. In *Debating Democracy's Discontent: Essays on American Politics, Law, and Public Philosophy*, A. L. Allen & M. C. Regan (eds), 212–26. Oxford: Oxford University Press.
1998g. Le Fondamental dans l'Histoire. In *Charles Taylor et l'interprétation de l'identité moderne*, G. Laforest & P. de Lara (eds), 35–49. Sainte Foy: Les Presses de l'Université Laval.
1998h. Le redresseur de tordus. *L'Actualité* (July), 18–20.
1999a. *A Catholic Modernity?* J. L. Heft (ed.). New York: Oxford University Press.
1999b. Conditions of an Unforced Consensus on Human Rights. In *The East Asian Challenge to Human Rights*, J. R. Bauer & D. A. Bell (eds), 124–44. New York: Cambridge University Press.
1999c. Two Theories of Modernity. *Public Culture* 11(1), 153–74.
1999d. Democratic Exclusion (and its Remedies?). In *Multiculturalism Liberalism and Democracy*, R. Bhargava, A. K. Bagchi, R. Sudarshan (eds), 138–63. New Delhi: Oxford University Press.
1999e. Comment on Jürgen Habermas's "From Kant to Hegel and Back Again". *European Journal of Philosophy* 2, 152–7.
2000a. McDowell on Value and Knowledge: Review of *Mind, Value and Reality and Meaning and Knowledge and Reality*. *Philosophical Quarterly* 50(199), 242–9.
2000b. The Immanent Counter-Enlightenment. In *Canadian Political Philosophy at the Turn of the Century: Exemplary Essays*, R. Beiner & W. Norman (eds), 583–603. Oxford: Oxford University Press.
2000c. What's Wrong with Foundationalism?. In *Heidegger, Coping, and Cognitive Science: Essays in Honor of Hubert L. Dreyfus*, vol. 2. Mark Wrathall & Jeff Malpas (eds), Cambridge, MA: MIT Press.
2002a. Understanding the Other: A Gadamerian View on Conceptual Schemes. In *Gadamer's Century: Essays in Honor of Hans-Georg Gadamer*, Jeff Malpas, Ulrich Von Arnswald & Jens Kertscher (eds), 279–97. Cambridge, MA: MIT Press.
2002b. Review of John McDowell's *Mind and World.* In *Reading McDowell: On Mind and World*,

N. Smith (ed.). London : Routledge.

テイラーの著作の最新のリストは，ルース・アビィによって作成され，次のウェブサイトに掲載されている。https://www3.nd.edu/~rabbey1/index.html

テイラーの著作以外の参考文献

Abbey, R. 1999. Charles Taylor's Politics of Recognition : A Reply to Jonathan Seglow. *Political Studies* XLVII, 710–14.

Adeney, F. S. 1991. Review of *Sources of the Self. Theology Today* 48, 204–10.

Anderson, J. 1996. The Personal Lives of Strong Evaluators : Identity, Pluralism and Ontology in Charles Taylor's Value Theory. *Constellations* 3 (1), 17–38.

Appiah, K. A. 1994. Identity, Authenticity, Survival : Multicultural Societies and Social Reproduction. See Gutman (1994), 149–63.

Aristotle 1981. *The Politics*, T. A. Sinclair (trans.). London : Penguin.〔内山勝利他編，神崎繁・相澤康隆・瀬口昌久訳『政治学（新版 アリストテレス全集 第 17 巻)』岩波書店，2018 年〕

Aristotle 1980. *Nicomachean Ethics*, D. Ross (trans.). Oxford : Oxford University Press.〔内山勝利他編，神崎繁訳『ニコマコス倫理学（新版 アリストテレス全集 第 15 巻)』岩波書店，2014 年〕

Baier, A. 1988. Critical Notice of C. Taylor *Philosophy and the Human Sciences : Philosophical Papers,* vol. II. *Canadian Journal of Philosophy* 18, 589–94.

Beam, C. 1997. The Clash of Paradigms : Taylor vs. Narveson on the Foundations of Ethics. *Dialogue* 36, 771–81.

Beiner, R. 1997. *Philosophy in a Time of Lost Spirit : Essays on Contemporary Theory*. Toronto : Toronto University Press.

Berlin, I. 1969. *Four Essays on Liberty*. Oxford : Oxford University Press.

Berlin, I. 1979. *Against the Current*. London : Hogarth Press.

Berlin, I. 1994. Introduction. See Tully & Weinstock (1994), 1–3.

Birnbaum, P. 1996. From Multiculturalism to Nationalism. *Political Theory* 24, 33–45.

Blumenberg, H. 1985. *The Legitimacy of the Modern Age*. Boston, MA : MIT Press.〔斎藤義彦訳『近代の正統性〈1〉——世俗化と自己主張』法政大学出版局，1998 年。忽那敬三訳『近代の正統性〈2〉——理論的好奇心に対する審判のプロセス』法政大学出版局，2001 年。村井則夫訳『近代の正統性〈3〉——時代転換の局面』法政大学出版局，2002 年〕

Blum, L. A. 1994. Multiculturalism, Racial Justice, and Community : Reflections on Charles Taylor's "Politics of Recognition". In *Defending Diversity : Contemporary Philosophical Perspectives on Pluralism and Multiculturalism*, L. Foster & P. Herzog (eds), 175–205. Amherst : University of Massachusetts Press.

Bohman, J., Hiley, D. & Shusterman, R. (eds) 1991. *The Interpretive Turn : Philosophy, Science, Culture*. Ithaca, NY : Cornell University Press.

Braybrooke, D. 1994. Inward and Outward with the Modern Self. *Dialogue* XXXIII, 101–8.

Buchanan, J. 1972. Before Public Choice. In *Explorations in the Theory of Anarchy*, G. Tullock

(ed.), 27-37. Blacksburg, VA : Center for Study of Public Choice.
Buchanan, J. 1979. Politics Without Romance. *HIS Journal Zeitschrift des Instituts fuer Hoehere Studien* 3, 1-11.
Buchanan, J. 1986. The Constitution of Economic Policy. *Le Prix Noble*. 334-43. Stockholm : Almquist & Wicksell International.
Calhoun, C. 1991. Morality, Identity, and Historical Explanation : Charles Taylor on the *Sources of the Self. Sociological Theory* 9, 232-64.
Clark, S. 1991. Taylor's Waking Dream : No One's Reply. *Inquiry* 34, 195-215.
Cockburn, D. 1991. Review of *Sources of the Self, Philosophical Investigations* 14, 360-64.
Connolly, W. 1996. Review of Tully (ed.) *American Political Science Review* 90(1), 181.
Cooke, M. 1997. Authenticity and Autonomy : Taylor, Habermas and the Politics of Recognition. *Political Theory* 25(2), 258-88.
Dauenhauer, B. 1992. Taylor and Ricoeur on the Self. *Man and World* 25, 211-25.
De Sousa, R. 1994. Bashing the Enlightenment : A Discussion of Charles Taylor's *Sources of the Self. Dialogue* XXXIII, 109-23.
Dewey, J. Philosophy in Education. In *John Dewey : His Contribution to the American Tradition*, I. Edmain (ed.), 90-210. New York : Greenwood Press.
Dumm, T. L. 1994. Strangers and Liberals. *Political Theory* 22(1), 167-75.
Dunn, J. 1996. Balancing Acts in a Nervous Age : Review of *Philosophical Arguments. The Times Higher Education Supplement*, 2 February, 26-7.
Edgar, A. 1995. Weighting Health States and Strong Evaluation. *Bioethics* 9 (3-4), 240-51.
Etzioni, A. 2000. A newer, lonelier crowd emerges in internet study. *New York Times* 16 February, 18.
Feinberg, W. 1997. Nationalism in a Comparative Mode : A Response to Charles Taylor. See McKinn & McMahan (1997), 66-73.
Flanagan, O. 1996. *Self Expressions : Mind, Morals and the Meaning of Life*. New York : Oxford University Press.
Flathman, R. E. 1987. *The Philosophy and Politics of Freedom*. Chicago, IL : University of Chicago Press.
Forbes, H. D. 1997. Rousseau, Ethnicity, and Difference. In *The Legacy of Rousseau*, C. Orwin & N. Tarcov (eds), 220-45. Chicago, IL : University of Chicago Press.
Foucault, M. 1978-1988. *History of Sexuality*, vols 2-3, R. Hurley (trans.). New York : Pantheon Books.〔田村俶訳『快楽の活用（性の歴史 2)』新潮社，1986 年。田村俶訳『自己への配慮（性の歴史 3)』新潮社，1987 年〕
Foucault, M. 1998. An Aesthetics of Existence. In *Politics, Philosophy, Culture : Interviews and Other Writings, 1977-1984*, L. Kritzman (ed.), 47-53. London : Routledge.
Frankfurt, H. 1971. Freedom of the Will and the Concept of a Person. *Journal of Philosophy* 68(1), 5-20.
Friedman, J. 1994. The Politics of Communitarianism. *Critical Review* 8, 297-340.
Geertz, C. 1994. The Strange Estrangement : Taylor and the Natural Sciences. See Tully & Weinstock (1994), 83-95.
Goodin, R. & Pettit, P. (eds) 1993. *A Companion to Contemporary Political Philosophy*. Oxford :

Blackwell.
Gray, J. 1993. *Post-liberalism : Studies in Political Thought*. New York : Routledge.
Gray, J. 1995. Vive la différence. *The Times HigherEducation Supplement*. 13 October, 17.
Guignon, C. B. 1991. Pragmatism or Hermeneutics ? Epistemology after Foundationalism. See Bohman *et al*. (1991), 81–101.
Gutmann, A. (ed.) 1994. *Multiculturalism : Examining the Politics of Recognition*. Princeton, NJ : Princeton University Press ; expanded edition of a 1992 book of the same name.
Gutting, G. 1999. *Pragmatic Liberalism and the Critique of Modernity*. New York : Cambridge University Press.
Haakonssen, K. 1993. Entry in Goodin & Pettit (1993), 568–74.
Haldane, J. 1993. Review of *Multiculturalism and "The Politics of Recognition". European Journal of Philosophy* 1, 347–50.
Hampton, J. 1997. *Political Philosophy*. Boulder, CO : Westview Press.
Hauerwas, S. & Matzko, D. 1992. The Sources of Charles Taylor : Review of *Sources of the Self. Religious Studies Review* 18, 286–9.
Heidegger, M. 1962. *Being and Time*, J. Macquarie & E. Robinson (trans.). New York : Harper Row.〔高田珠樹訳『存在と時間』作品社，2013〕
Hendley, S. 1993. Liberalism, Communitarianism and the Conflictual Grounds of Democratic Pluralism. *Philosophy and Social Criticism* 19, 293–316.
Hittinger, R. 1990. Review of *Sources of the Self. Review of Metaphysics* 44, 111–30.
Hobbes, T. 1974. *Leviathan*. J. Plamenatz (ed.). Glasgow : Collins/Fontana.〔水田洋訳『リヴァイアサン (1)』岩波書店，1992 年。『リヴァイアサン (2)』岩波書店，1992 年。『リヴァイアサン (3)』岩波書店，1982 年。『リヴァイアサン (4)』岩波書店，1985 年〕
Hoy, D. C. 1977. Hegel, Taylor-Made. *Dialogue* 16, 715–32.
Huang, Y. 1998. Charles Taylor's Transcendental Arguments for Liberal Communitarianism. *Philosophy & Social Criticism* 24, 79–106.
Ignatieff, M. 1985. Of Human Interest. *Saturday Night Magazine* (December), 63–6.
James, S. 1994. Internal and External in the Work of Descartes. See Tully & Weinstock (1994), 7–19.
Kerr, F. 1997. *Immortal Longings*. London : SPCK.
Kingwell, M. 1998. Two Concepts of Pluralism : Critical Notice of *Philosophy in an Age of Pluralism : The Philosophy of Charles Taylor in Question*, James Tully (ed.). *Dialogue* 37, 375–86.
Kuhn, T. 1991. The Natural and the Human Sciences. 1991c. The Dialogical Self. See Bohman *et al.* (1991), 17–24.
Kukathas, C. 1996. Liberalism, Communitarianism and Political Community. *Social Philosophy and Policy* 13 (1), 80–104.
Kymlicka, W. 1991. The Ethics of Inarticulacy. *Inquiry* 34, 155–82.
Kymlicka, W. 1993. Community. See Goodin & Pettit (1993), 366–78.
Kymlicka, W. 1997. The Sources of Nationalism : Commentary on Taylor. See McKinn & McMahan (1997), 56–65.
Laforest. G. 1994. Philosophy and Political Judgement in a Multinational Federation. See Tully &

Weinstock (1994), 194–209.
Lane, M. 1992. God or Orienteering ? A Critical Study of Charles Taylor's *Sources of the Self. Ratio* 5, 46–56.
Larmore, C. 1991. Review of *Sources of the Self. Ethics* (October), 158–62.
Laslett, P. (ed.) 1949. *Patriarcha and Other Political Works*. Oxford : Blackwell.
Locke, J. 1960. *Two Treatises of Government*, P. Laslett (ed.). New York : Cambridge University Press.〔加藤節訳『完訳 統治二論』岩波書店，2010 年〕
Locke, J. 1990. *A Letter Concerning Toleration*. Buffalo, NY : Prometheus Books.〔加藤節他訳『寛容についての手紙』岩波書店，2018 年〕
Loew-Beer, M. 1991. Living a Life and the Problem of Existential Impossibility. *Inquiry* 34, 217–36.
MacIntyre, A. 1977. Epistemological Crises, Dramatic Narrative and the Philosophy of Science. *The Monist* 60, 453–72.
MacIntyre, A. 1996. Review of *Philosophy in an Age of Pluralism : the Philosophy of Charles Taylor in Question. Philosophical Quarterly* 46, 522–4.
MacKinnon, C. A. 1989. *Toward a Feminist Theory of the State*. Cambridge, MA : Harvard University Press.
Macpherson, C. B. 1966. *The Real World of Democracy*. Oxford : Oxford University Press.〔粟田賢三訳『現代世界の民主主義』岩波書店，1967 年〕
Macpherson, C. B. 1977. *The Life and Times of Liberal Democracy*. Oxford : Oxford University Press.〔田口富久治訳『自由民主主義は生き残れるか』岩波書店，1978 年〕
Marsden, G. 1999. Matteo Ricci and the Prodigal Culture. In *A Catholic Modernity ?*, J. L. Heft (ed.), 83–93. New York : Oxford University Press.
McKinn, R. & McMahan, J. (eds) 1997. *The Morality of Nationalism*. New York : Oxford University Press.
Mill, J. S. 1980. *On Liberty*, G. Himmelfarb (ed.). Middlesex : Penguin Books.〔塩尻公明他訳『自由論』岩波書店，1971 年〕
Miller, D. 1995. What Holds Us Together : Review of *Philosophical Arguments and Philosophy in an Age of Pluralism : The Philosophy of Charles Taylor in Question*, J. Tully (ed.). *Times Literary Supplement* 15 December, 26.
Morgan, M. 1994. Religion, History and Moral Discourse. See Tully & Weinstock (1994), 49–66.
Mouffe, C. 1988. American Liberalism and Its Critics : Rawls, Taylor, Sandel and Walzer. *Praxis International* 8, 193–206.
Mulhall, S. & Swift, A. 1997. *Liberals and Communitarians*. 2nd edn. Oxford : Basil Blackwell.
Nagel, T. 1979. *Mortal Questions*. Cambridge : Cambridge University Press.〔永井均訳『コウモリであるとはどのようなことか』勁草書房，1989 年〕
Neal, P. 1997. *Liberalism and its Discontents*. New York : New York University Press.
Nietzsche, F. 1968. *The Will to Power*, W. Kaufmann & R. J. Hollingdale (eds). New York : Vintage Books.〔原佑訳『権力への意志 上（ニーチェ全集 12)』筑摩書房，1993 年。原佑訳『権力への意志 下（ニーチェ全集 13)』筑摩書房，1993 年〕
Nietzsche, F. 1974. *The Gay Science*, W. Kaufman (ed.). New York : Vintage Books.〔信太正三訳『悦ばしき知識（ニーチェ全集 8)』筑摩書房，1993 年〕

Nozick, R. 1974. *Anarchy, State and Utopia*. New York : Basic Books.〔嶋津格訳『アナーキー・国家・ユートピア――国家の正当性とその限界』木鐸社，1995 年〕
Nussbaum, M. 1990. Our Pasts, Ourselves. *The New Republic* 9 April, 27–34.
Nussbaum, M. 1996. *For Love of Country*, J. Cohen (ed.). Boston, MA : Beacon Press.
O'Brien. M. 1981. *The Politics of Reproduction*. London : Routledge & Kegan Paul.
O'Hagan, T. 1993. Charles Taylor's Hidden God. *Ratio* 6 (June), 72–81.
Oksenberg Rorty, A. 1994. The Hidden Politics of Cultural Identification. *Political Theory* 22(1), 152–66.
Olafson, F. A. 1994. Comments on *The Sources of the Self. Philosophy and Phenomenological Research* LIV(I), 191–6.
Parfit, D. 1989. *Reasons and Persons*. Oxford : Clarendon Press.〔森村進訳『理由と人格――非人格性の倫理へ』勁草書房，1998 年〕
Pettit, P. 1997. *Republicanism : A Theory of Freedom and Government*. Oxford : Oxford University Press.
Rawls, J. 1971. *A Theory of Justice*. Cambridge, MA : Harvard University Press.〔川本隆史他訳『正義論』紀伊國屋書店，改訂版 2010 年〕
Rawls, J. 1993. *Political Liberalism*. Cambridge, MA : Harvard University Press.
Rorty, R. 1994. Taylor on Truth. See Tully & Weinstock (1994), 20–33.
Rorty, R. 1999. Failed Prophecies, Glorious Hopes. *Constellations* 6(2), 216–21.
Rosa, H. 1995. Goods and Life-forms : Relativism in Charles Taylor's Political Philosophy. *Radical Philosophy* 71 (May/June), 20–26.
Rosen, M. 1991. Must We Return to Moral Realism ? *Inquiry* 34, 183–94.
Rouse, J. 1991. Interpretation in Natural and Human Science. See Bohman *et al.* (1991), 42–56.
Ryan. A. 1993. Liberalism. See Goodin & Pettit (1993), 291–311.
Sandel, M. 1982. *Liberalism and the Limits of Justice*. Cambridge & New York : Cambridge University Press.〔菊池理夫訳『リベラリズムと正義の限界』勁草書房，2009 年〕
Schneewind, J. B. 1991. Review of *Sources of the Self. Journal of Philosophy* 88(8), 422–6.
Scialabba, G. 1990. Review of *Sources of the Self. Dissent* 37, 534–7.
Seglow, J. 1998. Universals and Particulars : the Case of Liberal Cultural Nationalism. *Political Studies* 46(5), 963–77.
Shklar, J. 1991. Review of *Sources of the Self. Political Theory* 19(1), 105–9.
Skinner, Q. 1991. Who are "We" ? Ambiguities of the Modern Self. *Inquiry* 34, 133–53.
Smith, N. 1996. Contingency and Self-Identity : Taylor's Hermeneutics vs Rorty's Postmodernism. *Theory, Culture and Society* 13(2), 105–20.
Smith, N. 1997. Reason after Meaning : Review of *Philosophical Arguments. Philosophy and Social Criticism* 23(1), 33–42.
Thiebaut, C. 1993. Charles Taylor : On the Improvement of Our Moral Portrait : Moral Realism, History of Subjectivity and Expressivist Language. *Praxis International* 13, 126–53.
Todorov, T. 1984. *Mikhail Bakhtin : The Dialogical Principle*, W. Godzich (trans.). Minneapolis, MN : University of Minnesota Press.〔大谷尚文訳『ミハイル・バフチン 対話の原理――付バフチン・サークルの著作』法政大学出版局，2001 年〕
Tully, J. 1980. *A Discourse on Property : John Locke and his Adversaries*. Cambridge : Cambridge

University Press.

Tully, J. & D. Weinstock (eds) 1994. *Philosophy in an Age of Pluralism : The Philosophy of Charles Taylor in Question*. Cambridge : Cambridge University Press.

Waldron, J. 1990. How We Learn to be Good : Review of *Sources of the Self. Times Literary Supplement* (23-29 March), 325-6.

Waldron, J. 1993. See Goodin & Pettit (1993), 575-85.

Wallach, J. R. 1987. Liberals, Communitarians, and the Tasks of Political Theory. *Political Theory* 15(4), 581-611.

Warnke, G. 1985. Hermeneutics and the Social Sciences : A Gadamerian Critique of Rorty. *Inquiry* 28, 339-57.

Weinstock, D. 1994. The Political Theory of Strong Evaluation. See Tully & Weinstock (1994), 171-93.

Wihl, G. 1994. Charles Taylor on Situatedness, Incommensurability and Symbolic Language. In *The Contingency of Theory : Pragmatism, Expressivism and Deconstruction*, 39-65. New Haven, CT : Yale University Press.

Williams, B. 1985. *Ethics and the Limits of Philosophy*. London : Fontana.〔森際康友他訳『生き方について哲学は何が言えるか』産業図書，1993 年〕

Williams, B. 1990. Republican and Galilean : Review of *Sources of the Self. The New York Review of Books* 37 (8 November), 45-7.

Wittgenstein, L. 1958. *Philosophical Investigations*. Oxford : Basil Blackwell.〔丘沢静也訳『哲学探究』岩波書店，2013 年〕

Wittgenstein, L. 1972. *On Certainty*, G. E. M Anscome & G. H. von Wright (eds). New York : Harper & Row.〔黒田亘他訳『確実性の問題・断片（ウィトゲンシュタイン全集 9)』大修館書店，1975 年〕

Wolf, S. 1994. Comment. See Gutman (1994), 75-85.

Wolterstorff, N. 1996. *John Locke and the Ethics of Belief*. New York : Cambridge University Press.

Wood, A. 1992. Review of *Sources of the Self. Philosophical Review* 101, 621-6.

註

テイラーの主著のうち三作（1985a ; 1985b ; 1992c/1993 ; 1995a）は，それ以前に別のところで発表された論文を集めたものである（1985b の 11 章と，1995a の 13 章は例外である）。読者の便宜に資するため，これらの論文集に収められた論文については，最初に発表されたオリジナルからではなく，論文集から引用する。

序　章

（1）ポール・リクールについてテイラーが述べていることは，テイラー自身にも等しくあてはまる（1968a : 402）。

（2）「孤立しているものたちの和解」という言葉は，テイラーの論文集のタイトルから借用した。この論文集はカナダの連邦制に関するものであり，ギー・ラフォレによって編まれている（1992c/1993）。さらに，このタイトルは，ヒュー・マクレナンが 1945 年に著した，カナダに関する本の書名「二つの孤独」を反映している。

（3）ジーン・ベスキー・エルシュテインは，テイラーの思想のこの特徴を強調する価値があることを示唆してくれた。ここに記して感謝する。

（4）これらの発言は，情報量の多いテイラーのインタヴューの一部である（1989b）。

（5）この委員会に対するテイラーの貢献は，ラフォレが編んだ本の中に「憲法改革の諸要点」として収録されている（1992c/1993 : 140–54）。

（6）ハワーワスとマツコが書いているように，「ケベックでの政治活動により，彼は，具体的な政治参加への情熱を，自らの著作に注いだ」のである（Hauerwas & Matzko 1992 : 286 ; cf. Birnbaum 1996 : 39–41）。

（7）表出主義については，第二章で，さらに詳しく論じる。

（8）イグナティエフもまた，表面的には対立している見解を仲介しようとするテイラーの衝動を考察しながら，テイラーの経歴が，この衝動を説明するために有益だろうと述べる。テイラーは，母親がフランス語を話し，父親が英語を話す家庭環境において，完全にバイリンガルでバイカルチュラルなケベック人として成長した。イグナティエフは，テイラーが仲介しようとする立場の中には「マルクス主義とカトリシズム，リベラリズムと社会主義，イギリスの分析哲学とフランスとドイツの形而上学」も含まれると指摘する（Ignatieff 1985 : 63）。

第一章　道徳を説明する

（1）ベイナーは，これが『自我の源泉』における劇的緊張感の中心であり，重要な弱点であると理解する。ベイナーは，テイラーは一種の実証主義者であると批判する。すなわち，もし何かが善であると評価されるなら，それは，事実上，肯定される価値があるとされる。これを根拠としてベイナーは，テイラーの仕事には，ラディカリズムと批判的視点が欠如しているという。そして，社会理論は，社会的諸実践の理解のみならず，それらの評価についても関心を持たなければならないとする（Beiner 1997 : 156, 160, 166 n.12, 224）。

（2）たとえば，Williams（1985）を参照。テイラーは『自我の源泉』でウィリアムズの

著作に言及（1989a : 64）するとともに，「最も特殊な制度」（1995b）の中で，より詳しく述べている。ミシェル・フーコーもまた，後期の著作の中で，類似した方法で，倫理と道徳を区別している。すなわち，道徳は他者との関係を支配する諸規範と諸準則に関するものであるのに対して，倫理は，これらの諸規範に向けての，個人の内的な構成物あるいは方向性である。だから倫理の方が，個人のあり方や創造性にとって，より広い視野を提供する（Foucault 1978–88, 1998）。

（3）スミスが理解しているように，テイラーは「道徳の領域と倫理の領域に関する，新カント派的な区別」を拒否する（Smith 1996 : 107）。しかし，道徳も倫理も強評価を含むという事実からすれば，強評価が，道徳的判断または倫理的判断のいずれかに限定されると推測してはならない。たしかにテイラーは，全ての道徳的問題は強評価を含むと信じているが，他の分野の探究においても同様だと考えている。たとえば，美学もまた強評価を含むことのできる探究分野の一例である（1985a : 24 n. 7 ; 1985b : 236, 238–9 ; 1989a : 55 ; 1995b : 134）。

（4）キングウェルもまた，テイラーの多元主義の源泉の一つはアリストテレスであることを認めている（Kingwell 1998 : 378）。テイラーの思想に対するアリストテレスの影響については，『行動の説明』以来，明らかである。テイラーがアリストテレスに認めている重要性からすると，オーヘイガンも言うように，『自我の源泉』の中にアリストテレスの章がないのは奇妙ではある（O'Hagan 1993 : 74）。

（5）たとえば，バーリンの『流れに抗して』（Berlin 1979）の中の「マキャヴェリの独創性」を参照。

（6）この点については，第三章における多文化主義と承認の政治についての議論，および第四章の実践理性についての記述の中で，再びふれる。

（7）Rosen（1991 : 185），Weinstock（1994 : 174），Anderson（1996 : 18, 23），Flanagan（1996 : 152–4），Smith（1996 : 114），Gutting（1999 : 158）を参照。また Edgar（1995）も，強評価は，個人の諸価値の考察と明確化を必要とすると考えているが，これが，この概念の長所であると見ている。ガッティングは，テイラーの強評価の概念を，医療資源の配分についての公的協議の方法を批判するために使っている。ガッティングによれば，もし人びとが名前を記入するだけの弱い評価者ではなく強評価の主体とみなされるならば，この過程が改善されるだろうと述べている。この場合，強評価の主体とは，人びとの質的な判断を定義し擁護する主体である。

（8）フラナガンは，別の解釈をしている。彼は『自我の源泉』を，テイラーの強評価の概念に（歓迎される）両義性を導入するものとみなしている。その両義性は，反省と明確化の要請を緩和するものである（Flanagan 1996 : 158）。

（9）この背景の役割についての詳しい議論は第四章で行う。

（10）テイラーは，すべての強評価者が，彼らの判断の基礎にある価値の違いを考察し認識しているわけではないことを認めながらも，生の価値を問う場合におけるソクラテス的な信念に対する共感を述べている（1989a : 92）。

（11）ウォルドロンも書いているように，テイラーにとって「すべての善なるものが両立するわけではないので，他と混合されていない幸せなどはない」（Waldron 1990 : 328）。

（12）この点は第二章でさらに詳しく論じる。

（13）テイラーの功利主義の描き方に対する批判については，Braybrooke（1994 : 105–6）と Kymlicka（1991 : 168ff）を参照。

(14) 彼はこれを，17 世紀以来の西洋思想における広い文化的発展に，特に自然科学の影響と世界の脱魔術化に関連づけている（1985b : 230–31, 242–3）。第四章では，これらの発展について論じる。

(15) ウィリアムズは次のように述べる。「私たちの道徳的経験の性格について彼が論じることの多くは，私には，この点までは重要な真実のように思える。道徳に関するいかなる適切な議論も，この点を説明しようとしなければならない。しかし，経験におけるこのような強い基礎から，テイラーは急に，形而上学的言説へと上昇する」（Williams 1990 : 46）。この議論を，シュナイウィンドの次の反論と比較してほしい。「人間のアイデンティティは，一次的な欲望を制御できる二次的な欲望をどのように含んでいるかという点についての，テイラーのフランクファート流の見解からすれば，最上級の欲望，すなわち『常に必要とされる高次の』価値の『究極の』資源が，その他の全てのものに力を与える何らかの必要性があることにはならない」（Schneewind 1991 : 426）。同様に，テイラーとローティを比較したスミスの議論からすると，ローティは，強評価について，高次・低次の区別の必要があるという主張を受け入れるかもしれないとしても，彼はこれを支える道徳的実在論を認めることはできないということになる（Smith 1996 : 116–17）。

(16) MacIntyre（1996 : 523). モーガンのように，テイラーの企図に共感する解釈者であっても，彼の反証可能な実在論を，強い実在論と誤解することがある。モーガンによれば，テイラーは次のように信じている。「私たちの道徳的な信念を基礎づけるとともに方向づけ，また私たちの道徳的な判断と選択に力を与える構成善は，実在するものである。それらは，私たちの道徳的世界の客観的な構成要素である」（Morgan 1994 : 52–3）。

(17) 第四章では，「最良の説明」というフレーズが何を意味するかということについて，より詳しく説明する。

(18) テイラーは，ほかの宗教的伝統の持ついくつかの善を称賛しながらも，カトリック内の多元主義もまた促進しようとする。彼は次のように提案する。「カトリックの一つの原理は……献身と霊性の多様性，および礼拝様式の多様性，さらに受肉に対する態度の多様性を増大させることなしには，信仰を広めることができないというものである」（1999a : 15）。

(19) これは，テイラーの道徳理論を全ての有神論者が受容する必要があると示唆するものではない。彼の宗教的信念を共有することは，彼の道徳理論を受容するための必要条件ではあるが，十分条件ではないということである。この文脈での批判については，以下を参照。Baier（1988），Schneewind（1991），Skinner（1991 : 146），Lane（1992），O'Hagan（1993).

(20) キリスト教の世界観における悪についての問題は，ハンス・ブルーメンベルクの『近代の正統性』（1985）において重要な役割を果たしている。この点は，Rosen（1991 : 190–91）によって論じられ，テイラーの方法と比べられている。

(21) 信仰を持っている人たちの中においてすら，ここでのテイラーの議論に対しては批判的な人もいるかもしれない。カトリックの小説家モリス・ウェストは，次のように述べたといわれている。「キリスト教はいつも快適なものであるわけではなく，ダーク・ミステリーを，希望もなく受容するものでもある」（モリス・ウェストの死亡記事。*New York Times*, 2 October 1999, B13）。

(22) マーズデンは，テイラーが，その講義でキリスト教徒の学者にふさわしいこと，すなわち「キリスト教の信仰が，現代の諸問題を考察するにあたって，いかに新鮮な観点を提供するか」ということを示したとして，彼を称賛している（Marsden 1999 : 83)。しかし，テイラーは，この講義の中で，逆のこともしている。すなわち，現代の諸条件が，あるいは少なくとも近代の諸条件が，カトリックに対して，どれほど新鮮な観点を提供したかということも示している。

(23) 自己の危機についての一つの好例は，カズオ・イシグロの小説『日の名残り』にある。この小説の主人公である執事のスティーヴンズは，彼の人生でおきた様々な変化によって，それまでの彼の生に意味を与えていた道徳的・社会的な秩序についての価値や理想や意味について，考え直すことを強いられる。

(24) これらの例は，新聞から採用した。

(25) たとえば，Calhoun（1991 : 234, 241），Weinstock（1994 : 173），Gutting（1999 : 150–51）を参照。ローティですら，テイラーは，ある種の高位善が私たち全員のためにあると考えているとみなしているようである（Rorty 1994 : 20–21)。さらに，Hittinger（1990 : 125）を参照。しかし，ヒッティンガーがこのように解釈している箇所について，私は，仮説に近いものと理解する。テイラーによれば，「もし高位善が，私たちの最良の説明から実際に排除できないことが明らかになるならば」，私たちは高位善から退却すべきではない（1989a : 69)。

(26) このように考えてくれば，18 世紀の近代小説の登場は，諸個人が自らの生に物語形式で意味を与える傾向を反映すると同時に奨励していることを，知ることができる。

(27) テイラーが，マッキンタイアの『美徳なき時代』についての書評で述べていることの一つは，マッキンタイアが物語を強調している点である（1984b : 304 : cf. 1994f : 34)。物語についてのリクールの議論に関しては，Taylor（1985f）を参照。

(28) アッピアは，物語の根本的役割についてのこれらの点，および，個人的な語りと集合的な語りの交わりを支持している。彼は次のように書いている。

> 人びとにとって異文化間で重要になることは，彼らの生が，ある種の一つの物語的なまとまりを持っていることである。彼らは，彼らの生について，意味のある一つの物語を述べたいと望んでいる。その物語――私の物語――は，アイデンティティをもつ個人にとって，私の文化において有効とされる基準に即した適切な方法で筋が通っていなければならない。この物語を語るときは，私が，様々な集合体についてのより広い物語にどのように適合しているかが，ほとんどの私たちにとって重要である。 （Appiah 1994 : 160）

(29) この点は，第四章で詳しく議論する。

(30) フラナガンは，道徳的な危機と反省のあいだに逆の関係があることを仮定している。彼によれば，テイラーの見解では，道徳的な危機は，反省の結論についての不満の結果である。

> 通常，フレームワークを吟味をすることで，そのフレームワークへの自信がもたらされる。……主体が危機を自覚しがちなのは，反省的評価が，そのような自信をもたらすことに失敗したときだけである。 （1996 : 159）

しかし彼は，これらの関係についての読解を支持する根拠を示しているわけではない。

(31) Anderson (1996) の主張に反して，テイラーは，人びとを動かすものを，それによって動かされることなく，特定することは可能であると信じている。アナロジーを用いるなら，私たちは，ある個人の愛すべき点を，その人との恋愛に至ることなく，認めることができる。

(32) Beam (1997 : 775) は，テイラーによる「アプリオリな相対主義」の拒否に関する優れた説明をしている。

(33) このフレーズについては，第二章で説明する。

(34) 第三章で説明するように，これらの善の多くは，消極的自由を擁護するためにとりあげられている。

(35) これと並行する議論が，永続的な社会的善の文脈において，第三章で行われている。これらの善を認めることがそれらを強化する一方，認めることに失敗するとそれらを弱めることになる，とテイラーは主張する。

(36) 私の考えでは，現存しない道徳的システムも，総合的に明確化することができる。たとえば，死語の反対のものとして，生きた言語の輪郭を示すことができるのと同じである。

(37) 構成善と人生善のあいだのコントラストについては，『自我の源泉』の第一部 (1989a : 93, 122) で述べられているが，実際に議論されているのは第四部においてである (307–42)。この違いに関する議論は (1991d : 243 ; 1997a : 173) を参照。

(38) たとえば，Wood (1992) は，テイラーの構成善の概念には有神論的傾向があると示唆している。

(39) この議論の観点からすれば，テイラーが宗教的な不信仰を道徳的源泉とは見ておらず (1997 : 160)，「無神論者の感覚」を軽くみている (*ibid.* : 162) というベイナーの批判は，誤解である。テイラーが，世俗的な構成善を掘り起こすのにふさわしい人であることは，彼が「私は信仰者であるが，同時に，不信仰者の諸見解の中にも精神的な偉大さを発見する」(1991d : 241) と述べているところで，示唆されている。

(40) クラークによれば「プラトン主義もヘブライ的キリスト教も，『構成善』の承認や，私たちを正しい行動に導く現実に基礎づけられている」(Clark 1991 : 198)。

(41) 道徳的見解の源泉や明確化に戻ることで，その道徳への愛着をいかに強めることができるかということについて，ローティが類似した議論をしている。ローティがキリスト教やマルクス主義について議論する中で述べるところによると，それらの予言が実現していないからこそ，

> 私たちは，新約聖書や［共産主義］宣言の中に，霊感や励ましを発見することを抑えることができない。なぜなら，両方の文献は，同じ希望を表しているからである。すなわち，いつの日か私たちは，全ての人類の必要性を，私たちの最も近い人たちの必要性や，私たちの愛する人の必要性を扱うときのように，尊敬と熟慮をもって快く扱うことができるようになるだろう，と。 (1999 : 217)

(42) 人間に関する事柄はその歴史によってのみ理解することができる，という信念は，ヘーゲルがテイラーに残した遺産である。これを指摘した Williams (1990 : 45) は正しい。

第二章　自己を解釈する

（1）Cockburn（1991 : 364）と Thiebaut（1993 : 133）を比較してほしい。キムリッカは『自我の源泉』に対して類似した批判をしている。キムリッカによれば，テイラーの用語の使い方は特殊であり，テイラーが何を言おうとしているのか，誰を，なぜ批判しているのかを正確に知ることは困難である（Kymlicka 1991 : 59）。

（2）彼の論文「何が人間的主体なのか？」What is *human* agency ?（強調はアビィ）のタイトルにも注目。同様のタイトルが，テイラーの 1985 年の論文集『哲学論集』*Philosophical Papers* の第一巻のタイトルにもなっている。しかし「人間的主体または個人あるいは自己に関する，私たちの通常の理解」（1985a : 3）という言い方が示唆しているのは，彼は，agency という用語を，他の用語と区別するよりも，同義語として使う傾向があるということである（cf. 1985b : 258）。

（3）これは，Loew-Beer（1991）によって議論され，テイラーの方法と比較されている。

（4）この点は，第四章で詳しく論じる。

（5）テイラーはフェミニズムを，私たちが他者の行為を解釈する方法を変える力であると考えている（1988d : 53）。私の議論は，その例に反省的な要素を加えている。

（6）ここではテイラーは，自ら述べているように，アイザイア・バーリンの著作に従っている。ヘルダーの概念に，バーリンは「表現主義」expressionism という用語を使っているが，テイラーは「表出主義」expressivism という用語を使っている。（1975a : 13 n. 1）。この用語は，テイラー自身の研究に対しても使われている。ロウイ＝ビアは，道徳に関するテイラーの方法を「解釈学的表出主義」と性格づけている。彼は，表出主義の内部の他の諸傾向を，ロマン主義的なもの，心理学的なもの，芸術的なものに区別している（Loew-Beer 1991 : 228, 236）。

（7）『哲学論集』第一巻（Taylor 1985a : 248–92）は，言語に関するこれらの二つの方法についてのより詳しい比較を含んでいる。

（8）この歴史のいくつかは，テイラー（1975a : 4）によって説明し直されている。

（9）テイラーの思想のこの面が，彼のヘーゲル研究からどれほど強く影響を受けているかを示す根拠に関しては，（1975a : 381）または（1979a : 87）を参照。

（10）私的言語の可能性についてのヴィトゲンシュタインの批判は，ここでのテイラーの思想に重要な影響を与えている（1975a : 305 ; 1985a : 231 n. 6 ; 1989a : 38 ; 1995a : 13, 133）。

（11）より広い文化的な背景の重要性については，第三章で繰り返し述べる。

（12）Todorov（1984）は，バフチンの主な主張のいくつかについて有益な見解を示している。哲学的人間学に関する最終章は，テイラーの著作の文脈では，とりわけ有益である。

（13）第四章では，これについて詳しく議論する。

（14）バフチンの立場についてのトドロフの議論は，テイラーにもあてはまる。すなわち，「他者と結びつく諸関係の外にあるいかなる存在も，想定することは不可能である」（Todorov 1984 : 94）。長い脚注でトドロフが認めていることは，バフチンがこのような主張をした最初の人ではないということである。むしろ，私－汝の関係性が自己の構成要素であるという観念こそが，18 世紀以来の西洋の古典的な哲学の一部である（1984 : 117–18）。テイラーの自己概念へのバフチンの影響は，自己のあり方を構成するのは，自己と他者の諸関係であるのみならず，対話的性格でもあると彼が簡潔に示

しているところにある。

(15) ダウエンハウアーもまた，テイラーの自己論における道徳的かつ政治的含意の問題を提起している（Dauenhauer 1992 : 222）。例外（1985d）を除き，テイラーは，これらの点については書いていない。しかし，妊娠中絶に関する問題について議論したことはある（1995a : 35 ; 1998a : 51）。

(16)『ヘーゲル』も浩瀚な本であるが，思想家ヘーゲルの解説を主にしている。一方『自我の源泉』は，より独創的な研究である。

(17) Nussbaum（1990 : 32）は，この限界のいくつかを指摘している。しかし，ヌスバウムによる本の称賛と比べれば，重要ではない。Skinner（1991）および Shklar（1991 : 180）も参照。

(18) 興味深いことに，論文「正統性の危機」Legitimation Crisis ?（1985b : 248–88）は，近代のアイデンティティを形成する際の，社会的および経済的関係の役割について，より大きな注意をはらっている。

(19) アラスデア・マッキンタイアの著作についてのテイラーの議論を見てほしい。『美徳なき時代』を書評する際，テイラーは，道徳の歴史や，失われた美徳や実践に関するマッキンタイアの見解は，一面的であると述べている。マッキンタイアは，近代における新しい美徳や実践の誕生について考察していないように思われる。それゆえ，道徳理論の歴史的研究において，同様に重要な一面を欠いている。それは，「善き生についてのまとまりのある道徳的見解を発見し，育てるという観点」である（Taylor 1984b : 306）。

(20) ほかの論者も類似した見解を述べている。しかし，必ずしも批判ではない。たとえば，カルフーンによれば，徐々に失われてきた善にテイラーはほとんど注目していないと言う（Calhoun 1991 : 240）。他方，ウォルドロンは『自我の源泉』を「楽観的で肯定的な書物である」（Waldron 1990 : 325）と述べている。

(21) ヌスバウムは，テイラーの立場が重要であることを認めている。彼女が言うように，「最終的に，愛は憎悪よりも，より強力な動機の源泉となる」（Nussbaum 1990 : 31）。

(22) たしかに，これはテイラーの自由論の議論にでてくるが，フラスマンの洞察によると，テイラーは悪を，それ自体独立した力というよりも，むしろ欠落あるいは苦難として理解するという。この洞察は，この種の研究をはじめる有望な方法だろう（Flathman 1987 : 79）。これは，テイラーがプラトン・アウグスティヌス的伝統の中で研究しているという，もう一つの点を示す。あるいは，むしろシュクラーが正しく述べるように，これは，アウグスティヌス主義の一つの傾向である（Shklar 1991 : 106）。

(23) テイラーが，家庭生活の領域でのそのような諸変化の範囲を誇張しているという議論については，Clark（1991 : 202–3）を参照。

(24) Taylor（1992b : 1993b）を参照。この節の残りの部分では，（1999c）に含まれている最新の議論に焦点をあてる。

(25) 彼は，自分のアプローチとフーコーのアプローチを比較し，次のように問う。フーコーの歴史は，近代社会がもたらした善の意味を無視しており，近代社会が変化させた過去についてもほとんど考慮していないのに，いかにして近代社会の歴史を描くことができるのか，と。テイラーは自らのアプローチが，ラディカルな自律に対するフーコーの称賛によって動機づけされていると考えている（2000c）。

(26) テイラーに対するハイデガーの影響が，ここで明らかになる。

(27) この点についての十分な議論は第五章を参照。
(28) ロックに関するテイラーの解釈についての概観と批判については，Wolterstorff (1996 : 236-44) を参照。
(29) この点は，第四章で詳しく議論する。
(30) テイラーが示唆しているように，彼の分析と，プロテスタントの倫理と資本主義の発達の関係についてのマックス・ヴェーバーの主張には，強い並行関係がある (1989a : 226)。ヴェーバーの著作は〔『自我の源泉』の〕第 13 章「神は副詞を愛し給う」の註 26 で引用されている。
(31) マルクスに対するフェミニストからの批判の例としては，O'Brien (1981) および MacKinnon (1989) を参照。エンゲルスは，その『家族・私有財産・国家の起源』が示しているように，マルクスよりも，物質的生活の生産・再生産における家庭の役割を重視していた。1844 年の『経済的および哲学的手稿』には，ジェンダーへのマルクスの関心についての，ある程度の示唆が含まれている。ケアの倫理に関するフェミニストの多くの文献が非マルクス主義の観点から，家庭生活と家族関係の重要性をとりあげている。
(32) ストア派のこの側面は，最近，ヌスバウムによる現代のコスモポリタニズムの倫理に関する研究で，再び注目されている。Nussbaum *et al.* (1996) の巻頭にある彼女の論文を参照。
(33) テイラーは，現代のフェミニズムを，本来性の要請と家庭生活への関与とのあいだの緊張を説明するものとして使っている。しかし，自己実現をするためには結婚による拘束を緩和しなければならないと感じるのが圧倒的に女性であるという現実を見て，テイラーは次のことに気づくべきである。すなわち，本来性の追求を阻害するものは永続的な結びつきそれ自体ではなく，永続的な結びつきのうちのある種のもの，つまり，抑圧的または搾取的，あるいは拘束的なものであることに，気づくべきである。
(34) この点の十分な議論については第一章を参照。

第三章　政治を理論化する

(1) Friedman (1994 : 297)，Miller (1995 : 26)，Kukathas (1996)，Hampton (1997 : 182-5)，Mulhall & Swift (1997 : 121, 162, passim)，Mouffe (1998 : 197-202) を参照。テイラーをコミュニタリアンの思想家の議論に含める傾向に対して，ウォラクは興味深い例外である。しかしながら，コミュニタリアンの思想家たちが政治的なものを無視してきたというウォラクの主張は，リベラルとコミュニタリアンのあいだの議論に対するテイラーの貢献を考慮していない。テイラーは，「支持であれ否定であれ，どんな政治制度についてもほとんど言及しないような人びと」に数えることはできない (Wallach 1987 : 593 ; cf. 595, 601)。

(2) しかし，フリードマンによれば，ほとんどのコミュニタリアンが注目するコミュニティは，国家である (Friedman 1994 : 298)。

(3) インターネットがコミュニティへの帰属意識を強めるのではなく，むしろ社会的孤立を促進するとも言われてきた。しかしエツィオーニは次のように述べる。「人びとはインターネットを通じて非常に強力な関係をつくるのであり，それらの多くは，それ以外の方法では見つけることのできない関係である」(Etzioni 1994 : 298)。

(4) キムリッカが述べるように，多くのリベラルは「個人の自由と幸福がどれほどコミ

ュニティの中ではじめて可能になっているかという点を無視している」(Kymlicka 1993 : 369)。彼は，コミュニタリアニズムの「社会理論」について述べるとき，テイラーの著作に直接言及している。そうした理論は，リベラリズムが，個人の自由を行使する際に必要となる社会的条件を無視していると主張している。Mulhall & Swift (1997) もテイラーの著作のこのような側面に着目している。

(5) ロック解釈の中には，彼の思想におけるコミュニティの位置を強調するものもある。Tully (1980) を参照。

(6) ハンプトンは，コミュニタリアンが，コミュニティに対する無批判的な自己同一視を提唱していると主張する。そして彼は，「私たちがコミュニティの重要性を認めつつ，コミュニティに対する道徳的に批判的な態度をどのようにしてとることができるのかを示せるように，コミュニタリアンの理論を発展させる」よう推奨している (Hampton 1997 : 188 ; cf. 190)。しかし，これは，テイラーのより根本的な議論を見落としている。それは，社会に対する批判的かつ独立的な個人の思考は，より広い文化的力によってのみ可能になるという議論である。Flathman (1987 : 76) も，テイラーの立場が，社会批判を考慮に入れていることを示している。

(7) カーも述べるように，テイラーにとって「個人の自由の価値を肯定するためには，帰属の義務も基本的に等しく認めなければならない」(Kerr 1997 : 138)。

(8) ハンプトンは次のように述べている。「ほとんどの……西洋政治理論は，その性質において，これまできわめて個人主義的だった。ホッブズとロックの理論は，前政治的な……自然状態に存在する個人から出発する。同意を基礎とした現代の権威論は，政治的権威を諸個人の行為から引き出す」(Hampton 1997 : 169)。

(9) たとえばブキャナンは次のように言う。「市場では，諸個人は，リンゴとミカンを交換する。政治では，諸個人は，地方の消防署から裁判にいたるまで，共通して想定されるコストを分担することに対する同意を相互に交換している」(Buchanan 1986 ; cf. 1972, 1979)。

(10) テイラーの 1979 年の論文「消極的自由の何が間違っているのか」(1985b : 211–29) における，この概念へのいくつかの批判は，「リベラルな政治と公共圏」(1995a : 257–87) でも繰り返されている。

(11) 第二部の「積極的自由の概念」を参照。第三段落までにバーリンは，積極的自由を，部族，人種，教会，国家といった，何らかのより大きな存在による個人の抑圧と結びつけている (Berlin 1969 : 131–2)。

(12) しかし，脚注の中でバーリンが認めているのは，消極的自由の程度を測る際に，いくつかの基準が有効かもしれないということである。一つは，「私の性格と与えられた環境を前提とした場合に，これらの〔自由の〕可能性が，他の可能性と比べて，私の人生の計画においてどれくらい重要か」(1969 : 130 n. 1) という基準である。この基準は，ある種の質的区別を示唆しているように思われる。この質的区別は，自由の意味にとって中心的だとテイラーが主張するものである。バーリンの論文の最後の方で，より明確に次のように示唆されている。「検閲に関する法や個人の道徳を律する法が，個人の自由に対する不寛容な侵害であるとして抗議することは，そのような法が禁止している行為が，善い（あるいは実際には全ての）社会における人間にとって基本的に必要なものであるという信念を前提としている」(1969 : 169)。バーリンの消極的自由の概念の中には，このように〔自由の〕行使概念が隠れている。テイラーが，消極

的自由の狭義の機会概念を擁護するために「自分の直観の多くを捨てた」人たちについて述べるとき，バーリンを念頭に置いているのではないかと考えられる。全体主義のいかなる基盤も容認することを恐れる人たちは，消極的自由のより明瞭な概念を支持するようになっている（Taylor 1985b : 215）。

(13) バーリン自身によるミルの描写は，テイラーの主張を明確にする。

> 彼［ミル］が，自由を望む自らの理由について述べることの多く——大胆さと不服従，流行している意見に対して個人が自らの価値観を主張すること，有力な一連の立法者や社会の指導者から自由で独立した人格に対して，ミルが認めている価値——は，不干渉としての彼の自由概念とはほとんど関係がない。しかしそれらは，非常に低い価値しか認められないような人物になりたくないという人の願望や，自律的で独創的で「その人らしい authentic」行動ができないような人にはなりたくないという人の願望と深く関連している。 (1969 : 160)

これが意味しているのは，消極的自由と，自律性の承認とのあいだの関係性である。この点は，これらを分離すべきだというバーリンの後年の主張（以下を参照）を掘り崩すだろう。

(14) 強評価の議論については，第一章を参照。

(15) この点についてのさらなる議論は，Pettit（1997 : 35–41 ほか）を参照。

(16) アリストテレスは，市民の徳を，統治と被統治に自由に等しく参加することと定義し（1981 : III iv 1277b7, xiii 1283b35），政治を善き生の共通の探求と結びつけている（*ibid.* : III ix 1280a–1281a2）。バーリンが，自らの主張とテイラーの思想とのあいだの違いとして指摘していることの一つは，「人間は……基本的な目的をもっている」というテイラーの信念であり，それをバーリンはアリストテレスの思想と直接関連づけている（Berlin 1994 : 1）。

(17) Pettit（1997 : 7 n. 1）が述べるように，ペティットも自らの研究をこの視点から考えている（*ibid.* : 50）。

(18) ペティットは，自由についての共和主義的な概念と積極的自由とのあいだの伝統的な結びつきに異議を唱える。そのかわりに彼が主張するのは，共和主義的な伝統が，消極的自由を守るために，政治への参加を促進しうるという点である（Pettit 1997 : 21, 27–31 ほか）。彼は基本的に，自由についての二元論的なアプローチを否定し，自由を概念化する第三の方法として共和主義的伝統に戻る。彼は，干渉の不在としての消極的自由と，自制としての積極的自由，支配の不在としての共和主義的自由とを区別している（*ibid.* : 19, 21 ほか）。

(19) しかしながらキムリッカが指摘するように，この伝統のほとんどは，市民とは誰かについての排他的な理解を伴っていた。女性，労働者，無産階級，外国人は，いつの間にか排除されてきた（Kymlicka 1993 : 375）。ペティットが述べるところによると，共和主義的伝統が消滅した一つの理由は，まさに非支配としての自由の理想をすべての諸個人に拡大していくことが困難だったことにある（Pettit 1997 : viii, 49）。共和主義が今日の有効な政治的倫理になるために，テイラーは，これらすべての集団が含まれるように市民概念が拡大されうるのだと信じなければならない。

(20) キムリッカは，テイラーの分析が，いくつかのナショナリストの運動がリベラルな

形態をとる理由について説明するのにほとんど役に立たないと不満を述べている(Kymlicka 1997 : 63–4)。Feinberg（1997 : 66–73）も，ナショナリズムについてのテイラーのアプローチを批判している。

(21) ここではテイラーは，アレクシ・ド・トクヴィルの影響を受けている。トクヴィルは，諸制度に市民が参加しなければ，民主的社会は柔らかな専制に陥ると恐れていた(cf. Taylor 1993e)。

(22) これは，1990 年の論文（Taylor 1995a : 127–45）のタイトルである。より一般向けには，テイラーは「みんなの善 together-goods」という用語を使っている（1999a : 112–13）。

(23) ここでは，次のようなアリストテレスの主張が繰り返されている。すなわち，友情が存在するのは，人びとが互いに好意を感じ，そのように感じていることを知っているときだけである。そのためには，このような好感を相互に承認している必要がある(1980 : VIII, ii)。

(24) したがって彼は，次のようなサンデルの考えを支持する。「政治がうまくいくとき，私たちは，ひとりでは知りえない共通の善を知ることができる」(Sandel 1982 : 183)。この点を，以下のペティットの主張と比べてみよう。すなわち，共和主義的自由は，個人の善ではなく共有善であるから，コミュニタリアンの思想家たちにとって魅力的だろう（Pettit 1997 : 8, 120, 122, 126)。

(25) この点は，次のような悪の循環に対するトクヴィルの懸念を反映している。その循環においては，市民が無関心であり参加しないことによって，統治者は一般の人びとの願望と利益を無視するようになる。統治者がこの傾向をさらに推し進めることによって無力感が増し，そのことが政治における不参加に帰結する（Taylor 1995a : 282)。

(26) ここでのテイラーの思想におけるハイデガーの影響については，Taylor（1995a : 109–10, 112, 116）を参照。

(27) この種の集合的な自己同一視を伴わない民主的政体がはらむ危険性については，Taylor（1991a : 112–18）で議論されている。

(28) この点は，さらに，テイラーの思想とリクールについての彼の解釈が，別の領域でも重なっていることを示唆している。というのも，テイラーは，リクールの「多様性への注意深く繊細な尊重」を，キリスト教の信念と結びつけているからである（cf. Taylor 1968a : 402–3)。

(29) ムルホールとスウィフトは，テイラーの政治思想がもつ主義主張の側面を否定する。彼らの記述によれば，テイラーは，個人主義の哲学的基礎に挑戦している点でマッキンタイアと共通しているが，「内容について深く共有された善の重要性」を擁護する点でサンデルとは異なる（Mulhall & Swift 1997 : 122 ; cf. 158)。それに対して，ベイナーによれば，テイラーは「コミュニタリアンであり，かつリベラル」である。なぜなら，彼はコミュニティへの人びとの切望だけでなく，個性への人びとの熱望についても，その価値も認めようとするからである（Beiner 1997 : 157)。しかし，〔ベイナーによれば〕このような統合は，主義主張のレベルにおいてのみ機能している。私〔アビィ〕は，リベラリズムとコミュニタリアニズムの結合は，両方のレベルで生じていると主張している。

(30) このような回復のプロジェクトは，Taylor（1975a : 387）によって，早くも述べられていた。テイラーの著作は，次のようなウォラクの一般的な主張を裏づける好例であ

る。「現代のリベラルと，彼らを批判するコミュニタリアンとのあいだの議論は，リベラリズムの哲学的基礎についての私たちの理解を，理論的に洗練された新たなものへと引き上げてきた」（Wallach 1987 : 582）。

(31) テイラーの主張によれば，「特定の事例と状況を一般規則で示すことがまったくできない」ときに，実践知が必要となる（1989a : 125 ; cf. 1994f : 28）。この主張を，政治に必要な知識の種類に関するバーリン（1969 : 119）の主張と比べてみてほしい。ラフォレは，テイラー自身の政治分析に，「アリストテレスの知」がしみ込んでいると述べている（Taylor 1992c [1993]: xiv）。

(32) この点を，次のようなグレイの主張と比べてみよう。

> 近年のコミュニタリアンの言説においては，「コミュニティ」は，「個人」や「人」が一般的なリベラルな思想で使われるのと同じようなかたちで用いられている。つまり，暗号として，すなわち，私たちが実際に生きているただ中で起きる衝突や差異を曖昧にする効果をもつ抽象的無力化として使われている。
>
> （Gray 1995 : 17）

(33) ウォルドロンは，コミュニタリアンと権利の擁護者たちとのあいだの対立について述べている（Waldron 1993 : 582）。「コミュニタリアンは，リベラルな『権利をめぐる政治』が『共通善の政治』のために捨て去られるべきだと主張している」とするキムリッカの見解と比べてみてほしい。

(34) この点を，Mulhall & Swift（1997 : xii–iv）と比べてほしい。リベラリズム内部の多様性については，Ryan（1993）も強調している。リベラルな伝統の支持者たちのあいだのいくつかの差異については，Hampton（1997 : 170–82）が別のかたちでまとめている。

(35) カナダは連邦制を採っており，ケベック州政府は，州の独自の文化を保存し促進するための法を可決した。ケベックには，子供の学校を選択する親の自由を制限する法もあり，50 人以上の従業員をもつ企業はフランス語を使わなければならないし，フランス語以外の言語での商業広告も禁止されている（Taylor 1995a : 243–4）。テイラーの見解の政治的背景についての十分な議論については，Forbes（1997 : 221–3）を参照。

(36) ラフォレが述べるように，「ケベックにおける少数派の言語集団に対する特別な扱いを前提とすることは……リベラルな伝統とは相容れない」（Taylor 1992c [1993]: x）。テイラーの政治的プロジェクトのこのような側面は，亡き同国人マクファーソンの議論と似ている。マクファーソンは，デモクラシーがとりうる多様な形態を探究している（Macpherson 1966 ; 1977）。テイラーがこの類似を認識していることは，マクファーソンへの彼の言及によって示唆されているし，アメリカ合衆国が，自国の国境の外部の「リベラル・デモクラシーの現実世界」と折り合いをつける必要性についてテイラーが述べていることからもわかる（1995a : 203）。

(37) この点のさらなる説明については，第二章における解放された自由についての議論を参照。

(38)「たとえば，自由と平等の両方を最大化することができないと私たちが気づくとき，これらのうちの一方が現実的な善ではないと早急に結論づけるわけではない」（Taylor 1995a : 162）。

(39) もちろん，実践において，諸権利は弱められることがよくある。中絶の権利は，妊娠のある段階で制限される。医療上の自殺幇助の権利は，痛みのある末期症状のような極限的事例においてのみ，通常，主張される。テイラーは，おそらく，絶対的な主張と妥協的結果のあいだの対比が，諸権利の言説の主張と，政治をめぐる実際の要求とのあいだの緊張関係を示唆していると言うだろう。

(40) この節の残りの部分は，Taylor（1996b, 1999b）の議論を要約している。

(41) 地平の融合という概念は，テイラーがガダマーから援用したものであるが，異なる諸文化を背景にもつ諸個人が対話の相手になるという文脈で，第二章で論じた。ここでテイラーが，地平の融合という考え方を用いるのは，いかに諸文化のあいだで対話が可能かを示すためである。この点については，さらに第四章で述べる。

(42) 私はこの言葉を，国家が経済から相対的に自律していると認める構造主義的マルクス主義者から借りている。

(43) Forbes（1997 : 220–45）は，ルソーについてのテイラーの解釈に異議を唱えながらも，この論文をうまく要約している（*ibid.* : 228–39)。テイラーの政治思想の発展と，カナダにおける政治的な出来事とのあいだの相互作用に関するさらなる議論については，Laforest（1994 : 194–209）を参照。

(44) テイラーは，バーリンが「何十年にもわたり刺激を与えてくれた先生かつ友人（1994d : 213）であると記している。したがって，第二章で述べた対話的自己のモデルでいえば，バーリンが，テイラーの内面化された対話者であると捉えることが適切であるとも思われる。

(45) グレイが示唆するように，多元主義の至上の価値についてのバーリンの認識は，自由についての彼の分析にも及んでいる。諸価値のあいだに対立があるだけではなく，諸価値の内部においてさえも対立があるのである（Gray 1993 : 66)。興味深いことに，テイラーは正義に関して同様の点を指摘している（1994f : 38, 42)。

(46) 自由の特殊性を明確にしようとするバーリンの正当な意欲も，この点では，細部にこだわりすぎているように思われる。私の意見では，集団の自己統治への希求を，自己支配あるいは自己管理への欲望に関連づけることによって，承認の欲求を積極的自由に含めたほうが，より明解であっただろう。バーリンがこれを拒否する理由は，彼の論文が，自由の様々な意味の分析よりもむしろ，消極的自由の弁解に近くなりがちだという事実にあるように思われる。地位の探求を積極的自由の構成要素として扱うと，自由が分裂した自己を前提とするという理由で，この種の自由に不信感を持たせることが困難になっただろう。もっともバーリンは，この節の最後で，他の人たちを支配する人たちによってこうしたメカニズムが使われていることに言及しているのであるが。また，地位の探求を積極的自由の中に組み込むと，積極的自由の概念を，歴史的に非常に影響力のあるものとして認める必要が出てきただろう。バーリンが述べるように，地位の探求が，自由の積極的な概念と関連づけられるなら，この概念は「今日の世界における他のものよりも，多分，より目立った理想となる」(1969 : 160)。これとは対照的に消極的自由は，その擁護者の認めるところによれば，「高度に文明化され，自己意識を持つ人たち」によってのみ求められてきている（1969 : 161)。

(47) ベイナーは，テイラーが承認の政治のダイナミズムを羅列しているだけで，そのアイデンティティのうちで有害なものと有益なもの，すなわち規範的に擁護すべきものと否定すべきものの評価を提示していないと批判している（Beiner 1997 : 162–5)。こ

の批判は，社会理論に対するテイラーの保守的なアプローチについてのベイナーによる広範な主張を示している。

(48) テイラーが地平の融合によって何を意味しているかということについてのより詳しい議論は，第四章で行う。

(49) テイラーは，この議論についての註で，ロールズとキムリッカおよびドウォーキンが国家の中立性の支持者であると述べている（1991a : 124n. 13)。

(50) これに対抗する議論では，差別を否定するという理想を追求するとき，国家は単純に人権を擁護すれば良いということになる。このことは，リベラルの観点からすれば，国家の存在理由にとって中心的なことである。これは人権の範囲の問題を引き起こすが，この問題には本書ではこれ以上ふれない。

(51) ここでの世俗という用語は，単に教会と国家の分離を意味する。あるいは，国家が公的な宗教を設定しない状態を意味する。テイラーは，世俗的文化における生についての，より深い意味を近刊の著作で論じている。この点については第五章を参照。

(52) テイラーも，福音の平和主義にもとづく，ロックの寛容論を繰り返している。テイラーが言うように，「福音は，武力によって妨害されることなく，現れる運命にある」(1999a : 18)。

(53) その良い例は，オーストラリアで政府が，商品・サービス税を導入したことである。新たに課税されたサービスには，非宗教的な結婚式のサービスも含まれている。教会で結婚式を挙げるカップルにはこの課税はなされない。なぜなら，牧師たちは，そのサービスに関して建前上は料金をとることがないからである。だから政府の税制は，おそらく意図せずして，非宗教的な結婚式よりも教会での結婚式を推奨することになるだろう。

(54) テイラーの政治思想とアリストテレスの政治思想が類似することについては，Laforest（1994 : 206–8）を参照。

(55) Neal（1997）は，より率直なリベラルの観点から，テイラーと類似した主張を行っている。

(56) テイラーについて論じる者の中には，ライアンの言う，単純なリベラルとコミュニタリアンの対立をテイラーが乗り越える方法を指摘する人もいる。たとえば Haldane（1993 : 350), Hendley（1993 : 297), Friedman（1994 : 298), Mouffe（1988 : 203), Kingwell（1998 : 377, 379–80）を参照。フォーブズはテイラーを「コミュニタリアン・リベラル」と呼ぶ（Forbes 1997 : 223 ; cf. 225, 239)。しかし，この呼称は限定的にしか使えない。なぜならテイラーは，いくつかの伝統的なリベラルの善に対して，コミュニタリアンとして支持を与えているが，彼が拒否するリベラルな伝統の諸側面もあるからである。ファンはテイラーの位置を「リベラル・コミュニタリアニズム」(Huang 1998 : 80）とか「ラディカル・リベラル」(1998 : 81）とか「プラトン主義的リベラル」(1998 : 87）などと呼んでいる。しかしいずれも，通常の分類を，テイラーが拒否する程度まで誇張している。

第四章　知識を理解する

(1) 私は，認識論と認識論的モデルを区別する。この区別が示唆することは，認識論という語をテイラーが使う方法についてのスミスの解釈に，私は同意できないということである。スミスにとって，認識論という語によってテイラーが意味するものは，「知

識と正当化の諸問題を扱う哲学の下位分野ではない。認識論はむしろパラダイムに近い。このパラダイムにおいては，哲学的考察は，自然科学から借用された正当性の制約によって制限されている（Smith 1997 : 132)。私は，認識論という語を，スミスの言うところの哲学の下位分野を指すものとして用いる。また，「認識論的モデル」という言葉を，17 世紀以来の西洋哲学を支配してきたとテイラーが考えている認識論の観点を示すために使う。スミスの説明は，認識論に打ち勝とうとするテイラーの主張の面では理解できるのだが，間違っていると思われる。テイラーは，西洋の伝統をソクラテス以前までさかのぼる認識論の下位分野に貢献しているのである。

(2) ローティによれば，テイラーはここで，自然主義と還元主義という二つのものを融合しようとしている。還元主義が意味するものは，自然のすべての物事は単一の用語法で説明できるという信念である。ローティは自然主義を受け入れ，これを第二前提と結びつける。しかし彼は，第一前提の還元主義と結論を拒否する（Rorty 1994 : 30)。

(3) これは，Taylor（1985b : 57）でほのめかされている文章のように読める。

(4) これらの主張は，Taylor（1985b : 116–33）によっても行われている。「解釈と人間科学」についての議論は，Bohman *et al.*（1991）によっても行われている。

(5) Warnke（1985）はテイラーの立場について適切で総合的な説明をして，それをローティと比較している。

(6) 地平の融合については，Taylor（1985b : 126–6 ; 1995a : 148–51, 252）によっても論じられている。

(7) この文献についてのテイラーの評価についてはTaylor（1986g）も参照。

(8) テイラーは，エルンスト・トゥーゲントハットの 1979 年の著作『自己信頼と自己決定』の影響を受けたと述べている。同書の評価についてはTaylor（1982a）を参照。

(9) テイラーがマッキンタイアの定式に直接依拠しているところを見ると，マッキンタイアがこの推論モデルについてテイラーを批判したとき，テイラーが当惑した理由を知ることができる（Taylor 1994c 参照)。テイラーは実践理性による推論について，非常に簡潔な説明をしている（1994c : 205–6)。

(10) これは，ラウズのテイラー批判の一つにも関連している。彼はマーク・オクレントの議論も引用している。オクレントは，人びとの行動を説明しようとするときに，その主体の自己解釈を説明の中に入れる論理的必然性はないとしている（Rouse 1991 : 54)。しかしテイラーは，ここでは，論理的に必要とされることのみならず，人間の行動の説明を説得的なものにするものは何かということについて議論している。そのような説明は，自己解釈を社会的現実の中心的な部分として承認するとき，はじめて説得的になる。

(11) 認識論を克服することが意味するものについてのテイラーとローティのあいだでの論争は，これをよく示している（Taylor 1990b)。テイラーの批判によれば，ローティは「この点に関しては近年の像に束縛されている。だから私は，私たちが常にやりあっているような非難を彼に言いたくなる。彼は今もなお，間違った古い方法に拘束されすぎている，と」(*ibid.* : 260 ; cf. 265 ; 1980b : 1466)。

(12) テイラーの認めるところによれば，ギャレス・エヴァンズは，認識論的伝統に挑戦しようとする 20 世紀のもう一人の研究者である。エヴァンズはヴィトゲンシュタインの影響を受けているが，ハイデガーとメルロ＝ポンティの影響は受けていない (Taylor 1983b)。テイラーとエヴァンズの共通点に注意を促してくれたことについて，

スー・アシュフォードに感謝する。

(13) テイラーはジョン・デューイについて言及していないが，デューイもテイラーの基礎をなす思想家たちの一人と言うことができるだろう。たとえば，彼は決して例外的ではない文章の中で，次のように書いている。

> 私たちが，研究や内省をすることなく当然のことだと思っている物事こそが，私たちの意識的な思考を決定し，私たちの結論を決定している。このような習慣は内省のレベルの下に横たわっており，他者との関係の絶え間ないやりとりの中で形成されてきているものである。（Dewey 1968 : 110）

(14) これは次の文章を私が翻訳したものである。「Se demander si le monde est réel, ce n'est pas entendre ce que l'on dit」。

(15) Hoy（1977）は超越論的な主張について有益な議論をしている。

(16) ダンが述べるように，テイラーは「認識論によって支配された哲学を，存在論に重要な役割を担わせる哲学に置きかえたいと切望している」(Dunn 1996 : 26)。

第五章　結び

（1）ギフォード講義は 1887 年に逝去したアダム・ロード・ギフォードの遺志によって創設された。講義は，スコットランドのエディンバラ大学，グラスゴー大学，アバディーン大学，セント・アンドルーズ大学において行われている。この情報は次のウェブサイトから入手した。www.faculty-office.arts.ed.ac.uk/Gifford/Gifford_lectures.htm（2000 年 10 月アクセス）

（2）この理由のため，私はできるかぎり引用への依存を避けている。テイラーの立場が私自身の言葉で正確に把握できない場合のみ引用を使っている。

（3）ここから私は「排他的人間主義」という用語を使うが，それは簡潔なためでもあるし，この用語を Taylor（1999a）が，こうした現象を議論するときに使っているからでもある。

（4）アメリカ合衆国の DYG 社によって行われた世論調査によれば，回答者の 68 %は，進化論の受容と，神への信仰とのあいだに矛盾を感じていない。この調査は 1500 人を対象とし，プラス・マイナス 2.6 %の誤差がある。「調査結果は，二種類の起源論を教えることを支持する」という記事が，2000 年 3 月 11 日の『ニューヨーク・タイムズ』の一面に掲載されている。この調査結果は，現代社会における交差圧力についてのテイラーの議論を説明するものにもなっている。

（5）テイラーの著作からよく知られている，これらの論点に関するテイラーの議論のほとんどは，第三章で要約した。